| 헌정사 |

이 책은 오직 하나님 아버지의 영광을 위하여 쓰였다.
그리고 우리를 향하신 하나님의 지극한 사랑에 대한 감사의 마음을
그분께 올려 드리기 위함이다.
존귀하고 위대한 예수 그리스도께서 친히 보여주신 사랑의 깊이는
말로 다 표현할 수 없다.
예수님을 바라보며 그분이 허락하신 모든 것을
온전하게 소유하는 것이 내가 원하는 것이다.

예수님, 당신은 진실로 내 삶의 전부가 되시는 분입니다!
소중한 성령님께서 날마다 나와 동행하시고,
하나님을 아는 지식으로 충만하도록 가르쳐 주심에 감사드립니다.
예수님의 영광을 위하여 하나님의 일곱 영이 나를 통해 풀어지도록
깨닫게 해주신 것도 모두 성령님의 도우심 때문입니다.
하늘 아버지와 아들 예수 그리스도 그리고 그분의 동역자 되신 성령님께서
내게 하나님의 깊은 것들을 계시하여 주심에
감사와 찬양을 올려드립니다.

Surrender to the Spirit

by Keith Miller

Copyright ⓒ 2006 by Keith Miller
Published by Destiny Image
P.O. Box 310, Shippensburg, PA 17257-0310

Korean translation Copyrigh ⓒ 2008 by Pure Nard

2F 16, Eonju-ro 69-gil, Gangnam-gu, Seoul, KOREA
The Korean edition is published by Arrangement with Destiny Image. All rights reserved.

본 저작물의 한국어판 저작권은 Destiny Image와의 독점 계약으로 한국어 판권은 '순전한 나드'가 소유합니다.
저작권자의 허락 없이 이 책의 일부 또는 전체를 무단 복제, 전재, 발췌하면 저작권법에 의해 처벌을 받습니다.

초판발행 | 2008년 4월 18일
개정 3쇄 | 2022년 8월 17일

지 은 이 | 키이스 밀러
옮 긴 이 | 박정준

펴 낸 이 | 허철
총   괄 | 허현숙
편   집 | 김혜진
디 자 인 | 이보다나
제   작 | 김도훈
인 쇄 소 | 예원프린팅

펴 낸 곳 | 도서출판 순전한 나드
등록번호 | 제2010-000128
주   소 | 서울 강남구 언주로69길 16, (역삼동) 2층
도서문의 | 02) 574-6702
팩   스 | 02) 574-9704
홈페이지 | www.purenard.co.kr

Printed in Korea

ISBN 978-89-6237-142-0 03230

하나님의 일곱 영

Surrender to the Spirit

키스 밀러 지음 | 박정준 옮김

Surrender to the Spirit

그의 위에 여호와의 영 곧 지혜와 총명의 영이요 모략과 재능의 영이요 지식과 여호와를 경외하는 영이 강림하시리니 사 11:2

| 감사의 글 |

　내 인생의 최고의 친구이며 동반자인, 나의 소중한 아내 자넷에게 먼저 감사의 마음을 전합니다. 자넷과 함께하는 것 자체가 내 인생의 큰 기쁨이었고, 그녀와 지내온 인생의 여정들은 잊을 수 없을 정도로 위대하고, 위대한 날들이었습니다. 자넷은 항상 내 옆에서 나를 격려하며 새로운 일들을 향해 앞으로 전진하게 해주었습니다. 사랑스런 나의 아내 자넷을 전심으로 사랑합니다!

　나의 사랑스런 자녀인 리사, 저스틴, 조슈아, 알리슨 그리고 트로이에게 감사의 인사를 전합니다. 하나님께서 내 인생에 주신 가장 큰 선물인 나의 자녀들이 하나님을 알아가는 지식 안에서 강건하게 성장하는 것을 보는 것만도 내겐 기쁨이었습니다. 나는 하나님의 부르신 소명대로 살아가는 이 아이들의 삶을 격려하고 싶습니다.

　내 소중한 손자 에단과 이반에게 고마움을 전합니다. 주님께서 이들이 태어나기도 전에 많은 것들을 보여 주셨고, 나는 그 일들을 목도함으로 항상 기쁩니다. 그들은 내게 너무 진귀한 보석같은 손자들입니다.

　베니 힌과 수잔 힌 목사님의 사역은 내 삶에 축복의 통로였습니다. 두 분을 통해 성령님께서 강권적으로 인도하시는 사역에 대해 많은 것을 배웠습니다. 감사드립니다.

어디로 가야 할 바를 알지 못했지만, 하나님의 인도하심 안에서 믿음으로 기꺼이 전진하며 나아갔던 믿음의 선진들, 많은 사람들을 위해 삶의 닫힌 영역들을 몸소 돌파해 나갔던 그들의 믿음과 신앙에 감사드립니다. 하나님 나라의 성취를 위해 그들이 친히 깨뜨리고 부수었던 돌파의 영역들은 오늘날 우리에게도 돌파구가 되고 있습니다.

나의 절친한 친구 타드 벤틀리 부부와의 만남은 내게 커다란 축복이었습니다. 감사합니다.

나의 귀한 친구 케빈과 셸리 프로쉬 부부의 하나님의 모략과 총명에 대한 가르침은 내게 많은 용기를 주었습니다. 감사합니다.

나의 최고의 친구 바비 코너, 빌 존슨, 폴 키스 데이비스, 조안 맥패터, 패트리샤 킹, 질 오스틴, 이들과의 만남과 동역은 제게 큰 위로와 격려가 되었습니다. 아내와 함께 이들의 삶을 축복하며, 그들 모두에게 감사와 존경의 마음을 보냅니다.

나의 믿음의 동역자들과 함께하는 사역단체(Stand firm world ministries)의 모든 간사들에게 감사의 마음을 전합니다. 우리는 정말 주님 안에서 더욱 강하고 위대한 팀들이 될 것입니다. 주님께서 우리 모두의 삶을 지키시고 인도하실 것입니다.

끝으로 이 책이 출간되는 데 도움을 주신 쉐인 쿡, 재키 맥지빈, 패트리샤 그레이, 로리 존슨, 그리고 내 아내 자넷과 가족이자 동역자인 저스틴, 조슈아, 트로이에게 감사의 마음을 전합니다. 이 책을 준비하고 편집하는 데 많은 시간과 노력을 쏟아부은 이들은 내 삶에 너무도 위대하고 소중한 분들입니다.

이 책을 출판할 기회를 주시고, 출판과정에서 여러모로 도와주신 돈 밀람에게 감사드립니다. 또한, 데스티니 이미지(Destiny Image) 출판사의 모든 직원들께 감사의 마음을 전하고 싶습니다.

나의 모든 믿음의 동역자들에게 감사의 마음을 보내며, 특히 저희 부부의 사역을 위해 기도로 헌신해 주신 제니퍼 킹스리와 테리나 리앤에게 사랑과 감사의 마음을 전합니다.

*키이스 밀러

Surrender to the Spirit

그의 위에 여호와의 영 곧 지혜와 총명의 영이요 모략과 재능의 영이요 지식과

여호와를 경외하는 영이 강림하시리니 사 11:2

| 목차 |

감사의 글 _5

서문 _10

Chapter 1 인생을 바꾸어 놓은 성령님의 방문 — 15
Chapter 2 성령님과의 만남들 — 30
Chapter 3 기름부으심이라는 하늘의 보배 — 46
Chapter 4 권능들이 증거되다 — 61
Chapter 5 성령의 나타나심 — 80
Chapter 6 성막 등잔불에 계시된 하나님의 일곱 영 — 101
Chapter 7 이삭의 일곱 우물 — 124
Chapter 8 우리 위로 강림하시는 여호와의 성령 — 137
Chapter 9 지혜의 영 I — 152
Chapter 10 지혜의 영 II — 170
Chapter 11 총명의 영 — 190
Chapter 12 모략의 영 — 202
Chapter 13 권능의 영 — 220
Chapter 14 여호와를 아는 지식의 영 — 237
Chapter 15 여호와를 경외하는 영 — 255
Chapter 16 함께 기뻐하는 일곱 영 — 269

| 서문 |

바야흐로 우리는 영적 위기이면서, 동시에 기회도 되는 시대를 살고 있다. 쉴새없이 바뀌는 가치와 질서들이 서둘러 세상 속으로 들어가라고 우리를 압박하고 있다. 그리고 우리로 하여금 이미 알고 있는 것 이상으로 이해하며 다르게 행동하라고 몰아가고 있다. 내가 이 글의 서문을 집필하는 순간에도, 내 안의 속사람을 깊게 감동시키시는 성령님을 감지하게 된다. 모든 믿음의 성도들은 반드시 내주하시는 성령님의 존귀한 임재와 능력의 충만함 가운데 살고, 그분과 동행하며 동역해야 한다. 이것은 우리를 향한 하나님의 목적이기도 하다.

성령님의 갈망은 바로 당신에 관한 것이다. 나는 매일 주님의 충만함 가운데 살아가고, 우리가 할 수 있는 것을 뛰어넘어 주님을 깊게 알아가는 기쁨을 갈망한다. 예수님은 우리 안에서 역사하시는 더 넘치도록 능히 하실 이를 통해서 영광과 존귀를 받으셨다. 이 놀라운 비밀에 대해 바울은 에베소서 3장 20-21절에서 이렇게 쓰고 있다. "우리 가운데서 역사하시는 능력대로 우리가 구하거나 생각하는 모든 것에 더 넘치도록 능히 하실 이에게 교회 안에서와 그리스도 예수 안에서 영광이 대대로 영원무궁하기를 원하노라 아멘."

나는 당신이 주님께서 성령님의 충만하심과 함께 제한 없는 영적 세계의 지경에 관한 계시를 당신에게 열어주실 것임을 믿기 바란다. 준비하라. 주님의 계시를 간구하며 나아가라. 영적 순례를 함께 떠나기 전에, 먼저 성령님께서 당신의 영의 눈과 귀를 열어주사 보이지 않는 것을 보게 하시고, 이 시대의 교회에 말씀하시는 것이 무엇인지를 듣게 해달라고 기도하자. 하나님의 말씀의 깊이를 알게 해달라고 간구하며, 하나님 나라의 비밀한 계시들을 부어달라고 간구하자. 그러면 우리는 위대한 승리의 세계로 행진할 수 있게 되며, 하나님이 종국적으로 우리를 향해 뜻하신 바를 성취하게 되는 고지를 향해 나아가게 될 것이다.

교회사를 통하여 하나님은 몇 차례 매우 특별한 하나님 나라의 진리를 계시하여 주신 바 있다. 이러한 천상의 계시들은 하나님께서 택하시고 안수하신 사람들을 통해 이 땅에 특정한 뜻을 세우며 풀어졌다. 이러한 계시가 풀어질 때마다 그 당시 사람들이 믿을 수 없는 일들이 일어났다. 마틴 루터의 종교개혁이 그러했고, 1960년대를 휩쓴 예수운동(Jesus movement), 아주사 거리의 부흥운동, 웰쉬 부흥운동 등이 모두 하나님의 특별한 임재와 운행하심이 보여진 예표들이다. 성령님에 의한 이러한 계시들은 그 당시의 시대 상황과 영적인 흐름에 따라 부어졌다. 성령님의 계시들은 교회에 강력하고 위대한 영향을 끼쳤다. 나는 성도들의 삶을 주관하시는 하나님의 일곱 영의 운행하심과 계시의 풀어짐이 오늘날 우리를 위해서도 동일하게 준비되어 있다고 믿는다. 이것은 성령으로 충만하게 인도함을 받는 가장 깊은 곳에서 예수 그리스도의 몸을 이루고자 하는 우리에게 지금도 풀어질 수 있다.

우리에게 약속대로 성령님을 보내주신 예수님의 위대한 이름을 찬양하자(행 2:33). 예수님은 "너희에게 평강이 있을지어다 아버지께서 나를 보내신 것같이 나도 너희를 보내노라"(요 20:21)고 하셨다. 아버지께서 성령님의 한량없는 기름부으심과 함께 예수 그리스도를 이 땅에 보내셨다(요 3:34). 이러한 하나님 아버지의 약속은 바로 우리를 위함이다. 주님은 그분의 영을 우리에게 나타내심으로 계시하신다. 이것은 하나님의 일곱 영의 역사 안으로 우리를 친히 인도하시고자 하는 주님의 위대한 계시와 깨달음이다.

날마다 우리 삶 안으로 흘러 역동적으로 운행하시는 영적 세계의 실재는 이 세대의 무수한 사람들에게 성령의 능력을 실제로 증거하시는 성령님이시다. 우리에게 하나님의 측량할 수 없는 기름부으심이 부어질 때마다, 보다 깊고 위대한 성령님의 사역에 대한 계시와 깨달음을 얻게 될 것이다. 교회는 하나님이 통치하시는 영적 세계의 강둑을 계속 넓혀가시는 성령의 강으로 뛰어 들어가게 될 것이며, 그것이 말로 표현할 수 없는 거대한 폭포수 같은 강물이 되어 세상과 일터 속으로 흘러들어 가 확장되는 것을 보게 될 것이다.

몇 년 전 나는 하나님과의 매우 심오한 만남들을 경험했다. 이것을 통해 주님과 보다 깊고 친밀하게 연합하기 위해 내 자신을 달음질하는 영적 경험들이 연달아 일어나기 시작했다. 이 영적 경험들은 내게 하나님과 성령에 대한 계시를 풀어주었는데, 바로 이 책에서 나누고자 하는 '하나님의 일곱 영'에 대한 것이다. 이 책은 단지 내가 경험한 체험들과 놀라운 계시들을 몇 자로 적어 전달하는 데서 그치는 것이 아니라, 하나님의 일곱 영의 충만함 가운데서 동행하고자 하는 사람들을 보기 위해 성령님이 내게 위임하신 소명이다.

모든 독자들을 위해 다음과 같이 간절히 기도드린다. "성령님, 이 책에 기록된 말씀 한 구절 한 구절마다 당신의 호흡을 불어넣으사 우리의 굶주린 영혼을 풍성한 진리로 채우소서. 그리하여 성령님의 강권하신 방법으로 우리를 감동시키사 하나님 아버지와 하나되는 연합의 자리로 인도하소서.

주님께서 십자가에 달리사 이를 믿는 우리에게 모든 것을 몸소 다 이루셨다고 하신 것처럼, 친히 당신의 뜻이 우리를 통해 이루어지게 하여 주옵소서."

Chapter 1
Surrender to the Spirit

인생을 바꾸어 놓은
성령님의 방문

1989년 주님과의 새로운 삶을 시작한 이래로 나에게는 말로 다 할 수 없는 축복들이 찾아왔다. 그 축복의 핵심은 놀라운 예언적 진리들과의 만남이었다. 1994년 6월, 거룩한 간절함과 열망이 증가되던 시기에 나는 텍사스 달라스에서 열린 베니 힌의 성령집회에 참석하였다. 그리고 이 집회를 통하여 이전에 알지 못하였던 놀라운 성령님의 기름부으심을 받게 되었다. 이 기름부으심의 사건은 말 그대로 나의 삶을 180도 바꾸어 놓았다. 주님은 이 사건 이후 몇 년 동안 계속해서 믿을 수 없는 능력의 임재로 나의 사역의 현장을 찾아오셨다. 치유와 기사와 이적과 성령의 능력이 생생하게 증거된 것이다. 방문하는 지역마다 큰 영적 변화들이 찾아왔다. 이를 통해 각 나라와 민족의 영적 상태가 크게 반전되는 일도 목도하게 되었다.

일상적이기만 했던 크고 작은 모임들까지도 성령님의 초자연적 능력이 증거되는 모임으로 변화되었다. 이와 관계된 개인들의 삶에도 큰 심령의 변화들이 찾아오게 되었다. 하지만, 이토록 놀라운 이적들 속에서도 나는 속사람 깊은 곳으로부터 현저한 영적 결핍을 자각하게 되었다. 내가 알지 못하는 더 깊은 진리가 있다는 것을 깨닫게 되면서 심령의 깊은 목마름은 날로 더하여만 갔다.

2002년 8월, 텍사스 아마릴로에서 나는 부흥학교(School of Revival)라는 주제로 집회를 개최하였다. 집회가 시작되기 전, 성령께서는 집회 중에 큰 능력의 사건이 있을 것이라는 예언의 말씀을 주셨다. 그래서인지 나의 마음은 그 어느 때보다도 간절하게 하나님을 구했다. 집회가 진행되던 어느 날, 성령께서는 나의 삶을 다시 한 번 통째로 변화시키고도 남을 만한 놀라운 예언적 환상(prophetic vision)을 주셨다. 이것은 나의 삶이 하나님과의 새로운 만남의 단계로 옮겨가는 계기가 되었다.

집회가 끝나고 며칠 후, 어느 모임 중에 나는 다시 성령의 이끌리심을 통하여 장대하기 이를 데 없이 키가 큰 천사를 만나게 되었다. 크고 거대한 천사의 모습에서 신령한 영적 권위와 권능이 강하게 발산되는 것을 직감했다.

천사는 다음과 같이 말하였다. "네 입을 열고 이것을 받아먹으라!" 그리고 나서 뭔가를 던져 주는데 나는 무엇인지 확인도 하지 않은 채 덥석 받아먹었다. 그러면서도 마음 한 켠에서는 '도대체 지금 무슨 일이 벌어지고 있는 건가?'라는 생각이 들었다. 내가 받아먹은 것은 두루마리 모양의 책이었다.

이전에도 여러 번 예언적 환상들을 경험했지만, 이 일은 이전과는 다른 사건이었다. 나는 즉시 성경을 꺼내 들고 이와 비슷한 사건들이 기록된 성경구절들을 찾기 시작했다. 그리고 에스겔 3장 1-4절과 요한계시록 10장 8-11절의 말씀을 찾아낼 수 있었다. 사역팀 동료들 모두가 휘둥그레진 얼굴로 나에게 다가와 무슨 일이냐고 물었다. 한껏 놀란 상태였지만 나는 더듬거리며 다음과 같이 말했다. "지-지-지금 막 두루마리 채-책을 삼켰어요. 엄청나게 큰 천사가 그 책을 던져주었어요." 다들 놀란 기색이 역력했다.

이 일 후에도 몇 차례에 걸쳐 성령님은 나를 예언적 환상 가운데로 인도하셨다. 2002년 8월에 경험한 이 사건 이후로 석 달 동안 성령님의 인도하심은 계속되었는데, 이러한 일련의 영적 체험은 내 개인의 사역과 가정, 그리고 인생에 깊고 큰 변화를 초래하였다.

천사와의 두 번째 만남

2002년 9월, 나는 천사와의 두 번째 만남을 경험하게 되었다. 새벽 3시쯤 지났을 무렵, 잠을 자고 있던 나는 문득 눈을 떴다. 순간 성령님께서 나를 만나기 원하신다는 것을 직감할 수 있었다. 사무실로 나갈 간단한 채비를 하고 운전대를 잡았다. 사무실에 도착하여 문을 열고 들어서는 순간, 강력한 전기를 만진 것처럼 성령님의 강하고도 거룩한 임재가 압도하였다. 신선하고도 거룩한 성령님의 임재가 텁텁한 건물 내부의 공기들을 밖으로 몰아내고 순전하고 거룩함으로 그 공간을 뒤덮었다. '아, 성령께서 다시 찾아 오셨구나!'라는 생각이 들었다.

황급한 마음으로 내 방으로 발걸음을 재촉했다. 그런데 잔잔한 조명이 흐르는 복도 반대편 끝에 누군가 서 있는 것이 보였다. 그 캄캄한 새벽시간에 말이다. 그것은 놀랍게도 얼마 전 환상 중에 나를 찾아와 두루마리 책을 먹으라고 말했던 바로 그 천사였다. 그때부터 몸이 마구 떨리기 시작했다. 지난번과는 다르게 이번은 환상이 아니었다. 그것은 너무나도 생생한 현실 속에서 일어나고 있는 사건이었다! 마치 사람을 만나는 것과 똑같이 실제적으로 내 앞에 서 있는 천사를 보게 된 것이다.

장대한 체구의 천사는 웃음기 없는 얼굴로 잠잠히 나를 내려다보며 서 있었다. 놀란 나머지 나는 사무실로 뛰어들어가 성급하게 문을 닫았다. "오, 주님! 도대체 무슨 일이 벌어지고 있는 겁니까?" 나는 간절한 마음으로 기도하기 시작했다.

기도를 시작하자마자 내 마음은 하나님께로 마구 달려가는 듯했다. 나는 오직 하나님의 뜻을 구하는 기도에 몰입했다. 하나님 아버지의 마음을 담아 낼 수 있는 그릇이 되기를, 그 마음을 선포할 수 있는 그릇이 되기를 간절히 기도하였다. 그러는 동안, 하나님은 영화의 스크린이 스르르 내려오는듯 하나님의 생각들을 보여주셨다. 여러 도시와 지역들을 살리기 위한 다양한 영적 전략들도 생생하게 보여주셨다. 정말 흥분되는 순간이었다. 45분 정도 지났을 때, 성령께서 말씀을 마치셨다.

나는 그 순간을 놓치지 않고, 주님께 여쭈어 보았다. "주님, 잘 알겠습니다. 그런데 제 사무실 문 밖에 서 있는 저 키 큰 천사는 도대체 왜 여기에 와 있는 건가요?"

그러자 성령께서 말씀하셨다. "문을 열고 나가서 그를 만나 보아라. 그의 양팔을 보면 천사의 이름이 적혀 있을 것이다."

여전히 어두운 그 시간에 문을 열고 복도로 나가는 것은 정말 큰 용기가 필요한 일이었다. 두근거리는 가슴을 안고 조심스레 문을 여는 내 모습을 보고 아마 하늘에 있는 모든 천사들이 큰 소리로 웃어댔을 것이다. 조심스레 문을 열고 나가 보니, 여전히 복도에 서 있는 천사의 모습이 보였다. 정말 키가 큰 천사였다! 나의 시선이 곧장 그의 양팔을 향했다.

천사의 양팔에는 놀랍게도 '성숙과 권능(Stature and Strength)'이라는 두 낱말이 적혀 있었다. 그 이름을 확인하는 순간 천사의 모습은 사라졌다. 이어서 주님께서 나에게 말씀하셨다.

"한층 더 깊은 기름부음과 능력을 받기 위해 교회에 필요한 것은 바로 성숙과 권능이다. 이 성숙과 권능 안에 선 교회는 더 이상 연약하지 않을 것이다. 하나님의 일을 완수하기 위해 교회는 속사람의 강건함으로 거듭나야 한다. 너희는 정녕 그리스도의 분량에까지 이르는 성숙 안에 거해야 한다."

이 책을 읽기 시작한 독자 중에도 성숙과 권능이라는 영적 도전을 맞이하고 있는 분들이 있을 줄 안다. 성령께서 그분의 깊은 진리를 계시하실 때, 그리스도의 장성한 분량에 이르기까지 성숙할 수 있을 것이다.

새로운 부르심과 넓어진 영적 지경은 우리가 주님께 더욱 간구하도록 인도한다. "하나님이여 나를 살피사 내 마음을 아시며 나를 시험하사 내 뜻을 아옵소서." 더 이상 나의 능력과 요령과 생각을 의지하지 않고, 오직 그리스도의 성숙과 권능으로만 걷는 믿음의 길을 가겠다는 결단이 우리에게 필요하다. 그날 내가 보았던 천사의 두 다리에도 이름이 적혀 있었는데, 하나님은 이것을 아직은 사람들에게 나누지 말라고 명령하셨다.

영광의 보좌 앞에 서다

2002년 9월의 영적 체험 후, 나는 다시 7일 동안 진행되는 집회에 강사로 초빙되었다. 집회를 준비하면서 나는 대부분의 시간을 목회실 바닥에 엎드려 기도하며 보냈다. 집회를 준비한 교회 및 해당 지역의 영적 회복을 위한 기도가 거의 대부분이었다. 그러던 어느 날, 나는 순식간에 하나님의 영광의 보좌 앞으로 나아가는 체험을 하게 되었다.

하나님의 보좌 앞에서 내가 본 것은 광대하기 이를 데 없는 능력과 위엄과 영광이었다. 그것은 인간의 언어로는 도저히 묘사할 수 없는 경험이었다. 주님으로부터 나아오는 눈부신 영광의 광채를 어떻게 사람의 말로 다 표현할 수 있으랴! 그 순간 마치 호흡이 정지하는 것 같았다.

놀랍게도 나는 그곳에서 이전에 만났던 그 천사와 다시 얼굴을 마주하게 되었다. 주님이 그 천사에게 어떤 봉투를 전달하셨고, 천사는 나에게로 다가와 그 봉투를 전해 주었다. 나의 영혼은 다시 한 번 송두리째 날아가는 것만 같았다. 봉투를 간신히 받아들긴 했지만, 경외감에 사로잡혀서인지 그만 바닥에 떨어뜨리고 말았다. 천사는 친절하게도 떨어진 봉투를 집어 들어 내 손에 다시 쥐어 주었다. 하나님의 영광 앞에 서서 어찌할 바를 몰랐던 내 모습을 한번 상상해 보라! 조심스레 봉투를 열어 보았는데, 그 안에는 두 개의 성경 구절이 기록되어 있었다. 그것은 요한계시록 4장 5절과 이사야 11장 2절의 말씀이었다.

> 보좌로부터 번개와 음성과 우렛소리가 나고 보좌 앞에 켠 등불 일곱이 있으니 이는 하나님의 일곱 영이라(계 4:5)

> 그의 위에 여호와의 영 곧 지혜와 총명의 영이요 모략과 재능의 영이요 지식과 여호와를 경외하는 영이 강림하시리니(사 11:2)

이 영적 체험 이후 지금까지 나는 하나님의 일곱 영 곧 성령님에 대한 새롭고도 깊은 진리를 배워오고 있다. 하나님의 일곱 영은 성령님의 일곱 가지 측면 혹은 성품을 가리키는 표현이다. 현재 나는 이 훈련을 통해 얻은 성령에 대한 깊은 계시들을 가르치고 전달하는 사역을 감당하고 있다. 이 계시들의 대부분은 우리가 이전에 알지 못했던 '깊은' 진리들이다. 이것을 배우는 지난 몇 년 동안, 실로 두렵고도 떨리는 영적 성장들이 나의 삶과 사역 속으로 찾아왔다.

부르심

하나님은 그분의 백성 모두를 새로운 영적 지경, 곧 성령과의 교제를 통하여 하나님의 일곱 영이 모든 성도의 삶 속에 흘러넘치는 잔처럼 충만하게 역사하는 삶으로 초청하고 계신다고 말씀하셨다.

하나님께서 그분의 자녀들을 성령과의 '깊은' 교제 가운데로 부르시는 이유는 무엇인가? 그 대답은 간단하다. 하나님 자신을 그 자녀들에게 더욱 깊게 계시하시기 위함이다. 그 대상이 바로 나와 당신이다. 하나님은 우리가 그분을 향한 거룩한 갈망과 굶주림의 깊은 단계로 들어가기를 원하신다. 잠자는 우리의 속사람을 일깨울 수 있는 것은 오직 사람의 마음속 가장 깊은 곳을 뒤흔드시는 성령님의 사역이다. 이로 말미암아 우리가 그분의 더욱 깊은 진리들을 경험하여 '아는 자'들이 되기를 하나님은 간절히 원하신다. 마지막 세대를 살고 있는 우리 모두가 이 소망 앞에서 굶주린 자와 같이 되었고, 아파하고, 목말라하고 있다. 그러나 분명한 것은 이러한 우리를 만족스럽게 채우는 것이 단 한 가지뿐이라는 사실이다. 그것은 바로 하나님과의 친밀함과 연합이다.

프랑스의 철학자 블레즈 파스칼은 영적인 존재인 인간에게는 오직 하나님으로만 채워질 수 있는 빈 공간이 있다고 말했다. 하나님은 이러한 우리의 공허한 부분을 채우도록 일곱 영을 보내셨다.

> 오직 하나님이 성령으로 이것을 우리에게 보이셨으니 성령은 모든 것 곧 하나님의 깊은 것까지도 통달하시느니라(고전 2:10)

하나님의 임재를 향한 우리들의 타는 듯한 목마름을 해결하고, 고통스런 영적 굶주림에서 배부름을 얻게 하는 것은 무엇인가? 그것은 오직 우리 안에서 행하시는 성령님으로써만 가능하다.

> 너는 내게 부르짖으라 내가 네게 응답하겠고 네가 알지 못하는 크고 은밀한 일을 네게 보이리라(렘 33:3)

예레미야 33장 3절에 있는 '은밀한'이라고 번역된 'mighty'라는 낱말의 히브리어의 본래 의미는 '접근할 수 없는(inaccessible)'이라는 뜻이다. 부르짖으며 하나님을 찾는 자에게는 이전의 그 누구도 접근할 수 없었던 하나님의 은밀한 진리들을 부어주실 거라는 것이다. 나아가 '영원히 우리와 우리 자손에게 속한'(신 29:29) 하나님의 지혜를 우리에게 부어주실 것이다.

문을 여시는 하나님

요한계시록 3장 20절 말씀은 교회를 향한 주님의 놀라운 초청의 메시지이다.

> 볼지어다 내가 문 밖에 서서 두드리노니 누구든지 내 음성을 듣고 문을 열면 내가 그에게로 들어가 그와 더불어 먹고 그는 나와 더불어 먹으리라(계 3:20)

'그에게로 들어가 그와 함께 먹으리라'는 이 말씀은 이전과는 다른 새롭고 깊은 하나님과의 교제를 누리게 되리라는 말씀이다. 이에 대한 "네 주님, 어서 들어오세요"라는 우리의 고백을 통하여 진정 놀랍고도 영광스런 일들이 일어나게 될 것이다.

이 놀라운 일들이란 무엇인가? '문을 열어 나를 맞이하여 나와 함께 먹자고' 말씀하신 위의 말씀 바로 다음 절에 그 해답이 있다.

> 이 일 후에 내가 보니 하늘에 열린 문이 있는데 내가 들은 바 처음에 내게 말하던 나팔소리 같은 그 음성이 이르되 이리로 올라오라 이 후에 마땅히 일어날 일들을 내가 네게 보이리라 하시더라(계 4:1)

이 말씀에서 우리는 주님이 친히 열어 놓으신 문을 통하여 하늘의 영광스런 보좌 앞으로 나아오라는 초청의 메시지를 읽는다. 예수님과의 새로운 교제와 만남을 회복한 교회는 반드시 하늘의 열린 문을 통과하여 장차 되어질 모든 일들의 계시를 친히 듣고 깨닫게 될 것이다. 바로 예수님이 우리의 문이 되시며, 예수님을 통하여 우리는 하나님 아버지를 친히 뵈올 수 있는 곳으로 나아가게 되는 것이다. 오늘날까지 이 하나님 나라에서 경험한 모든 예언적 만남(Encounter)들은 진정 나의 삶을 송두리째 바꾸어 놓았다. 그 경험은 말 그대로 주님을 '직접' 만나 뵙는 놀라운 사건들이었다.

하나님의 일곱 영

사도 요한은 예수님을 일곱 영과 일곱 촛대를 가지신 분으로 기록하고 있다. "사데 교회의 사자에게 편지하라 하나님의 일곱 영과 일곱 별을 가지신 이가 이르시대…"(계 3:1). 아울러 사도 요한은 예수 그리스도께 부어진 성령은 무한한 충만함이었다고 말하였다. "하나님이 보내신 이는 하나님의 말씀을 하나니 이는 하나님이 성령을 한량없이 주심이니라"(요 3:34).

하나님의 일곱 영에 대한 말씀은 이사야서 11장 1-2절에서 찾을 수 있다. "이새의 줄기에서 한 싹이 나며 그 뿌리에서 한 가지가 나서 결실할 것이요 그의 위에 여호와의 영 곧 지혜와 총명의 영이요 모략과 재능의 영이요 지식과 여호와를 경외하는 영이 강림하시리니."

이 말씀에 열거된 하나님의 일곱 영은 하나님의 자녀가 된 사람이면 누구나 예외 없이 충만하게 받을 수 있는 것들이다. 이 일곱 영이 각 성도의 삶 속에 온전히 역사하고 드러나게 되는 것은 진정 하나님의 간절한 소망이다.

바울은 고린도전서 2장 4절에서 다음과 같이 말하였다. "내 말과 내 전도함이 설득력 있는 지혜의 말로 하지 아니하고 다만 성령의 나타나심과 능력으로 하여". 바울이 '성령의 나타나심과 능력'을 병치시켜 말하고 있는 사실에 주목하라. 하나님은 당신 삶 속에 바울이 경험했던 것과 동일하게 '강물 같은 생명의 능력'을 부으시기를 원하신다. 나아가 그 생명이 당신의 삶을 통하여 주변으로 흘러넘치기를 원하신다. 그리하여 성령의 넘치시는 영광이 당신의 생활 속에서 매일 증거되기를 바라신다.

> 명절 끝날 곧 큰 날에 예수께서 서서 외쳐 이르시되 누구든지 목마르거든 내게로 와서 마시라 나를 믿는 자는 성경에 이름과 같이 그 배에서 생수의 강이 흘러나오리라 하시니 이는 그를 믿는 자들이 받을 성령을 가리켜 말씀하신 것이라(예수께서 아직 영광을 받지 않으셨으므로 성령이 아직 그들에게 계시지 아니하시더라)
>
> (요 7:37-39)

여기서 우리는 생명수의 강물이 단수(singular)가 아니라 복수형(plural)라는 사실에 주목해야 한다. 하나님이 증거하시려는 생명수의 강은 한 개의 물줄기만이 아니다. 그것은 매일의 삶 속에서 수십 군데로 그 물줄기를 흘려보낼 수 있는 무한한 생명의 강물들이 있을 수 있다는 것을 말한다! 성령은 한 분이시나, 그 드러나심은 일곱 영의 유기적 기능으로 표현되어 있다(사 11:2, 계 4:5).

이사야 11장 2절은 '우리에게 임하시는 성령님'(the Spirit of the Lord Upon)을 가장 먼저 언급한다. 믿는 자에게 강림하시는 성령님의 모습이 가장 먼저 언급된 이유는 하나님과의 사귐, 하나님과의 친밀감의 중요성 때문이다. 즉, 하나님의 성령께서 우리 안에 충만히 임하시는 사건이 먼저 선행되어야만 나머지 여섯 영의 실현이 가능하다는 것이다. 하나님의 일들은 오직 '하나님의 생생한 임재와의 만남'이 선행되어야만 가능하다. 성령님과의 만남이 먼저 있어야만, 나머지 여섯 영인 지혜의 영(The Spirit of wisdom), 총명의 영(The Spirit of understanding), 모략의 영(The Spirit of counsel), 권능의 영(The Spirit of strength), 지식의 영(The Spirit of knowledge), 여호와를 경외하는 영(The Spirit of fear of the LORD)이 비로소 믿는 자의 삶 속에 실현될 수 있는 것이다.

예수 그리스도의 임재 안에 거하기

하나님의 일곱 영 안에서 충만한 삶을 살기 위해서 가장 중요한 것은 바로 예수 그리스도의 임재 안에 거하는 일이다. 생명의 충만은 오직 생명의 가지에서 흘러나오는 기름부으심으로만 가능하다. 이 가지는 바로 예수 그리스도이시다.

> 이새의 줄기에서 한 싹이 나며 그 뿌리에서 한 가지가 나서 결실할 것이요(사 11:2)

이 예수 그리스도라는 생명의 가지에 거하지 않고서는 누구도 '하나님의 일곱 영'의 기름부음을 받을 수 없다는 것을 잊지 말라.

> 나는 포도나무요 너희는 가지라 그가 내 안에, 내가 그 안에 거하면 사람이 열매를 많이 맺나니 나를 떠나서는 너희가 아무 것도 할 수 없음이라(요 15:5)

> 또한 가지 얼마가 꺾이었는데 돌감람나무인 네가 그들 중에 접붙임이 되어 참 감람나무 뿌리의 진액을 함께 받는 자 되었은즉(롬 11:17)

당신이 만약 전심으로 하나님만을 구한다면, 하나님은 당신이 그분의 거룩함 안에서 넘치는 삶을 살 수 있도록 허락해주실 것이다. 생명의 강물이 당신을 향하여(toward you) 흘러들어올 것이며, 이 생명수는 다시 당신을 통하여(through you) 흘러나갈 것이다. 성령과의 친밀한 교제와 사귐이 바로 하나님의 일곱 영의 온전한 역사를 가능하게 하는 비결이다. 이 사귐 안에서 하나님은 그분의 생명수를 쏟아붓기 시작하실 것이며, 그 결과 지혜와 총명, 모략과 권능, 지식과 여호와를 경외함의 영들이 넘치도록 증거될 것이다. 당신은 말 그대로 새로운 사귐의 차원을 경험하게 될 것이며, 폭포수 같은 하나님의 임재가 당신에게 부어질 것이다.

이토록 소중한 성령님을 향한 영혼의 발걸음을 늦추지 말라. 성령의 충만이란 말을 결코 소홀히 듣지 말라. 하나님의 임재와 영광스런 능력의 기름부으심의 자리로 나아가는 일을 결코 안일하게 행하지 말라. 두 마음을 품거나, 전심으로 하나님만을 구하지 않는 사람에게서는 결코 진정한 생명수를 기대할 수 없다.

하나님의 권능 안에서 우리는 그분의 모든 성품을 기업으로 누리고 증거하는 자들이 될 것이다. 이를 가능하게 할 '주님과의 새로운 만남'을 위하여 모든 정성을 다해 하나님께 집중하라. 하나님의 임재와 기름부으심의 자리로 나아가기 위하여 영혼의 모든 힘을 기울이라. 이를 통해 하나님의 일곱 영의 충만한 역사가 당신의 삶 속에 일어나게 하라. 그러면, 하나님의 은혜 안에서 하나님의 일곱 영의 충만함을 얻는 축복을 누리게 될 것이다.

나는 성령께서 이전에는 알지 못했던 차원으로 모든 독자들에게 하나님의 임재를 계시하시기를 기도한다. 주님을 얼마나 사모하는지, 주님을 얼마나 간절히 얻기 원하는지, 주님과의 사귐에 얼마나 목말라하는지가 당신의 삶 속에 하나님의 임재의 분량을 결정할 것이다. 성령님과의 깊고 깊은 사귐을 위하여 혼신의 힘을 다해 기도하라. 예전에는 상상하지도 못했던 길이와 너비, 깊음과 높이가 있는 성령님과의 사귐을 위해 기도하라.

이것을 위해 전심으로 기도하는 자에게는 반드시 놀라운 성령의 임재가 선물로 부어질 것을 나는 확신한다. 창조자 하나님의 아들과 딸로서 하나님의 모든 깊고 비밀한 것들을 계시 받을 수 있다는 것만큼 놀라운 특권은 없다. 나는 모든 성도가 이 충만한 영적 축복 안으로 들어올 수 있다고 믿는다. 이것이 바로 우리에게 약속된 기업의 유업이다(롬 8:17). 정말 놀랍지 않은가? 하나님께서 친히 우리의 기업이 되신다는 사실 말이다.

하나님의 부르심은 그저 평범한 은사나 달란트 한두 개를 적당히 사용하며 교회생활을 하라는 것이 결코 아니다. 우리는 날마다 새로운 성령의 기름부음을 받으며 새벽마다 잠자리에서 일어날 수 있다. 나아가 우리는 하나님이 위에서 부르신 모든 믿음의 경주를 '완성하는 사람'(finisher of the race)이 될 수 있다. 우리는 모든 어둠과의 싸움에서 승리하며 매일매일 이기는 삶을 살 수 있는 승리자의 영을 받은 사람들이다. 우리는 우리 안에 역사하시는 하나님의 능력 안에서 이전의 생각이나 상상을 훨씬 초월하는 차고 넘치는 충만한 삶을 살 수 있는 것이다. 모든 불가능을 가능으로 만드는 것은 모든 성도들을 향한 하나님의 부르심의 핵심이다. 나는 이 하나님을 모든 독자들이 만나게 되기를 기도한다. 그저 거룩한(holy) 하나님으로만이 아니라, 그분의 모든 것을(wholly) 경험하고 알게 되기를 바란다. 모든 순간마다, 지금부터 영원토록 당신의 영혼의 모든 부분이 하나님으로만 채워지기를 기도한다.

하나님 나라에 속한 모든 축복이 하나님의 자녀된 우리들의 기업이다. 놀랍게도 성경은 우리가 그리스도와 함께 하늘의 영광스런 곳에 앉힌 바 되었다고 말한다. "허물로 죽은 우리를 그리스도와 함께 살리셨고 (너희는 은혜로 구원을 받은 것이라) 또 함께 일으키사 그리스도 예수 안에서 함께 하늘에 앉히시니"(엡 2:5-6).

우리가 예수님과 함께 하늘에 앉힌 바 된 것을 믿는다면, 아버지 나라에 속한 모든 신령한 축복이 우리 모두에게 언약으로 주어졌다는 사실까지도 믿어야만 한다. 이 책을 통하여 우리는 하나님의 일곱 영에 대한 많은 말씀들을 나누게 될 것이다. 이 말씀을 상고하는 목적은 간단하다. '어떻게 하면 성령의 생명력이 넘쳐나는 삶을 살 수 있는가?'가 바로 우리의 목표이다.

이 진리 속으로 깊이 들어가 하나님의 크고 비밀한 일들을 깊이 깨달을 때마다, 감출 수 없는 진리의 능력이 우리의 삶을 크게 변화시킬 것이라고 나는 확신한다. "주의 폭포 소리에 깊은 바다가 서로 부르며 주의 모든 파도와 물결이 나를 휩쓸었나이다"(시 42:7).

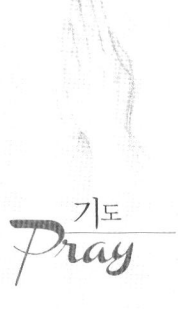

성령님, 주님은 진리의 영이십니다. 주님은 하나님의 깊은 것들을 우리에게 가르쳐 주시는 분이십니다. 이 은혜로 인하여 성령님께 마음 깊이 감사를 드립니다. 하나님의 진리에 목말라 있는 저에게 하나님의 깊은 진리들을 계시하여 주소서. 전능하신 예수 그리스도의 이름으로 기도드립니다. 아멘.

Chapter 2
Surrender to the Spirit

성령님과의 만남들

　　성령님의 임재에는 언제나 우리의 내면을 '변화'(transformation)시키는 능력이 있다. 그 변화로 말미암아 불같은 열정과 진리를 향한 타는 목마름, 그리고 더욱더 예수 그리스도 안으로 깊이 들어가고 싶은 간절한 소망들이 우리 안에 생겨난다. 성령께서 우리를 사로잡으실 때마다 놀라우신 하나님의 깊은 사랑이 계시되는 것이다.

　　신앙생활 초기에 하나님께서 나에게 부어주신 크신 은혜들은 그냥 무덤덤하게 담아 놓기에는 너무나 큰 열정과 불같은 열심을 심어 놓으셨다. 이 열정은 결코 꾹 참고 견딜 수 있는 미지근한 것이 아니었다. 심지어 나는 담임 목사님께 몇 사람만 붙여주시면 전미순회 전도여행을 하고 싶다고 제안을 드리기도 했다.

　　"목사님, 찬양팀도 하나 구성해 주시면 좋겠습니다. 그리고 이 형제도 같이 갈 수 있게 해주시면 안 될까요?" 나의 말을 들은 목사님은 "키이스 형제, 잠깐만요"라며 나의 성급함을 제지하셨다. 하지만 나의 제안은 결코 안일한 마음에서 나온 것이 아니었다. 그 누구도 복음전도를 향한 나의 불같은 열정을 꺼뜨리지 못할 것만 같았다.

하지만 하나님의 은혜로 나는 성급한 사역과 활동 대신 많은 기도의 시간들을 갖게 되었다. 골방 기도 중에 하나님께서 뭔가 더욱 깊고 강력한 은혜들을 주시기 위해 준비 중이시라는 것을 알 수 있었다. 내 안에서는 더 깊은 하나님 나라의 진리 속으로 들어가고자 하는 열망이 샘솟았다. 그 후 몇 년 동안 일어난 일련의 영적 사건들을 통과하면서, 나는 하나님께서 준비하신 모든 것들이 마치 오케스트라의 악기들처럼 절묘하게 서로 조화를 이루어왔다는 것을 깨달을 수 있었다. 그 축복은 나로 하여금 강력한 성령의 기름부음을 경험케 하고, 곧 다가올 깊고 오묘한 진리의 계시들, 성경의 진리들을 깨닫게 하는 놀라운 은혜였다. 하나님의 크고 놀라운 방문을 통하여 내 삶이 송두리째 바뀌게 된 것이었다.

1989년, 나는 텍사스 주의 한 작은 마을에 있는 남침례교단 소속교회에서 청년부 부목사로 섬기고 있었다. 어느 날 한 집사님의 아내인 자매님 한 분이 나를 찾아왔다. 그리고 비디오테이프 하나를 전해 주면서 다음과 같이 말했다. "목사님, 이 테이프를 보면서 자꾸 목사님 생각이 났어요. 꼭 잊지 마시고 이 테이프를 한 번 보세요." 퇴근을 하면서 나는 물건을 훔친 사람이라도 되는 듯이 코트 속 깊이 비디오테이프를 넣고 성급히 집으로 발걸음을 재촉했다. 도대체 무슨 물건인지 너무나 궁금했다. 집에 도착하기가 무섭게 아내 자넷에게 낮에 있었던 이야기를 건네며 비디오를 같이 보자고 권했다.

비디오테이프에는 푸석한 회색머리를 한 목사님 한 분의 사역현장이 녹화되어 있었다. 그가 양복저고리를 벗어 청중들에게 던지는 장면이 보였는데, 놀랍게도 이 저고리가 떨어진 장소 주변의 사람들이 쓰러지는 모습이 보였다. "대단하다, 정말!" 나도 모르게 내 입에서 탄성이 절로 나왔다. 곧이어 이 사역자가 "성령의 기름부음을 받으라!"고 외치는 소리가 들렸다. 그러자 집회 장소 도처에서 사람들이 앞다투어 넘어지는 모습이 보였다. 거기까지는 괜찮았다. 그 다음 장면에는 한 여인이 강대상으로 올라오는 모습이 보였다. 이 사역자는 그 여인을 보면서 "당신도 이 기름부음이 필요한 겁니까?"라고 말했다.

그 순간 공손치 못한 그 말투가 내 마음을 몹시 상하게 했다. '이런 말투가 과연 하나님의 성품에서 나오는 건가? 아니지, 그럴 수 없지!' 이미 기분이 상한 나는 그에게 결코 좋은 점수를 줄 수 없었다. 결국 나는 비디오를 껐다. 나는 이 비디오테이프를 전해준 자매가 무슨 이유로 나를 생각하게 되었다는 것인지 영문을 알 수 없었다. 굳이 이런 일에 신경 쓸 필요가 없다는 생각이 들어 그냥 무시하기로 했다.

1994년, 나는 다른 교회의 담임목사로 사역지를 옮겼다. 그런데 어느 주일 아침 잊지 못할 영적인 사건을 경험하게 되었다. 당시 교회는 최선을 다하는 나의 목양에도 불구하고 그리 큰 변화와 성장을 경험하지 못하는 상태였다. 변화에 대한 영적 책임감 때문에 나는 몹시 상심해 있었다. 무엇인가 중요한 부분이 빠진 것이 분명했다. 그러나 과연 무엇이 결여된 것이란 말인가? 결국 나는 이런 답답한 상황을 더 이상 끌고 갈 수는 없다는 생각이 들었다. 말할 수 없이 절박한 마음을 안은 채 나는 책상 위의 책들을 조용히 덮고, 목회실 바닥에 무릎을 꿇었다. "주님, 뭐가 잘못된 건가요?"

울부짖는 듯한 기도가 계속되었다. 놀랍게도 그 순간 주님은 그동안 경험했던 하나님과의 만남들을 하나씩 생각나게 하셨다. 1990년과 1991년 두 해 동안 이어진 하나님과의 뜨거운 첫 사랑이 떠올랐다. 당시 나는 하루에도 몇 시간씩 깊은 기도 속에서 주님과 교제하였다. 사무실 안에 가득 채웠던 주님의 사랑과 영광의 임재들이 하나씩 기억나기 시작했다. 하나님의 광대하심과 상상할 수 없는 놀라운 영광에 경외감을 감추지 못했던 어느 아침이 생각났다. 문자 그대로 주님의 사랑 속에 푹 잠겼던 시간이었다. "오, 주님, 온 하늘과 땅을 만드시는 창조자 하나님, 주님 안에는 그 어떤 불가능도 존재하지 않습니다"라고 외치며 주님을 만났던 그날이 생각났다. 그날부터 2년 동안 실로 주님은 나에게 놀라운 권능의 임재로 다가오셨다. 하지만 1994년 어느 주일 아침에 맞은 주님의 임재는 과거의 것과는 또 다른 것이었다. 그것은 나의 속사람을 뒤흔드시며 지나온 믿음의 여정들을 기억나게 하는 것이었다. 하나님을 향한 타는 듯한 목마름이 샘솟는 아침이었다. 몇 해 전부터 시작된 하나님과의 놀라운 만남을 까맣게 잊고 있었던 나에게 그것은 실로 놀라운 순간이었다.

과거에 설교 중에 "지난 과거를 돌이켜 보면서 '그때 참 뜨겁게 신앙생활을 했었지'라고 생각한다면 그것은 지금 현재 당신의 신앙이 내리막길로 가고 있음을 뜻하는 것이다"라고 말했던 것이 기억났다. 그런데 그것이 바로 나를 가리키는 말이 될 줄이야 누가 알았겠는가! 그 순간 성경책을 덮으며 다음과 같이 기도하였다. "주님, 주님과의 만남들을 회복하고 싶습니다. 설교자의 삶을 그만두어도 좋습니다. 목회를 다시 하지 않아도 좋습니다. 겉으로 드러나는 모든 사역들을 다 포기해도 좋습니다. 제가 오직 바라는 것은 주님의 임재, 그것뿐입니다."

이 기도는 정말 나에겐 크나큰 결단이자 내려놓음 그 자체였다. 이것은 정말 상투적인 말이 아니었다. 나는 진심으로 모든 것을 포기하고서라도 주님의 깊은 임재 속으로 들어가고 싶었다. 당시 설교는 나의 전부와도 같은 일이었고, 목회도 마찬가지였다. 잘 나가던 모든 사업들을 버리고 선택한 헌신의 길이었기에 더 그랬다. 주님을 만난 후, 그분의 일을 위하여 나의 모든 삶을 내어드리겠다는 목회자로서의 헌신은, 정말 나의 모든 것을 바치겠다는 순수한 포기에서 나온 결정이었다. 하지만 그 순간만큼은 설교자로서의 모든 꿈도 다 포기하고 내려놓게 되었다! 마치 내 골수 가장 깊은 곳에까지 하나님의 불이 임한 것 같았다. 내가 원했던 것은 오직 주님의 임재 뿐이었다. 나의 기도는 실로 출애굽기 33장에 소개된 모세의 기도와 같은 것이었다.

> 모세가 여호와께 아뢰되 보시옵소서 주께서 내게 이 백성을 인도하여 올라가라 하시면서 나와 함께 보낼 자를 내게 지시하지 아니하시나이다 주께서 전에 말씀하시기를 나는 이름으로도 너를 알고 너도 내 앞에 은총을 입었다 하셨사온즉 내가 참으로 주의 목전에 은총을 입었사오면 원하건대 주의 길을 내게 보이사 내게 주를 알리시고 나로 주의 목전에 은총을 입게 하시며 이 족속을 주의 백성으로 여기소서 여호와께서 이르시되 내가 친히 가리라 내가 너를 쉬게 하리라(출 33:12-14)

나는 그 말씀을 읽고 또 읽었다. 하나님께서 내게 은혜를 주신다면 나의 이름을 다시 부르시고, 또 한 번 그분의 임재 안으로 불러 주실 것이라는 생각이 들었다. 안식이라는 단어가 새롭게 느껴졌다. 우리를 위로하시고 마음을 부드럽게 하시는 하나님의 안식은 오직 '우리 위에 강림하시는 하나님의 임재 안에서만' 가능한 것임을 새삼스레 깨달을 수 있었다.

"주님, 저는 주님의 안식이 필요합니다. 지금 이곳에 주님의 임재를 부어주시기 원합니다. 제가 주님께 은혜를 얻은 자라면 모세가 간구했던 바로 그 기도를 드리고 싶습니다. 지금 이 순간 당신의 임재를 저에게 허락하소서. 당신의 영광을 보여 주소서. 그 영광을 저에게 부어 주소서. 목회나 설교를 그만두어도 상관없습니다. 오직 한 가지만을 소원하오니 주님의 거룩하신 임재를 저에게 허락하여 주소서. 주님이시여, 제 영혼 위로 속히 임재하소서."

그렇게 간절히 기도를 드렸다. 바로 그 순간 놀라운 하나님의 임재가 임하기 시작했다. 하나님으로부터 흘러나오는 평온함과 안식이 파도처럼 밀려왔다. 그리고 이렇게 시작된 주님과의 새로운 만남은 오늘날까지 주님을 섬기는 내 삶의 능력의 전부가 되었다!

그날 이후 약 4개월 동안, 나는 새벽 5시 반이면 어김없이 일어나 주님의 임재 앞으로 나아갔다. 시편 63편 자체가 이 시간의 내 기도가 되었다.

"내가 주의 권능과 영광을 보기 위하여 이와 같이 성소에서 주를 바라보았나이다." 나는 시편 63편을 읽고 또 읽었고, 어느덧 이 말씀은 나의 기도가 되었다. 넉 달 동안 단 하루의 예외도 없이 나의 새벽기도는 계속 되었다. 이것은 바로 1994년 3월부터 7월까지의 일이었다.

새벽기도를 시작한 지 두어 달쯤 지났을 때, 역시 잊지 못할 영적 깨달음을 경험하게 되었다. 어느 날 새벽, 나는 그 유명한 사도행전 1장 8절의 말씀을 묵상하게 되었다. 이 말씀은 그동안 수없이 읽고 설교했던 본문이었다. 본문에 쓰인 '권능'이라는 단어는 그리스어로 '두나미스'(dunamis)이며, 그것이 다이너마이트와 같이 엄청난 성령의 능력을 말하는 것을 나는 잘 알고 있었다. 하지만, 솔직히 말하자면 단 한 번도 나는 이런 성령의 능력을 경험한 적이 없었다. 생각이 거기에 미치자, 정말이지 지식으로만 말씀을 아는 것은 더 이상 지속될 수 없는 한계라는 것이 분명해졌다. '성령의 권능, 그것은 무엇을 말하는 것인가?' 이러한 의문과 함께, 내 삶에 뭔가 분명한 변화가 일어나야만 한다는 생각이 나를 사로잡았다.

그리고 며칠 후의 일이었다. 새벽기도 시간이 되어 일어난 나는 무심코 텔레비전을 틀었다. 채널을 몇 개 돌리던 중 한 익숙한 사람이 내 시선을 끌었다. 그 사람이 누구였는지 짐작하겠는가? 바로 5년 전 교회의 한 자매님께서 건네준 비디오테이프에 등장했던 헝클어진 회색머리의 사역자였다.

'이 사람을 다시 보게 되다니!'라고 생각하며 채널을 다른 곳으로 돌려

버렸다. 그리고 무심코 채널을 돌리다가 다시 이 회색머리 목사의 집회가 나오는 채널로 되돌아오고야 말았다. 그 순간 한 어린 소년이 강단으로 올라와 그 목사의 마이크를 집어 들고 다음과 같이 외치는 모습이 보였다.

"하나님이 방금 저를 고쳐 주셨어요. 태어날 때부터 다리에 문제가 있었던 저는 결코 뛰어다닐 수 없었어요. 그래서 늘 친구들이 저를 놀려대곤 했죠. 그런 저를 하나님이 오늘 완전히 고쳐 주셨어요."

소년은 강대상의 한쪽 끝에서 반대편 끝으로 신바람이라도 난 듯이 여러 번 뛰어다니기 시작했다. 그리고 감격에 겨워 울고 있는 아이의 엄마와 아빠의 모습이 카메라에 잡혔다. 이 모습을 보고 아이도 울기 시작했다. 가족들의 기쁨의 눈물을 본 이 사역자도 함께 울기 시작했다.

그 순간 카메라가 나의 모습을 클로즈업했다면, 아마도 펑펑 소리 내어 울면서 하나님의 능력의 임재를 갈구하는 모습이 찍혔을 것이다. 하염없이 눈물이 흘러나왔다. 그리고 눈물로 뒤섞인 부르짖음의 기도가 터져 나오기 시작했다. "아버지, 주님의 성소에서 당신의 권능과 영광을 보게 하소서!"

바로 그 순간, 베니 힌이라는 이름의 사역자가 카메라를 정면으로 바라보면서 이렇게 말하기 시작했다. "지금 이 방송을 보면서 울고 있는 목사님 한 분이 계십니다. 오늘 우리가 함께 목도하고 있는 이 하나님의 권능을 사모하면서 울고 있는 목사님이 계십니다. 주님이 당신을 위하여 말씀하십니다. '너도 이 권능을 받을 수 있느니라'고 말입니다."

마치 머리를 한 대 맞은 것 같았다. 아무도 모르는 이 새벽에 나같이 부족한 한 사람을 하나님께서 주목하고 계시다는 생각을 하니 숨이 막힐 것 같은 감격이 몰려왔다. 더욱 흥미로운 것은 5년 전 나의 마음을 몹시 불편하게 했던 한 목사를 통해서 하나님의 음성을 듣게 되었다는 사실이다. 나는 간절히 부르짖으며 하나님의 권능과 영광을 간구하였다.

순식간에 다리를 치유 받은 어린 소년의 모습을 보면서 이것이야말로 그토록 내가 갈망해오던 성령의 권능이라는 것을 직감할 수 있었다. 그날 이후 매일 새벽 5시 반에 베니 힌의 집회방송을 시청하기 시작했다. 그러면서도 아내에게는 한 달이 지나도록 이 일에 대해 아무런 말도 하지 않았다. 어느 날 설거지를 하고 있는 아내에게 조용히 다가가 아내 옆에서 그릇의 물기를 닦기 시작했다. 내가 설거지를 잘 하지 않는다는 것을 잘 알았던 아내는 나에게 뭔가 특별한 일이 생겼다는 사실을 눈치 채고 있었다. 잠시 후, 무슨 일이냐고 아내가 조용히 물었다.

"음, 뭐 별다른 게 아니야. 당신 말이야, 혹시 베니 힌이라는 사람 알아?"

"왜요?" 아내가 되물었다.

"어, 사실 요새 매일 새벽마다 베니 힌의 집회방송을 시청하고 있었거든."

"사실은 나도 요새 그 방송을 보고 있어요. 낮 1시 반에도 방송을 하거든요!"

아내의 말에 나는 그저 놀라울 뿐이었다.

"정말? 당신 생각은 어때? 그 방송 말이야."

똑같은 방송을 보고 있었다는 아내의 말을 듣고 나는 황급히 물어보았다.

"그 방송 좋아하죠." 아내의 대답은 매우 간단했다.

이윽고 아내는 얼마 후에 달라스에서 베니 힌의 집회가 있을 것이라고 말했다. "사실 달라스에 베니 힌 목사님이 오면 나도 가보고 싶어요."

"아니, 보수교단으로 정평이 나 있는 남침례교단 목회자인 우리가 어떻게 그곳에 갈 수 있겠어?"

"우리 두 사람 간다고 누가 알아보기라도 하겠어요? 그냥 어떤 집회에 다녀오겠다고만 말하면 되죠. 그러면 아마 교회에서도 허락해 줄 거예요."

"그렇긴 한데, 목회자 자격으로 그 집회에 가려면 아마 베니 힌의 사역단체와 어떤 동역관계가 있어야 하지 않을까? 그렇지 않으면 목회자로서 참석하기가 아마 어려울 거야."

부정적인 나의 말에 아내가 이렇게 말했다. "그럼 일단 한 번 전화라도 해보자고요. 그쪽에서 참석이 가능하다고 하면, 하나님의 응답으로 여기면 되잖아요."

아내의 말을 듣고 즉시 전화 다이얼을 돌렸다. 외부단체와의 관계를 주관하는 부서의 담장자가 직접 전화를 받았다.

"안녕하세요. 저는 키이스 밀러 목사라고 합니다. 저는 남침례교단 소속 목사인데, 얼마 전부터 아내와 함께 베니 힌 목사님의 집회방송을 시청하기 시작했습니다. 이번에 달라스 지역에서 집회를 개최하신다는 소식을 들었는데, 저희 부부가 참석할 수 있는지 궁금합니다. 저희 교단과 동역관계가 없는 것으로 알고 있는데, 이런 경우도 참석이 가능한지요?"

비록 질문을 하긴 했지만, 내심 곤란하다거나 어렵다는 부정적 답변이 돌아오기를 기대했다. 하지만 담당직원의 답변은 나의 기대와는 전혀 다른 것이었다. "말씀을 듣고 보니 두 분은 꼭 이 집회에 오셔야 할 것 같습니다. 아까 말씀하신 그런 조건이 무슨 대단한 문제겠어요? 이미 등록이 꽉 차버리긴 했지만, 두 분이 꼭 오실 수 있도록 방법을 생각해 보겠습니다. 일단 무조건 달라스로 오세요."

전화를 끊으면서 "오, 주여"하는 외침이 저절로 나왔다. '그래 일단 간다고 하자. 하지만 교단과 교회에서의 내 입장은 어떻게 되는 건가?' 이러한 나의 걱정을 간파라도 했다는 듯이 아내는 "이제 정말 가게 되는 거네요!"라고 외쳤다.

교회는 우리가 원하는 집회는 언제라도 참석할 것을 권유하는 입장이었다. 그것만 믿고 나는 교회 임직회에 집회 참석 사실을 알렸다. 하지만 누구의 집회라는 말은 굳이 밝히지 않았다. 임직자 회의에서 비행기 표와 숙소를 예약하라는 결정을 내려 주었다. 이때까지도 내가 베니 힌 집회에 참석할 것이라는 사실을 아무도 몰랐다.

얼마 후 아내와 함께 달라스 공항에 내려 공항 건물을 걸어 나오면서도 나는 "여보, 다시 한 번 기도해 봅시다. 정말 집회에 가도 되는 건지 말이야"라고 말했다. "아뇨. 우리는 이 집회에 꼭 가야 해요." 아내가 확신에 찬 목소리로 말했다.

집회 장소에 도착했을 때, 우리 부부는 정말 크게 놀라지 않을 수 없었다. 다섯 개의 큰 출입구마다 3천 명 이상의 사람들이 줄을 길게 서 있는 것이 아닌가? 기독교 집회에 이렇게 많은 사람들이 몰려드는 것을 그전까지는 본 일이 없었다. 긴 줄에 함께 선 우리 부부는 다행스럽게도 강대상 바로 앞 세 번째 줄에 자리를 배정받았다. 모든 준비가 끝난 셈이었다. 나는 조용히 성경을 펼쳤다. 그동안의 영적 고뇌와 간구의 시간들이 주마등처럼 내 머릿속을 훑고 지나갔다.

"이 사람이 하는 것을 하나도 빼지 않고 다 지켜봅시다." 나는 아내에게 조용히 속삭였다. "조그마한 실수라도 드러나면 무조건 집으로 되돌아가는 거예요." 하지만 나의 이런 말이 무색하게도, 베니 힌이 집회 장소에 들어오자마자 아내와 나는 마치 의자에 들러붙은 사람처럼 꼼짝 못하고 자리를 지켰다.

"지금 이곳에 하나님의 성령의 치유의 손길이 넘치고 있습니다." 베니 힌 목사가 말했다. 나는 반항이라도 해야겠다는 듯이 속으로 '어디 말이요?' 하고 속삭였다.

그 후 몇 시간 동안 눈으로 직접 보아도 믿을 수 없는 치유의 사건들이 체육관을 가득 채웠다. 불가능하기 이를 데 없는 일들이 내 눈앞에서 실제로 일어난 것이다. 휠체어에 탄 한 여인을 사람들이 강대상 앞으로 밀고 나가는 것이 보였다. 그리고 얼마 지나지 않아 이 여인은 자신이 탔던 휠체어를 직접 밀고 원래 자리로 되돌아갔다. 공교롭게도 그녀는 내 옆을 지나가게 되었는데, 나에게 이런 말을 건네었다. "어떻게 생각해요? 이 놀라운 일 말예요!"

베니 힌이 목회자들을 강대상으로 초청한다는 것을 익히 알고 있었던 나는 아내에게 다짐이라도 하듯이 이렇게 말했다. "대단하긴 한데, 목회자 초청 순서가 와도 나는 절대로 안 나갈 거야. 절대로 안 나간다고." 믿을 수 없는 일들을 나의 두 눈으로 직접 목격하면서도 나는 그렇게 말했다. 이 말이 끝나기가 무섭게 목회자들을 강대상 앞으로 초청하는 베니 힌 목사의 목소리가 들려왔다. "성령의 기름부으심을 원하시는 목회자들은 지금 바로 앞으로 나오시기 바랍니다."

예상치 않았던 일이 벌어졌다. 가슴이 갑자기 쿵쾅거리더니 조금도 주저함이 없이 나는 스프링처럼 의자에서 일어나 강대상 앞으로 걸어나갔다. 간절한 목마름이 나를 자리에서 일으켜 세운 것이다. 그 순간 목사로서의 기본적인 예의도 다 잊어버렸다. 언제나 사람들 앞에서 예의 지키는 것을 잊지 말라고 당부하신 어머니의 말씀들은 온데간데없이 사라진 듯했다. 앞에 선 사람들을 손으로 마구 밀쳐내면서 나는 앞으로 전진해 나아갔다. '그래, 이 순간 나는 목사가 아니다. 무조건 앞으로 나가야 한다. 하나님의 임재 가까이 나가야만 해.' 그러나 마음 한편에서는 '내가 지금 뭐 하고 있는 건가?'라는 생각도 들었다. '아냐, 모르겠다. 일단 무조건 앞으로 나가야 한다. 그동안 얼마나 굶주려온 하나님의 임재였단 말인가?'

막상 강대상 위로 올라서긴 했으나, 뭘 어떻게 해야 하는 건지 알 수 없었다. 베니 힌은 나의 반대쪽에 서 있었다. 그 순간 그는 나를 향하여 시선을 고정했다. 불같은 열정을 토해내던 그의 얼굴은 나에게 약간 화가 난듯 보였다. 그리고는 나에게 큰 소리로 외쳤다. "기름부음을 받으라!"

그 다음으로 내가 기억하는 것은 내가 바닥으로 고꾸라졌고, 키가 큰 두 남자가 나를 부축하여 강대상 아래로 데리고 내려왔다는 것 말고는 없다. 내가 어떤 모습이었을는지는 굳이 설명하지 않아도 알 것이다. 체면이나 입장은 이미 온데간데없는 상황이었다. 몇 분 후 자리로 다시 돌아왔을 때, 다급한 아내의 목소리가 들렸다.

"무슨 일이 일어난 거예요?" "나도 잘 모르겠어. 정말 농담이 아니야. '휙'하는 순간에 쓰러져버린 것 같고, 누군가 나를 부축해 준 것 말고는 생각이 나지 않아."

집회가 끝나고 숙소로 돌아오자, 아내는 기다리기라도 했다는 듯이 다시 물었다. "아니, 도대체 어떤 일이 벌어진 거냐고요? 자세하게 말을 해봐요!"

"나도 정말 모르겠어. 농담이 아니라고. 갑자기 서 있을 수 없게 되었고, 그래서 넘어진 거야. 일어서 보려고도 했지만 그냥 넘어질 수밖에 없었어. 하지만 정말 편안한 시간이었어."

그날 이후 며칠 동안 계속된 집회에서 우리는 계속해서 앞줄에 앉을 수 있었다. 집회 마지막 날이 되었다. 조금 늦게 도착을 해서인지 많은 사람들이 이미 입장한 상태였다. 결국 우리는 맨 뒷줄에 가까스로 앉을 수 있었다. 주님께 기도했다. "하나님, 뒤에 앉아도 좋습니다. 지난 3일 동안 앞좌석에 앉을 수 있었던 것만 해도 감사합니다."

기름부음에 대한 설교와 함께 베니 힌의 기도사역이 계속되었다. 그러던 어느 순간, 그가 강대상 아래로 뛰어내려오는 모습이 보였다. 그리고 그는 회중들 속으로 들어가 여기저기에서 기도하기 시작했다. 나는 속으로 '우리 쪽으로 오세요. 우리 쪽으로!'라고 말하였다. 베니 힌의 기도와 외침에 많은 사람들이 자리에서 넘어지는 모습이 보였다. 멀리서 보니 그가 다시 강대상으로 올라가는 모습이 보였다.

'오, 주님, 안 됩니다. 정말 안 됩니다. 저는 주님의 기름부으심을 더 받아야 합니다. 제가 바라는 것은 베니 힌 목사가 아니라 주님의 기름부음이라는 것을 주님은 아시지 않습니까? 주님, 저는 정말 분명한 기름부음을 얻고 싶습니다. 저의 영혼을 만지신 분이 주님이시라는 걸 저는 압니다. 저에게 이와 동일한 기름부음을 주시려는 성령님의 방문인 것을 저는 압니다. 저에게 이 기름부음을 더욱 넘치게 부어주세요. 오늘이 마지막 날 아닙니까?' 간절한 마음에 기도가 저절로 나왔다.

그 순간 강대상으로 향하던 베니 힌이 뒤를 돌아다보았다. 하나님의 음성을 듣기라도 했다는 듯이 그는 발걸음을 돌렸다. 그리고 아내와 나를 향하여 걸어왔다. '아, 드디어 하나님의 성령이 나를 향하여 오시는구나! 어서 오세요, 주님!'(나중에 알게 된 사실이지만, 그토록 이 집회에 참석하기 원했던 아내는 이 순간 베니 힌이 제발 우리 쪽으로 오지 않게 해달라는 간구를 드리고 있었다고 한다)

우리 쪽으로 온 베니 힌이 아내와 나를 가리키며 말했다. "거기 두 분 복도 쪽으로 나오세요." 순간 온 몸이 마비되는 듯했다. 우리 부부는 쓰러질 것 같은 몸을 겨우 움직여서 의자 틈을 헤집고 복도로 나아갔다. "두 사람이 성령의 기름부으심을 사모해 왔다는 것을 나는 압니다. 지금 기름부음을 받으라!" 베니 힌의 외침이 들려왔다. 그 순간 우리 부부는 바닥으로 고꾸라졌고, 약 15분 정도 마룻바닥에 누워 있었다. 잠시 후 자리에서 겨우 일어나보니, 말할 수 없이 아름다워 보이는 아내가 여전히 바닥에 누워 있는 모습이 보였다. 이윽고 아내도 일어났고, 우리는 다시 자리로 돌아와 앉았다. 그런데 아내가 갑자기 의자에서 미끄러지며 웃어대기 시작했다. 그 순간 나는 자리에서 일어나 주님께 경배와 찬양의 노래를 부르기 시작했다. 무언가 따스한 손길이 내 등을 쓰다듬는 것이 느껴졌다. 놀란 나머지 뒤를 돌아보니 주위에는 아무도 없었다. 동시에 한 양동이를 가득 채우고도 남는 흥건한 양의 기름이 온 몸에 부어지는 듯했다. 주님의 기름부으심이 임하는 순간이었다. 그와 함께 임한 평화와 안식의 기쁨을 어찌 다 설명할 수 있으랴!

집회가 끝난 후 우리는 다시 교회로 돌아왔고, 주일이 다가왔다. 성령께서 말씀하셨다. "네가 받은 것을 행하라." 보수적 침례교회의 주일예배에 성령의 기름부음 사역을 행하는 일만큼 당황스러운 일은 없다. 도무지 어떻게 해야 하는 건지 막막하기만 했다. 조심스런 마음으로 작은 기름병 하나를 준비해서 강대상 바로 옆 화분 뒤에 숨겨 놓았다. 주일이 되어 성경에서 기름부음에 관련된 모든 성구들을 검색하다가 발견했던 야고보서 5장 14절 말씀을 설교 시간에 봉독하였다.

"너희 중에 병든 자가 있느냐 그는 교회의 장로들을 청할 것이요 그들은 주의 이름으로 기름을 바르며 그를 위하여 기도할지니라."

그리고 조심스런 말투로 성도들에게 "오늘 우연히 기름 한 병을 준비해 둔 것이 있습니다. 혹시 우리들 중에 몸이 아프거나 병든 자가 있습니까?" 말이 떨어지기가 무섭게 한 사람이 자리에서 벌떡 일어났다. 다름 아닌 나의 아들 저스틴이었다! 저스틴은 수년 전에 공에 눈을 맞아 시력이 점점 나빠지기 시작했고, 당시에는 사물이 희미하게만 보일 정도로 상태가 악화되어 가고 있었다. 사람들이 다 보는 앞에서 나는 기름병을 열고 아들의 눈에 발라 주었다. 그리고 간절한 마음으로 기도하였다.

기도가 끝나자마자 아들이 바닥으로 고꾸라졌다. 정말 믿을 수 없는 일이었다. 그리고 그 자리에서 그의 악화된 시력이 100% 정상시력으로 되돌아왔다! 엄청난 성령의 역사하심이 우리 교회 안에 임하는 순간이었다.

이 광경을 목격한 사람들이 너나 할 것 없이 자리에서 일어나 앞으로 나오기 시작했다. 내가 섬기는 교회에 아픈 사람들이 그렇게 많을 줄 생각이나 했겠는가? 사람들이 계속해서 앞으로 나왔다. 한 명 한 명 기도를 할 때마다 사람들은 바닥으로 넘어지기 시작했다. 정신없이 기도를 하다 보니 내 앞에 서 계신 어머니의 모습이 눈에 들어왔다. 침례교인 중에서도 보수적이기로 유명한 나의 어머니 말이다.

"어머니, 그동안 어디가 아프셨어요?"

"아니다. 그저 하나님의 성령으로 드리는 그 기도를 나도 받고 싶어서 나왔다."

어머니의 머리에 기름을 바르고 기도를 해드렸다. 그 순간 벌어진 일은 정말이지 놀랍기 그지없는 일이었다(성령께서 친히 이 일의 증인이 되시리라). 나의 손가락 끝에서 어떤 불기둥 같은 것이 내뿜어졌다. 그 불은 어머니의 머리 한복판에 임했고, 그 순간 어머니는 바닥으로 쓰러지셨다. 놀랍게도 어머니를 부축하던 형제에게도 그 불이 건너가 그 역시 바닥에 쓰러졌다. "성령의 권능이 우리 가운데 임하셨습니다!" 나는 성도들을 향하여 큰 소리로 외쳤다.

이 일을 위하여 나는 결코 베니 힌을 흉내내려하지 않았다. 한 가지 내가 확신했던 것은 '하나님의 성령'의 권능이 나에게도 임하셨다는 사실이었다. 그것은 베니 힌의 사역을 통하여 나에게 부어진 하나님의 권능이었다. 5년 전 나의 기분을 몹시 상하게 했던 그 사람이 나에게 성령의 권능을 전달하는 통로가 된 것이었다. 그동안 이 순간을 위해 얼마나 많이 기도하고 또 기도했던가! 수많은 이들이 이와 같이 치유되고, 변화되는 그런 권능의 교회에 대한 비전을 얼마나 많이 꿈꾸어 왔었단 말인가? 하나님은 우리의 심령이 새로워지기를 원하신다. 그 목적은 우리가 하나님께 속한, 하늘에 속한 모든 신령한 복을 친히 누리는 자녀들이 되라는 것이다.

주님, 지금 이 책을 읽고 있는 모든 형제와 자매들을 위하여 간절히 구합니다. 그들이 한 사람도 빠짐없이 이 놀라운 성령의 권능을 주님으로부터 받을 수 있게 하여 주소서. 예수 그리스도의 이름으로 기도합니다. 아멘.

Chapter 3
Surrender to the Spirit

기름부으심이라는
하늘의 보배

　오늘날 우리에게는 성령의 기름부으심이 너무나 필요하다. 성령의 기름부으심은 실로 매우 다양한 방식과 상황을 통하여 나타난다. 나의 경우는 베니 힌 목사의 집회에서 일어났다. 실로 즉각적이며 신선하기 그지없는 주님의 임재와 능력이 나에게 찾아왔으며, 그 사건 이후 나의 삶과 사역에 매우 큰 변화들이 찾아왔다. 하지만 나는 단 한 번도 베니 힌이라는 사역자의 집회방식이나 모습을 흉내내려하지 않았다. 나의 유일한 소망은 그의 사역을 통하여 '성령님'의 기름부으심을 나누어 받음으로써, 나의 인생을 통하여 성령님의 모든 성품과 능력이 흘러넘치게 되는 것이었다.

　엘리사는 이런 점에서 나에게 찾아온 영적 변화에 대해 중요한 성경적 근거가 되어주는 인물이다. 스승이었던 엘리야의 사역현장을 따라다니는 동안, 하나님은 엘리사에게 엘리야의 것과 동일한 능력을 부어주실 것이라는 말씀을 주셨다. 하나님의 말씀을 받은 엘리사였기에 그는 자신에게 찾아올 성령의 기름부음을 조금도 의심하지 않았다. 그리고 그 누구도 성령의 기름부음을 향한 엘리사의 열정을 막을 수 없었다. 그들은 이 꿈을 향하여 함께 노력했고, 마침내 엘리야를 따라다닌 지 몇 년이 지났을 때 엘리사에게 놀라운 성령의 기름부음이 임하는 사건이 일어났다. 엘리사는 단 한 번도 하나님이 선포하신 약속의 말씀을 의심하지 않았고, 그를 비난하던 이들마저도 엘리사에게 임한 엘리야의 영적 권능을 부인할 수 없었다. 이러한 엘리사에게 하나님은 엘리야에게 주신 권능보다 갑절이나 더 많은 능력을 허락하여 주셨다. 이 모든 과정에서 엘리사는 엘리야의 능력 많은 모습을 구한 것이 아니라, 하나님의 성령 그 자체만을 추구하였다(왕하 2:1-10).

우리를 준비시켜 주시는 하나님

모든 사람마다 하나님 안에서 이루고 싶은 저마다의 꿈과 비전이 있을 것이다. 비전을 추구함에 있어 잊지 말아야 것은, 하나님께서는 결코 우리가 우리 자신의 능력으로 행하기를 원치 않으신다는 것이다. 하나님은 우리에게 맡기신 일을 위하여 꼭 필요한 성령의 기름부음을 부어주시는 분이시며, 우리는 이 기름부으심을 통해서만 주님이 명하신 하늘의 일들을 수행할 수 있다. 성령님은 성부 하나님의 능력으로 우리에게 임하시어, 우리로 하여금 하늘의 능력 안에서 행하게 하시는 분이시다. 하지만 하나님께서 능력 전이를 통해 그와 같은 기름부음을 주셨음에도 불구하고, 우리 각자의 독특한 개성은 여전히 존중되고 유지된다.

성령의 기름부으심을 지금 즉시 간구하라! 놀라운 사실은 이 기름부음은 선택된 몇 사람들에게만 허락된 것이 아니라는 것이다. '능력 있는 하늘의 삶'을 살도록 초대받은 모든 거듭난 그리스도인 모두가 성령의 놀라운 능력 안에서 살아갈 수 있다. 나와 여러분 모두가 그 복된 부르심의 대상인 것이다. 이 축복은 언제라도 우리에게 찾아올 수 있는 것이며, 바로 이 책을 읽고 있는 순간에도 독자들에게 일어날 수 있는 일이라고 믿는다.

영적 권능을 받는다는 것

바울은 갈라디아서에서 예수님으로부터 친히 받은 계시의 말씀을 다음과 같이 전한 바 있다.

> 형제들아 내가 너희에게 알게 하노니 내가 전한 복음이 사람의 뜻을 따라 된 것이 아니니라 이는 내가 사람에게서 받은 것도 아니요 배운 것도 아니요 오직 예수 그리스도의 계시로 말미암은 것이라… 그러나 내 어머니의 태로부터 나를 택정하시고 그의 은혜로 나를 부르신 이가 그의 아들을 이방에 전하기 위하여 그를 내 속에 나타내시기를 기뻐하셨을 때에 내가 곧 혈육과 의논하지 아니하고(갈 1:11-12, 15-16)

바울에게 복음을 전하시고 가르쳐 주신 것은 사람이 아니라 바로 예수님 자신이었다. 바울에게 임한 모든 사역의 권능은 예수 그리스도의 직접적 계시로 말미암은 것이었다. 바울은 언제라도 자신의 사역을 위하여 혈과 육에 의존하지 않았다. 예수 그리스도께서 친히 부으시는 기름부으심, 그것이 바로 바울 사도의 삶과 사역의 핵심이었다.

바울은 그 누구보다도 성령의 기름부으심을 잘 알고 있었기 때문에, 그저 소극적으로 '주님의 뜻대로 하십시오'라는 식으로 기다리는 삶을 살지 않았다. 참으로 놀라운 계시와 권능의 임재가 바울의 삶 속에 넘쳐났음을 우리는 잘 알고 있다.

기름부으심을 나누어 받는 것은 그 권능의 원천인 성령과 단단히 하나로 연합함으로써 가능해진다. 바울의 말을 풀어서 이해하면 다음과 같다. "이 기름부음은 진정 영에 속한 사건입니다. 이것은 결코 나 자신으로부터 말미암은 것이 아닙니다. 나는 그저 주님의 임재를 담아내는 그릇이자, 주님을 가리키는 표지판일 뿐입니다. 여러분의 머리에 손을 얹을 때, 나는 어떤 일이 벌어질 것인지를 언제나 알 수 있습니다. 그 일들은 바로 나에게 찾아오신 예수님께서 친히 행하시는 일입니다. 이 권능을 받을 때, 여러분 모두가 하나님께서 계획하신 일들을 완성할 수 있을 것입니다."

하나님은 바울에게 부으신 것과 동일한 성령의 권능이 모든 성도들에게 약속된 하늘의 기업이라고 말씀하신다. 성령의 기름부음은 너무나 귀하고 값진 것이며, 그것을 누리는 자 모두에게 놀라운 유익이 된다. 바울은 로마서 1장에서 "내가 너희 보기를 간절히 원하는 것은 어떤 신령한 은사를 너희에게 나누어 주어 너희를 견고하게 하려 함이니"라고 말하였다.

바울은 로마의 성도들에게 영적 권능을 부어주기 원하시는 성령의 간절한 마음을 잘 알았다. 여기서 '견고하게 하다'라는 낱말을 깊이 상고할 필요가 있다. 원문에 사용된 헬라어 단어에는 '단단히 뿌리박히게 하다, 단호하게 방향을 바꾸다'라는 의미가 있다. 성령의 기름부으심을 통해 자녀들을 견고케 하시는 하나님의 일은 일회적으로 성령님을 한 번 경험하는 것이 아니라, 우리를 '진리 안으로 단단히 뿌리박히게' 하여 지속적으로 그 능력 안에서 살아가게 하는 것이다.

이 말씀의 영적 깊이를 더해주는 것은 기름부으심의 축복을 너무나 주기 원하시는 성령의 간절한 소망에 대한 바울의 표현이다. "내가 너희 보기를 간절히 원한다"는 말씀은 실로 이 짧은 본문의 영적 무게를 갑절이나 더해 주는 표현이다. 이것은 이방의 땅 로마에 개척된 교회에게 신령한 은사를 부어주기 원하시는 성령의 불같은 열망(passion)의 표현이다. 다른 말로 표현하자면, '내 마음이 아플 정도로 너희를 만나고 싶다'라고 해도 좋을 것이다.

사역현장을 두루 다니다 보면 보름이나 한 달씩 집을 떠나 지내는 일들이 다반사이다. 그럴 때마다 내가 원하는 건 오직 한 가지다. 그것은 바로 집에 가서 아내와 아이들을 '만나는 것'이다. 수시로 아내와 통화를 하지만, 집에서 아내의 얼굴을 마주하고 이야기를 나누는 것을 결코 대신할 수 없다. 오직 가족들을 만나는 것만을 바랄 뿐이다. 집으로 돌아가 가족을 다시 만날 생각을 할 때마다, 나의 가슴은 그들을 향한 뜨거운 사랑으로 가득하다. 이와 같이 우리의 삶도 성령을 친히 '만나는' 삶이 되어야 한다.

성령님은 이 세상이 창조되기도 전에 계획된 당신을 향한 하나님의 꿈을 누구보다도 정확하게 알고 계신 분이시다. 하나님이 계획하신 우리 인생의 목적이 완성될 수 있도록, 성령님은 우리를 하늘의 신령한 은사로 옷 입혀 주시기를 '갈망' 하시는 분이시다.

> 기록된 바 하나님이 자기를 사랑하는 자들을 위하여 예비하신 모든 것은 눈으로 보지 못하고 귀로도 듣지 못하고 사람의 마음으로도 생각하지도 못하였다 함과 같으니라 오직 하나님이 성령으로 이것을 우리에게 보이셨으니 성령은 모든 것 곧 하나님의 깊은 것까지도 통달하시느니라(고전 2:9-10)

로마교회를 향해 성령의 권능을 나누어주기를 간절히 바랬던 바울의 마음은 성령의 간절한 소원을 잘 대변한다. 지금 바로 당신이 앉아 있는 그 자리에서 성령의 기름부으심을 위하여 간구하라. "성령님, 주님은 제 인생의 최종 목표와 모든 미래를 아시는 하나님이십니다. 요한복음 16장 14-15절의 말씀대로 성령님은 예수 그리스도께서 나에게 약속하신 모든 권능을 전달하여 주시는 하나님이십니다. 이 땅의 기초가 놓이기 전부터 하나님께서 저를 위해 마련하신 계획이 있음을 믿습니다. 태어나기도 전부터 저를 친히 아셨다 하신 하나님의 말씀을 믿습니다. 이 믿음 안에서 주님께 구합니다. 주님의 거룩한 기름부으심의 영광을 저에게 부어 주소서. 그 기름부으심 안에서 주님이 마련하신 제 삶의 목적을 완성하는 인생이 되게 하소서."

성령의 기름부으심을 소멸치 말라

오늘날 교회 안에 거룩한 전환이 일어나고 있다. 하나님의 꿈들을 온전히 완성하기 위해서는 이전까지 가볍게 여기던 성령의 기름부으심을 전심으로 귀하게 여겨야만 한다. '소중히 간직한다'(cherish)라는 말은 '보물처럼 여긴다'라는 뜻을 갖는다. 그러므로, "성령님, 주님께서 제게 허락하신 '임파테이션'(impartation)을 소중하게 여깁니다"라는 고백이 우리의 간구가 되어야 한다. 왜냐하면 희랍어에서 '세우다'(establish)의 의미에 따라, 임파테이션이란 우리를 올바른 방향으로 굳건히 앞으로 전진하게 만드는 것이기 때문이다.

오늘날 하나님은 우리를 새로운 영적 수준으로 변화시키기를 원하신다. 앞서 말한 대로 성령님과의 만남은 일회적인 영적 현상을 경험하는 것이 결코 아니다. 그것은 기도를 받고 바닥에 쓰러졌다가 다시 일어나는 것이 결코 아니다. 진정한 부요함은 바로 하나님의 임재와 기름부으심이다. 진정으로 지혜로운 자는 이 성령의 기름부으심의 존귀함을 자각하는 자이며, 그 임재를 '소멸'치 않기 위하여 온 마음으로 힘쓰는 자이다. 하나님이 친히 행하신 기름부으심 안에는 모든 불가능을 가능케하는 그리스도의 권능이 담겨 있기 때문이다.

몇 해 전에 집회를 인도하던 중에 갑작스럽게 마음에 감동이 일어나 다음과 같은 기도를 드렸다. "주님, 더 큰 기름부음이 있어야겠습니다." 그 순간 주님께서 말씀하셨다. "키이스, 너에게 이미 부어준 기름부음을 나누어 주어라. 이것이 네가 이해해야 할 부분이다!" 잠언 21장 20절은 이 가르침을 너무나 잘 요약한 본문이다. "지혜 있는 자의 집에는 귀한 보배와 기름이 있으나 미련한 자는 이것을 다 삼켜 버리느니라." 이 말씀은 어떤 값진 보물과도 비교할 수 없는 하나님의 임재의 존귀함을 우리에게 알려주는 본문이다.

본문에 사용된 '귀한'(desirable)이라는 낱말은 '아름다움, 기쁨'이라는 뜻을, '보배'(treasure)라는 낱말은 '간직한 물건'이라는 어원적 의미를 갖는다. '기름'(oil)은 물론 '성령의 임재'를 상징하는 낱말이다. 이러한 어원적 의미를 종합하여 본문을 다시 풀이하면 '성령의 기름부음과 임재를 버리지 않으며 가슴에 품고 간직하는 자만이 하나님 앞에 아름다운 자'라고 할 수 있다. 우리는 진정 하나님의 임재를 '소중히 간직하는 지혜'를 가져야 한다. 한 번 누린 성령의 기름부음을 지속적으로 누리지 못하는 것은 그 임재를 '간직'하는 일에 실패했기 때문이다. 다시 말해 성령의 기름부으심이 '소멸'되었기 때문이다.

그렇다면 무엇이 성령을 소멸치 않게 하는가? 어떻게 하면 성령의 임재를 '지속적으로' 간직할 것인가? 그 해답은 바로 '하나님과의 깊은 친밀함'이다.

> 나는 포도나무요 너희는 가지라 그가 내 안에, 내가 그 안에 거하면 사람이 열매를 많이 맺나니 나를 떠나서는 너희가 아무 것도 할 수 없음이라(요 15:5)

포도나무에 연결된 가지는 언제나 싱싱한 나무의 수액을 공급받는다. 주님이라는 나무에 연결된 사람은 언제나 이 생명수의 공급을 누리는 법이다. 그러므로 주님과의 깊은 사귐이 지속되기 위하여 간절히 기도하는 사람이 되기를 바란다. 모세와 바울과 같이 "정말 주님을 깊이 만나기 위해 저의 모든 것을 걸고 싶습니다. 하나님, 저를 더욱 깊은 임재 속으로 데려가 주십시오"라고 기도하라. 당신은 진정 '열매 맺는 친밀함'을 얻기 위하여 모든 것을 내어놓을 각오가 되어 있는가?

권능을 부으시며 제자들을 파송하신 예수님

마가복음 3장 14-15절에 다음의 말씀이 있다. "이에 열둘을 세우셨으니 이는 자기와 함께 있게 하시고 또 보내사 전도도 하며 귀신을 내쫓는 권세도 가지게 하려 하심이러라." 이와 비슷한 내용이 누가복음 9장 1절에 있다. "예수께서 열두 제자를 불러 모으사 모든 귀신을 제어하며 병을 고치는 능력과 권위를 주시고."

두 말씀의 공통점 하나는 예수님의 파송에는 항상 영적 권세 혹은 능력의 부여(impartation)가 뒤따랐다는 점이다. 사도들은 진정으로 하나님의 권능을 부여받은 사람들이었다. 이 기름부음이 바로 질병으로 고통받는 자들을 치유하는 능력이었고, 사람들을 섬기는 사역의 힘이 되었다. 이러한 점에서 눈여겨 살펴보아야 할 다른 말씀이 바로 요한복음 20장 21-22절이다.

> 예수께서 또 이르시되 너희에게 평강이 있을지어다 아버지께서 나를 보내신 것 같이 나도 너희를 보내노라 이 말씀을 하시고 그들을 향하사 숨을 내쉬며 이르시되 성령을 받으라

성부 하나님의 파송을 받으신 예수님의 능력사역의 가장 중요한 열쇠는

바로 '한량없이 부어지신 성령'이었다. 본문에서 예수님은 '아버지께서 나를 보내신 것 같이 나도 너희를 파송한다'고 하셨다. 이것은 예수님의 파송을 받는 자들에게 성부께서 예수님께 부어주신 것과 질적으로 동일한 기름부음의 능력을 나누어 주시겠다는 선언이다.

우리는 그의 만드신 바라

그리스도 예수로 거듭난 성도라면 단 한 명의 예외도 없이 성령의 은사와 기름부으심을 부여받는다. 우리는 하나님께서 친히 거하시는 성전이며, 하나님께서 친히 만드신 사람들이다. 이 때문에 하나님은 우리의 삶 속에 당신의 영광과 권능이 더욱더 충만케 되기를 바라신다. 하나님께서 이러한 일들을 위해 전심의 노력을 기울이신다는 사실은 나의 영혼을 전율케 하고도 남는다.

> 우리가 이 보배를 질그릇에 가졌으니 이는 심히 큰 능력은 하나님께 있고 우리에게 있지 아니함을 알게 하려 함이라 (고후 4:7)

하나님은 건축가이시다. 물론 이 건축의 대상은 하나님의 영을 모시고 있는 우리 각 사람들의 삶이다. 하나님은 우리의 모든 미래의 일들을 소상히 알고 계시기 때문에 저마다에게 필요한 성령의 권능을 공급하기 원하신다. 하나님은 우리에게 무엇이 필요한지, 또 언제 특정한 도우심이 필요한지를 그 누구보다도 정확히 알고 계신다. 당신은 진정 이 사실을 믿는가?

최고의 건축가이신 예수 그리스도는 결코 단번에 건축을 완성하시는 분이 아니다. 주님이 그분의 성전된 우리를 건축하시는 방법은 철저히 과정

중심이다. 한 번에 벽돌 하나씩을 쌓아가시는 것이 지혜로운 건축가이신 예수님의 방법이다. 주님께서 각 사람에게 가장 합당한 방식으로 그 인생을 건축하실 수 있는 이유는 그가 바로 "친히 우리를 지으신 분"이시기 때문이다(엡 2:10). 예수님은 우리 안에 선한 일을 시작하신 분이며, 그 일을 온전히 이루실 분이다.

우리 인생의 완성이 결코 '사람의 능력'으로 될 일이 아님을 다시 한 번 명심하기 바란다. 오직 성령의 능력만이 하나님이 시작하신 선한 일들을 완성해 가는 유일한 힘의 근원이다. 진정 성령의 기름부음을 받기 원하는가?

그렇다면 하나님께서 당신의 삶 속에 하늘의 모든 영광과 권능을 다운로드 해주기를 소망하신다는 사실부터 온전히 믿기 바란다. 오직 주님으로부터만 얻을 수 있는 새롭고 신선한 영광과 권능을 위하여 기도하라. 한 인간의 삶을 바꾸고야 마는 성령의 기름부으심, 당신의 삶에 새로운 영적 기초를 놓으실 성령의 기름부으심을 주님께 간구하라. 그리고 '믿음'으로 그 기름부음을 받으라.

하늘의 권능을 사모하고 기도하라

구하라 그리하면 너희에게 주실 것이요 찾으라 그리하면 찾아낼 것이요(마 7:7)

위의 말씀은 그리스도인이라면 누구나 잘 아는 유명한 성구이다. 그러나 당신은 진정 하나님의 기름부으심을 '간구하는' 사람인가? 당신이 진정 지속적으로 간구하는 삶을 살고 있다면 하나님께서 반드시 모든 뼈를 불사르고도 남을 뜨거운 성령의 임재로 응답하시리라고 나는 확신한다. 이 소망

안에 거하며 "예수님, 제가 주님의 임재를 굶주린 자의 심령이 되어 기다리고 또 기다립니다"라는 간절한 기도를 드리라.

이것이 바로 나의 기도의 자세였다. 나는 정말 전심을 기울여 주님께 매달렸고, 간구했다. 하루도 거르지 않고 전심으로 하늘의 문을 두드렸다. 주님의 임재를 향한 나의 갈망은 절실함 그 자체였다. 당신도 하나님의 영광의 임재를 친히 경험하기 원하는가?

성경은 하나님의 기름부음이 모든 믿는 자들에게 열린 축복임을 여러 곳에서 말하고 있다. 당신도 오늘 이 순간 성령의 기름부음을 받을 수 있다. 황량한 유대의 광야를 홀로 방황하며 울부짖었던 다윗처럼 하나님의 임재를 사모하는 많은 이들이 지금 이 순간 하늘의 영광을 사모하며 기도하고 있다고 나는 믿는다.

> 하나님이여 주는 나의 하나님이시라 내가 간절히 주를 찾되 물이 없어 마르고 황폐한 땅에서 내 영혼이 주를 갈망하며 내 육체가 주를 앙모하나이다 내가 주의 권능과 영광을 보기 위하여 이와 같이 성소에서 주를 바라보았나이다(시 63:1-2)

이 시편을 읽으며 눈물 흘린 적이 얼마나 많았는지 모른다. 나는 이 본문을 끌어안은 채 울부짖으며 하나님의 임재를 갈구하는 새로운 믿음의 세대가 일어나고 있다고 믿는다. "하나님, 당신의 권능과 영광을 저희에게 보이소서. 이제 더 이상 과거에 역사하셨던 하나님의 이야기를 듣는 것만으로는 도저히 만족할 수가 없습니다. 참으로 많은 이야기들을 들었고, 묵상했습니다. 지나온 모든 세대 동안 역사하신 주님께 참으로 감사를 드립니다. 그러나 주님, 저희는 이 흑암의 시대에 다시 한 번 역사하실 주님의 임재를 원합니다. 이 세대를 위하여 주님이 예비해 두신 하늘의 비밀한 것을 보이소서. 새로운 만나를 하늘에서 내려 주옵소서."

성령께서 당신으로 하여금 이 책을 읽게 하신 것은 결코 우연이 아니라고 믿는다. 적어도 당신의 영혼은 진정한 성령의 임재에 목마르고 갈망하였을 것이라고 나는 믿는다. 이 목마름과 굶주림을 온전히 만족시키는 것은 오직 성령님만이 하실 수 있는 일이다. 지금 주님께 강력하게 넘치는 기름부으심을 간구하라. 그분의 보좌에서 당신을 향한 거룩한 임파테이션이 임할 것이다.

다윗 왕의 눈물어린 간구의 시편이 지금 당신의 기도가 되기를 바란다. "내가 간절히 주를 찾되 물이 없어 마르고 황폐한 땅에서 내 영혼이 주를 갈망하며 내 육체가 주를 앙모하나이다"(시 63:1). 성령의 강력한 영광, 깊고도 넘쳐나는 성령의 임재를 위하여 기도하라. 강력한 하늘의 권능으로 당신의 영혼을 흠뻑 적셔 달라고 간구하라. 기쁨의 노래를 부르지 않고는 견딜 수 없는, 하나님의 사랑을 사람들에게 말하지 않고는 견딜 수 없는 그런 기름부음을 허락해 달라고 기도하라. 시편 92편 10절의 말씀이 즉각 당신의 삶 속에 이루어지기를 위하여 기도하라. "그러나 주께서 내 뿔을 들소의 뿔 같이 높이셨으며 내게 신선한 기름을 부으셨나이다."

이 시대는 사람의 능력에 의존하거나 종교행위에 안주하는 사람들 대신 오직 존귀한 성령의 능력으로 살아가는 믿음의 사람들을 보기 원한다. "내 말과 내 전도함이 설득력 있는 지혜의 말로 하지 아니하고 다만 성령의 나타나심과 능력으로 하여 너희 믿음이 사람의 지혜에 있지 아니하고 다만 하나님의 능력에 있게 하려 하였노라"(고전 2:4-5).

얼마 전에 프랜시스 프랜지팬이 쓴 다음과 같은 글을 읽었다.

공생애를 시작하시기 전까지 예수님은 무려 30여 년 동안 별다른 일을 행하지 않으셨다. 놀랍게도 예수님은 불과 3년 반, 약 42개월이라는 짧은 기간 내에 인류의 구원에 필요한 모든 일을 완성하셨다. 또한 열두 제자들을 매우 훌륭하게 양육하셨고, 수많은 이들을 찾아다니시며 치유와 회복의 선물을 안겨 주셨다. 책으로 다 적지 못할 이적들을 행하셨고, 수많은 말씀도 전하셨다. 더욱 놀랍게도 주님의 승천 이후, 제자들에게는 성령을 통해서 예수 그리스도의 능력과 크게 다르지 않은 강력한 권능이 임하였다. 단 12명의 제자, 그리고 42개월이라는 짧은 시간 안에 주님은 온 인류의 역사를 뒤흔들고도 남는 하나님 나라의 사역을 완전히 성취하셨던 것이다. 이 모든 것을 가능하게 한 열쇠가 바로 성령의 권능이었음을 생각할 때, 성령을 사모하는 우리의 마음이 어떻게 변화되어야 하는지에 대해서는 굳이 답할 필요도 없을 것이다.

베니 힌의 집회를 찾은 나에게 한량없는 성령의 기름부음이라는 놀라운 선물을 허락해 주신 하나님의 은혜를 나는 영원토록 잊을 수 없을 것이다. 그 기름부음을 받은 나에게는 즉각적인 '변화'가 찾아왔다. 삶과 관계와 마음과 생각, 꿈과 기도가 변화되었다. 이전에 알지 못했던 새로운 영적 세계로 진입하게 된 것이다. 성령께서 베푸시는 기름부으심 속에서 우리의 속사람은 실로 거대한 영적 변화를 경험하게 된다. 진정으로 우리 삶을 통해 성령의 일들이 증거될 것이다.

이번 장에서 나의 이야기를 나눈 것은 당신에게도 나에게 찾아온 목마름과 같은, 아니 나의 것보다 더 깊은 목마름이 찾아오기를 바라는 소망 때문이다. 지금까지 당신의 삶의 이력이 어떠하든 상관없이, 지금 이 순간 하나님께 기도드리라. 정말 하나님의 임재를 갈망하는 목마름이 있다면 지금 바로 기도의 자리로 나아가라. 성령의 기름이 강물처럼 당신에게 부어지기를 간구하라. 신선한 성령의 기름이 당신의 인생길에 더욱더 넘쳐나게 되기를 바란다(욥 29:6).

이번 장에서 나는 하나님의 기름부으심을 얻기 위해 필요한 세 가지 중요한 영적 진리를 나누었다.

- 주님 안에 거하라(요 15:5) – 기도와 말씀 안에서 하나님과 연합하는 예배
- 성령의 기름부음을 소멸치 말라(잠 21:20)
- 이미 받은 기름부음을 믿음 안에서 나누라(눅 4:18)

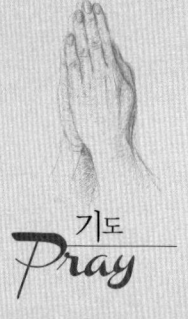

아버지, 저에게 성령을 부어주신다고 하신 약속의 말씀을 다시 한 번 붙잡습니다. 이 책을 읽는 모든 형제자매들에게 충만히 임하여 주소서. 우리에게 부으실 성령님으로 인하여 무한한 감사의 고백을 올려 드립니다. 예수 그리스도의 이름으로 기도합니다. 아멘.

Chapter 4
Surrender to the Spirit

권능들이 증거되다

3장에서 나누었듯이, 1994년에 경험한 기름부으심 이후 놀라운 변화들이 나에게 찾아왔다. 이 체험은 나에게 주님의 크신 권능의 기름부음을 가져다주었다. 변화가 가장 두드러지게 나타난 것은 물론 '사역'의 현장이었다. 앞장에서 나눈 바처럼 나는 무능하고 열매 없는 사역을 더 이상 견디지 못하여 괴로워했다. 성전에 나아와 기도하는 성도들이 없었던 것은 아니지만, 진정 우리 안에 변화의 조짐은 보이지 않았다. 이러한 가난한 심령은 감사하게도 날마다 주님의 임재를 간구하며 부르짖는 내 기도의 이유가 되어 주었다.

내가 주의 권능과 영광을 보기 위하여 이와 같이 성소에서 주를 바라보았나이다
(시 63:2)

목마른 사슴처럼 하나님의 임재를 사모하던 나에게 생수처럼 주어진 성

령의 말씀은 다음과 같은 바울의 고백이었다.

> 내가 너희 중에서 예수 그리스도와 그가 십자가에 못 박히신 것 외에는 아무 것도 알지 아니하기로 작정하였음이라 내가 너희 가운데 거할 때에 약하며 두려워하고 심히 떨었노라 내 말과 내 전도함이 설득력 있는 지혜의 말로 하지 아니하고 다만 성령의 나타나심과 능력으로 하여 너희 믿음이 사람의 지혜에 있지 아니하고 다만 하나님의 능력에 있게 하려 하였노라(고전 2:2-5)

이 말씀을 받던 날 밤, 나는 주님의 권능이 진정 내게 임하셨음을 확신할 수 있었다. 사도행전 10장 38절에 다음과 같은 말씀이 있다. 놀랍게도 이 말씀과 전혀 다르지 않는 성령의 권능이, 그토록 간구하고 기다리던 성령의 기름부음이 나에게도 찾아온 것이었다!

> 하나님이 나사렛 예수에게 성령과 능력을 기름 붓듯 하셨으매 그가 두루 다니시며 선한 일을 행하시고 마귀에게 눌린 모든 사람을 고치셨으니 이는 하나님이 함께 하셨음이라(행 10:38)

이 말씀을 읽어 내려가는 순간 주께서 나에게 힘주어 당부하신 말씀이 있다. 권능의 기름부음을 지속하기 위해서는 언제나 '성령'의 능력에만 의존해야 한다는 말씀이었다. 이 말씀의 실천과 관련하여 주님께서 첫 번째로 지적하신 것은 '사람의 이성과 감정'에 의존하는 사역을 하지 말라는 것이었다. 감정에 의존하면 그 순간만큼은 사람들로부터 '감정'(emotion)적 수준의 반응을 얻을 수는 있지만, 그것은 결코 사람을 살리는 능력이 되지 못한다는 말씀이었다.

요한복음 6장 63절에 "살리는 것은 영이니 육은 무익하니라 내가 너희에게 이른 말은 영이요 생명이라"는 말씀이 있다. 나에게 성령의 기름부으심이 임하던 날, 주님이 내게 주신 말씀이 바로 이것이다. 이 말씀을 통하여 나는 성령 안에서 행하기만 하면 반드시 사람들의 삶과 믿음이 변화되는 '능력'의 사건들이 일어날 것이라는 확신을 얻게 되었다.

성경은 "주는 영이시니 주의 영이 계신 곳에는 자유가 있느니라"(고후 3:17)고 말한다. 오직 성령님만이 총체적인 변화(Transformation)를 가져오신다. 그리고 오직 성령께서 친히 기름부으신 말씀의 선포만이 우리에게 하늘의 생명을 부어주는 통로가 될 것이다.

당신에게도 하나님이 친히 행하시리라

하나님은 이와 동일한 기름부음의 은혜를 당신에게 부으시기 원하신다. 진정 '우리가 구하거나 생각하는 것에 더욱 넘치도록' 당신의 삶을 통하여 일하시기를 원하신다.

> 우리 가운데서 역사하시는 능력대로 우리가 구하거나 생각하는 모든 것에 더 넘치도록 능히 하실 이에게(엡 3:20)

이 기름부음의 역사가 지향하는 궁극의 목적은 이 땅 위에 그리스도의 영광을 보이는 것이다. 성령의 능력 안에서 모든 불가능을 가능하게 만들 수 있는 것이 모든 성도들이 가진 영적 특권이다. 성령님은 한 명의 예외도 없이 모든 성도들의 삶을 통하여 그분의 영광과 능력이 증명되기 원하신다.

고린도전서 2장 4절의 '성령의 나타나심'이라는 표현에 사용된 'demonstration'은 '증명하다, 보여주다, 분명하게 드러내다, 확증하다'라는 의미를 갖는다. 바울이 말한 성령의 나타남이란, 곧 권능과 영광과 능력을 통하여 성령님이 어떤 분이신지를 사람들 앞에 분명한 증거로 제시한다는 말이다. 주님을 섬기는 모든 하늘의 사역자들에게 하나님의 권능을 부으심으로 예수 그리스도의 영광을 더욱 크게 증거하는 것은 성령님의 최고 소망이다. 내가 이토록 강조하는 '능력 증거'(demonstration of power)의 사역은 단순한 나의 개인적 염원이 아니라 성경에 분명히 기록된 메시지이다. "내 말과 내 전도함이 설득력 있는 지혜의 말로 하지 아니하고 다만 성령의 나타나심과 능력으로 하여"(고전 2:4).

이번 장에서는 성령의 기름부으심의 능력이 얼마나 놀라운 것인가에 대한 여러 가지 간증들을 나눌 것이다. 기름부음의 사건이란 결코 바닥에 쓰러지고, 병이 낫는 현상에만 제한된 것이 아니다. 본질상 그것은 성령의 능력을 통하여 임하시는 성부 하나님의 임재 그 자체라고 정의할 수 있다. 성령의 나타나심의 최고의 목적은 '하나님 나라의 영광과 권능을 이 땅에 드러내기 위함'임을 명심해야 한다. 그 무엇에도 제한받지 않으시는 하나님의 놀라운 권능이 사람들 사이에 임재하시는 것, 이것이 바로 성령의 기름부으심이다. 아래에 그 한 예를 들어보겠다.

> 그들이 베드로와 요한이 담대하게 말함을 보고 그들을 본래 학문 없는 범인으로 알았다가 이상히 여기며 또 그 전에 예수와 함께 있던 줄도 알고 또 병 나은 사람이 그들과 함께 서 있는 것을 보고 비난할 말이 없는지라 명하여 공회에서 나가라 하고 서로 의논하여 가로되 이 사람들을 어떻게 할까 그들로 말미암아 유명한 표적 나타난 것이 예루살렘에 사는 모든 사람에게 알려졌으니 우리도 부인할 수 없는지라
>
> (행 4:13-16)

하나님은 당신의 삶이 단순한 말에서 그치는 것이 아니라, 예수 그리스도의 영광과 능력이 생생하게 드러나는 '증거의 통로'가 되기 원하신다. 눈으로 보이지 않는 신령한 영적 세계의 실상과 능력을 당신을 통하여 증거하기를 바라시는 것이다. 나아가 이 기름부으심이 당신의 가정과 직장과 이웃과 도시 속에서 '매일매일' 지속적으로 임하기를 원하신다. 주님은 바로 지금 이 시각에도 초자연적인 하늘의 능력을 증거할 자녀들을 일으키시기 위하여 여념이 없으시다는 사실을 깨닫기 바란다. 우리는 어디를 가더라도 놀라운 하늘의 일들을 증거하시는 성령님의 임재를 곧 보게 될 것이다.

성령의 능력으로 증거한 바울

앞에서 인용한 고린도전서 2장의 말씀을 기록한 사람은 사도 바울이다. 이 말씀은 주님의 이름을 증거하기 원하는 사람이면 수 백 번이라도 거듭하여 묵상해야 할 진리이다. 바울은 이 진리의 비밀을 계시 받은 자였고, 그 깊이를 이해했던 자였다. 이 깨달음은 결코 훈련이나 이성을 통해 주어진 것이 아니다. 바울이 깨달은 영원한 하늘의 진리는 놀랍게도 예수 그리스도로부터 직접 내려온 하늘의 계시였다(갈 1:11-12).

당시 바울만큼 체계적인 교육과 훈련을 받은 사람은 그리 많지 않았다. 바울은 당대 최고 학자 중 하나였던 가말리엘의 문하에서 어릴 때부터 구약에 대한 교육을 받았던 지성인 중 한 사람이었다(빌 3:4-7).

그러나 정작 바울이 하나님의 말씀을 전할 때 의존하였던 것은 결코 그의 지식과 이성적 능력이 아니었다. 그는 오직 그리스도로부터 내려온 하늘의 계시에 대한 확신만을 붙들었다. 그리고 바울은 모든 믿는 사람들에게 이 놀라운 성령의 기름부으심이 가능하다는 사실을 전달해 주기 원했다. 이미 자신에게 익숙하였던 변증능력이나 분석력을 의지하지 않았던 바울, 그가 오직 원했던 한 가지는 하나님의 능력을 증거하는 것뿐이었다.

진정한 갈급함이 있는가?

당신도 성령님의 놀라운 권능을 증거하기 원하는가? 이제는 감정적 수준에서 주님을 만나는 것을 멈출 때가 되었다. 이 시대를 향한 하나님의 부르심은 우리가 하나님 나라의 실제를 경험하며 사는 것이다. 이것은 오직 기름부으심으로만 가능한 일이다.

이 시대는 그 어느 때보다도 성령의 능력의 실상을 '보고 경험하기'를 원하는 시대가 되었다. 더 이상 말과 생각으로 하나님을 표현하고 가리키는 것을 견딜 수 없는 시대가 된 것이다. 당신은 진정으로 하늘의 영광을 몸으로 경험하기 원하는가? 여기서 한 가지 기억할 것은, 이 일을 성령님이 우리보다 훨씬 더 갈망하신다는 것이다.

성령의 기름부음이 결코 일회적 체험이나 사건에 머물러서는 안 된다. 우리는 결코 과거에 경험한 주님과의 만남을 추억하는 과거적·회귀적 신앙에 갇혀 있을 필요가 없다. 나에게는 매일같이 성령의 신선한 기름부음을 받으며 생명력 있게 하루를 살아가는 것이 그 어떤 것보다도 간절히 바라는 소망이다.

주님은 복음 증거의 사명을 이룰 교회에게 그분의 권능의 기름을 부으시기를 너무나 원하신다. 단순히 말로만 선포되는 하나님 나라가 아니라 생생한 성령의 능력이 현저하게 드러나는 교회가 되기 바라시는 것이다. 또한 집회나 예배와 같은 교회 안에서의 모임에만 제한되는 것이 아니라 성도의 모든 삶의 영역에서 그렇게 되기를 원하신다.

교회는 여러 방법을 통하여 세상에 영향을 끼칠 수 있다. 그러나 정녕 하나님이 원하시는 것은 '성령의 기름부음'을 통하여 세상을 변혁하는 교회가 되는 것이다. 교회는 결코 건물이나 조직체가 아니다. 교회는 성도의 삶 그 자체가 되어야 한다. 40분 혹은 60분 동안 정해진 순서에 따라 찬송하고 설교를 듣는 것이 예배일 수 없다. 예배란 성도의 삶이어야 한다. 그리스도를 따르는 것은 종교적 행위가 아니라, 우리의 삶 그 자체인 것이다. 주님은 천국문을 열어 날마다 측량할 수 없는 기름부음을 믿는 이들의 삶 위에 부어주기 원하신다.

앨버쿼키 부흥

기름부음 사건 이후 주님은 나의 사역을 통하여 전혀 새로운 일들을 행하기 시작하셨다. 그리고 지금까지 이 기름부음을 거두지 않으시고 더욱 새로운 부흥들을 일으켜 오셨다. 또한 나는 앞으로도 이 놀라운 성령 안에서의 삶을 계속해서 살아가고자 한다.

주님의 성소를 바라보며 온 마음을 다해 그의 권능과 영광을 사모케 하신 것은 나의 노력이 아니라 주님의 역사하심의 결과였다. 그리고 기름부음을 체험한 이후로 지금까지 놀라운 능력의 사건들을 보여 주셨다. 아래에 몇 가지 부흥의 사건들을 소개함으로 주님의 영광과 권능을 증거하고자 한다.

가장 처음으로 경험한 부흥은 1996년 뉴멕시코 주의 앨버쿼키에서의 일이다. 앨버쿼키는 높은 범죄발생률로 인해 악명 높은 곳이다. 그래서 사람들은 '전쟁터'라는 별칭으로 이 도시를 부르기도 했다.

집회가 시작되던 날, 우리는 고작 15명의 성도들과 모임을 시작했다. 그러나 놀랍게도 이후 3개월 동안 모임은 수백 명으로 부흥하였다. 예배장소에 임한 성령의 권능은 말 그대로 '강력'이었다. 예배당 문을 열고 들어오자마자 바닥에 쓰러지는 사람들이 부지기수였다. 이들 중 악한 영의 지배를 받고 있었던 사람들도 더러 있었다. 또한 하나님의 영광 앞에 악한 영들이 자신의 정체를 드러내기도 했다.

석 달 동안 쉬지 않고 예배와 집회가 계속 열렸다. 어느 주일 밤, 우리는 스페인어로 예배를 드리게 되었다. 통역자를 통하여 나는 "성령이여, 오시옵소서!"라고 큰 소리로 외쳤다. 그 순간 옆에 서 있던 통역자가 마룻바닥으로 순식간에 쓰러졌다. 어느 날은 한 가톨릭 신자 한 명이 찾아왔다. 그의 얼굴을 보자마자 나는 소스라치게 놀라지 않을 수 없었다. 얼마 전 큰 교통사고를 당한 그의 얼굴은 기형이라는 말로도 설명할 수 없는 참혹한 형상이었다. 실제로 그의 두개골과 턱뼈 사이에는 주먹만한 구멍이 뻥 뚫려 있었다. 일그러진 뼈와 찢겨져 나간 피부 때문에 더 이상의 성형수술이 불가능했던 것이다. 나는 그로부터 그런 참혹한 얼굴로 몇 년 동안 살아왔다는 말을 들었다.

이 청년을 위해서 내가 할 수 있는 것이란 단 한 가지밖에 없었다. 그것은 바로 성령님의 치유하시는 손길을 간구하는 것이었다. "성령님, 오시옵소서. 치유하여 주옵소서!" 나는 큰 소리로 간절히 외쳤다. 이렇게 선포하자마자, 청년은 즉시 바닥으로 쓰러졌다. 사실 특별히 그를 위해서 기도한 것도 아니었다. 청년이 넘어진 곳은 나무 바닥이었는데, 갑작스럽게 넘어진 탓에 어디를 다친 것은 아닌지 걱정이 되었다. 아픔을 호소하는 듯한 간헐적인 신음소리가 들렸다. '당장이라도 바닥에서 일으켜 세워야 하는 것 아닌가?' 하는 불안한 마음이 들었다.

그 순간 도저히 믿을 수 없는 일이 벌어졌다. 설교가 계속 진행되는 중에 청년이 바닥에서 일어났는데, 놀랍게도 얼굴에 있었던 구멍이 사라지고 그 대신 말끔한 피부로 뒤덮여 있는 것이 아닌가? 이것은 정말로 놀라운 일이었다. 청년의 얼굴에서 광채가 나는 듯했다. 말 그대로 구멍이 뚫려 있던 얼굴에 기적이 일어난 것이다. 이 광경을 바라보면서 나는 계속해서 설교말씀을 전했다.

며칠 후, 이 놀라운 기적의 치유를 맛본 가톨릭 청년은 성당에 다니는 친구들을 전부 데리고 우리 집회장소에 나타났다. 그 중 한 가정에는 악성 뇌종양 수술을 앞둔 일곱 살 된 여자 아이가 있었다. 종양의 위치와 크기 때문에 수술 이후의 상황을 장담할 수 없었다. 예상치 못한 신경이상이 일어날 수 있기 때문이었다. 바로 이러한 긴급 상황을 며칠 앞둔 채 이 가족은 집회장소로 나아온 것이었다.

그날 나는 욥기 29장 6절에 대하여 말씀을 전하고 있었다. 그리고 강물 같은 기름부으심을 회중 가운데 선포하였다. 당신이 갈망할 때, 기름부으심으로 나아오게 된다. 당신이 정말로 굶주려서 갈급할 때, 우리에게 임재하시는 성령님의 기름부으심의 강 안으로 들어와야 한다.

당시 회중 가운데 뇌종양을 가진 소녀가 있다는 사실도 나는 몰랐다. 그런데 설교 중 나는 자연스럽게 한 여자아이 앞으로 걸어갔다. 그리고 아무런 생각 없이 그 여자아이의 머리 위에 가볍게 손을 얹었다. 무슨 기도를 한 것도 아니었고, 그저 몇 초간 그렇게 손을 올려놓았을 뿐이었다. 그 순간 소녀는 어머니의 무릎 위로 쓰러졌고, 두 볼은 발갛게 상기되어 있었다.

나는 다시 강대상으로 돌아왔다. 그런데 몇 분 후에 회중 가운데 큰 소란이 벌어졌다. 무심코 머리에 손을 얹은 여자아이의 부모의 소리였다. 아이의 엄마와 아빠가 큰 소리로 우는 모습이 보였고, 반대로 환한 웃음으로 기뻐하는 아이의 모습도 보였다. 나는 어린아이를 강대상으로 불러 자초지종을 물어 보았다. 그러자 아이가 대답했다.

"목사님이 머리에 손을 얹으실 때, 머리에서 무거운 것 하나가 떨어져 나가는 느낌이 들었어요. 그리고 아픈 것도 갑자기 사라졌어요."

나는 성령의 치유가 임했음을 직감했다. 며칠 후 예정된 뇌수술이 시작되기 하루 전에, 가족들은 뇌종양이 흔적도 없이 사라졌다는 수술팀의 최종진단을 통보받았다. 아무리 X-레이를 찍어보아도 이전의 종양이 촬영되지 않는다는 것이었다. 놀라운 능력의 주님을 찬양하지 않겠는가?

이와 같은 기적적인 치유에 대한 소문들이 발 빠르게 앨버쿼키 전역에 퍼지게 되었다. 이 소식을 들은 뉴에이지 활동가들이 집회장소로 모여들기 시작했다! 솔직히 말하자면, 나는 뉴에이지 주술가들이 무얼 하는 사람인지도 몰랐다. 언제나 그렇듯이 설교 중에 나는 회중들 가운데로 들어갔다. 우연히 한 낯선 여성에게로 다가가던 나는 나도 모르게 그녀를 향해 손을 뻗으며 "예수 그리스도의 이름을 받으라!"고 외치며 말씀을 전했다. 그 순간 놀랍게도 하나님의 권능이 이 여성을 뒤덮으셨다. 여성은 즉시 바닥에 쓰러졌고, 그와 동시에 악한 귀신의 정체가 드러났다. 나는 성경을 폈고, "평안하라"고 하신 예수님의 말씀을 읽어 내려갔다. 이 여인은 여러 차례 기침을 하더니 편안한 모습으로 돌아왔다. 그녀는 저녁집회 시간에 다시 찾아왔다. 그 후 5일 동안 이 여성은 하루도 빠지지 않고 맨 앞자리로 앉아 예배를 드렸고, 놀랍게도 매일 많은 사람들을 인도하여 데리고 왔다. 모두가 뉴에이지의 영적 사슬에 묶여 있던 사람들이었다.

나중에 알게 된 사실이지만, 이 여성은 앨버쿼키 지역 뉴에이지 단체의 유명한 교사 중 한 명이었다. 그러나 집회를 통해 하나님의 딸로 거듭났으며, 영적 묶임에서 풀려났음을 깨달은 이 여성은 자신이 가르치던 사람들을 전부 하나님 앞으로 데려온 것이었다. 성령님께 기도할 때마다 이 여성이 데려온 모든 사람들의 영적 속박들이 풀려져 나갔고, 그들은 모두 주님의 십자가를 영접하게 되었다.

이 여성은 뉴에이지라는 거짓과 사술의 속박을 벗어버리고 그리스도인이 되었고, 그 후 7년 동안 앨버퀴키 지역의 신실한 성경교사로 주님을 섬기는 엄청난 변화를 경험하게 되었다. "주의 영이 계신 곳에는 자유함이 있느니라"는 말씀이 그대로 열매 맺는 것을 바라보며 우리 모두는 함께 기뻐하였다. 주 예수 그리스도께 모든 영광을 올려드립니다! 그 후 6개월 동안 앨버퀴키의 부흥은 계속 되었고, 놀라운 성령의 역사와 이적들은 쉬지 않고 이어졌다.

미드빌 부흥

1999년에 나는 펜실베니아의 미드빌이라는 작은 마을을 방문했다. 그곳은 친구인 로드니 오스본이 사역하는 곳이었다. 오스본은 매주 나에게 장거리 전화를 걸어 "키이스 목사, 이곳에 와서 성령의 은혜를 나누어 주게"라고 끈질기게 간청했다.

미드빌로 와달라는 친구의 부탁을 받았을 때, 나의 영혼은 성령의 특별한 감동하심을 받았다. 집회가 시작되기도 전에 '성경에 기록된 기름부음의 사건들이 이곳에 그대로 재현되게 하옵소서'라는 간절한 마음의 기도가 저절로 나왔다. "예수 그리스도는 어제나 오늘이나 영원토록 동일하시니라"(히 13:8)는 말씀이 너무나 분명한 확신으로 다가왔다. 가버나움에서 물을 포도주로 바꾸신 그 동일한 기적의 하나님의 능력이 오늘날도 변함없이 역사하실 수 있다는 사실을 믿는가?

당신의 도시가 견고한 영적 진에 휩싸여 있는가? 그 안에 거하는 많은 이들의 마음이 돌같이 굳어져 있는가? 그렇다면 이들 모두의 마음이 심각한 영적 곤핍 상태에 놓여 있다는 것을 깨닫기 바란다. 이것은 슬픈 소식임에 틀림없지만, 하나님의 시각에서 볼 때는 결코 불행한 일만은 아니다. 심령이 가난한 자는 복이 있나니 천국이 저희 것이라고 하신 말씀을 잘 아는 우리의 임무는, 마음이 가난한 자들에게 풍성한 생명의 근원이신 예수 그리스도를 보여주는 것이다.

미드빌 집회는 이처럼 그리스도인으로서 나의 영적 임무를 깊이 인식하는 것에서 비롯되었다. 앨버쿼키에서와 마찬가지로 집회는 고작해야 몇 명밖에 안 되는 사람들과 함께 시작했다. 집회가 시작된 지 3일이 지났을 때, 친구 목사가 이런 말을 건네었다. "키이스 형제, 하나님이 행하시는 부흥이 우리에게도 드디어 임하는 것 같네. 집회를 몇 주 더 연장해서 하고 싶은데 어떻게 생각하나?" 갑작스런 그의 제안을 듣고 나는 생각했다. '정신이 있는 거야 없는 거야? 며칠도 아니고 몇 주씩이나 더 연장을 하자고?'

결국 집회는 연장되었다. 그곳의 많은 사람들에게 성령의 기름부으심은 너무나 생소한 것처럼 보였으나, 회중 가운데 임하시는 성령의 능력은 날로 더 강해졌다. 하지만 2주가 지났는데도 사람들은 크게 늘어나지 않았다. 그러자 친구가 새로운 제안을 하였다.

"이 분명한 부흥의 불길을 꺼뜨리지 말고 계속 진행하세." 그의 말에 나는 이렇게 대답했다. "벌써 아내와 아이들을 떠나온 지 보름이 넘어가고 있네." 하지만 그는 너무나 간절하고도 확고한 신념으로 응수했다. "하나님의 일하심을 우리가 직접 보고 있지 않은가?" 나는 그의 말을 이해하는 척 했지만, 정작 나는 다른 생각을 하고 있었다. '그렇긴 한데, 이 정도는 그동안의 사역현장과는 비교도 안 되는 건데….'

간청하는 친구를 실망시킬 수는 없었다. 집회는 연장되었고, 결국 3주째 모임이 시작되었다. 드디어 하나님의 성령의 열매들이 터져 나오기 시작했다. 갑자기 수백 수천 명의 사람들이 몰려오기 시작한 것이다. 무려 12개 주의 80여개 도시에서 사람들이 미드빌을 찾아오기 시작했다. 그것은 30여개의 각기 다른 교단을 아우르는 거대한 규모였다. 사람들은 저녁집회에 입장하기 위해 오후 이른 시간부터 길게 줄을 서기 시작했다. 결국 한 주로 계획되었던 집회가 10주간의 집회가 되고 말았다! 당시 수천 명의 사람들이 성령의 능력을 경험하였으며, 이것은 미드빌은 물론 인근 지역 전체와 수많은 도시들을 뒤흔드는 영적 부흥을 가져왔다. 놀라운 기사와 이적과 치유가 쉬지 않고 이어진 것이다.

주술을 행하는 자들과 많은 뉴에이지 멤버들이 집회로 찾아들었다. 또한 자살을 시도하기 직전의 삶의 위기에 몰려 있던 자들이 찾아와 새 생명의 소망을 얻고 가족에게로 돌아갔으며, 가족과 친구들과 직장 상사를 증오하고 미워하던 사람들이 회중 앞에서 자신의 죄를 회개하는 일도 있었다. 이미 수년이 지난 지금에도 이 미드빌 부흥을 체험했던 많은 사람들이 우리 교회로 찾아와 여전히 주님을 사랑하며, 충성된 주의 일꾼으로 살아가고 있다는 간증을 나누고 있다.

이 모든 사람들을 주님께로 이끈 것은 결코 사람의 '말과 지혜'가 아니었다. 그것은 오직 하늘의 권능을 생생하게 보이신 '성령님의 나타나심'이었다! 빌립보서 3장 8절에서 바울은 오직 한 가지만을 소중하게 여긴다고 말했다. 그것은 성령님의 기름부으심을 통해서만 얻어지는 예수 그리스도를 아는 지식이었다. 이렇게 그리스도를 아는 지식을 경험했던 바울이었음에도 불구하고 그는 더욱더 그리스도를 얻기 원했다. "내가 그를 위하여 모든 것을 잃어버리고 배설물로 여김은 그리스도를 얻고 그 안에서 발견되려 함이니."

페어필드 부흥

이와 비슷한 부흥이 아이오와 주의 페어필드에서도 일어났다. 구름떼 같은 사람들이 구원의 복음을 듣고, 병으로부터 나음을 입었으며, 악한 영들의 결박으로부터 자유함을 얻었다. 결혼생활의 위기를 맞은 많은 부부들이 그리스도의 사랑으로 회복되었고, 수많은 이들이 성령의 기름부으심의 능력을 받았다. 무려 6개월 동안 계속된 이 부흥기간 동안 하나님은 마음껏 그분의 권능을 드러내셨고, 이 부흥을 체험한 많은 사람들이 주의 사역자로 부르심을 받기도 했다. 이 중에는 아프리카와 인도 대륙을 다니며 그리스도의 이름과 성령의 권능을 증거하는 선교사가 된 부부도 있다. 이 놀라운 간증과 열매들이 아이오와의 작은 마을에서 시작되었다는 사실을 생각할 때마다 주님께 한량없는 감사를 드린다.

계속 진행되는 치유의 역사

이런 부흥의 사건들을 통해 경험하는 또 하나의 놀라운 사실은 성령의 기름부으심이 집회 후에도 계속하여 이어진다는 것이다. 우리는 이를 통해 일회적인 치유에서 그치는 것이 아니라 몇 년 동안 계속하여 진행되는 치유도 있다는 사실을 배웠다. 어떤 집회에 참석했던 자매는 이유를 알 수 없는 통증으로 고생하고 있었다. 그녀는 통증 때문에 무려 1,000mg이나 되는 진통제를 매일 먹어야 했다. 그것도 20년이나 계속해서 말이다. 물론 걷거나 뛰는 것은 상상도 할 수 없는 일이었다. 그런데 집회 현장에서 주님은 그 자매의 통증을 말끔히 없애주셨다. 그녀가 지팡이를 공중으로 던지며, 강대상 앞을 분주히 뛰어다니던 모습이 지금도 눈에 선하다.

1년 후, 나는 다시 페어필드에 방문하게 되었다. 그런데 멀리서 나를 알아본 그 자매가 나에게로 급히 다가오며 이렇게 외쳤다. "치료가 계속 되고 있어요. 목사님!" 나는 무슨 영문인지 몰라 자세히 물어 보았다. "작년 이맘때 저를 위하여 기도해 주셨을 때 저의 통증을 치료해 주셨죠. 하지만 무려 20년 동안의 약물 복용 때문에 모든 관절의 인대와 연골이 심각하게 손상되어 있었답니다. 집회 이후, 계속해서 X-레이 촬영을 해 왔는데, 지난 1년 동안 계속해서 조금씩 새 연골과 인대가 뼈마디마다 생겨난 것을 알게 되었어요!"

불과 얼마 전에도 이와 비슷한 간증을 전해 들었다. 이 간증은 집회에 참석했던 한 역도 선수의 이야기였다. 이 형제는 연습 도중 단 50파운드도 들 수 없는 심각한 허리부상을 입었다. 그런데 집회 동안 주님의 치유를 경험한 이 형제는 몇 달 동안 계속적인 회복을 경험하였고, 지금은 매일같이 200파운드 이상의 무게를 드는 훈련을 다시 시작했다는 감격스러운 간증을 들려주었다.

충만함을 향한 목마름

당신은 성령의 충만한 기름부으심을 사모하는가? 이를 위한 타는 듯한 목마름이 당신에게 있는가? 만약 그렇다면 그것은 정녕 축하할 만한 일이다. 왜냐하면 이 목마름을 향한 하나님의 응답이 눈앞에 임박했기 때문이다.

> 하나님이여 주는 나의 하나님이시라 내가 간절히 주를 찾되 물이 없어 마르고 황폐한 땅에서 내 영혼이 주를 갈망하며 내 육체가 주를 앙모하나이다 내가 주의 권능과 영광을 보기 위하여 이와 같이 성소에서 주를 바라보았나이다(시 63:1-2)

나는 성령님의 임재가 충만함으로 내 입술에 넘칠 때까지, 그리하여 오직 하나님의 사랑밖에는 아무것도 말할 것이 없는 순간까지 주님께서 나의 심령 안에 가득하시기만을 원한다.

하나님의 백성이 그분의 행하신 일들을 잊지 않고, 그 임재를 바라고 기다리는 것만큼 중요한 것은 없다. 그러나 이스라엘 백성들이 광야에서 하나님의 사랑과 은혜를 망각하고 더 이상 하나님의 역사를 기억하지 않았을 때, 그들의 영혼은 심히 야위었다(시 106:13-15). 그들은 하나님을 기억하는 대신 형식적인 제사와 종교 규례만을 행하고 있었다. 그래서 그들의 영혼은 파리하게 야윈 속사람이 되어 버렸다. 당신의 삶은 어떠한가?

성령께서 이 시대에 새롭게 행하기 원하시는 일은 결코 작은 규모가 아니다. 그것은 잔에 넘쳐흐르는 충만한 새 일이다. 하나님은 믿는 자의 삶 속에 생명의 일들이 넘쳐나기를 바라신다. 당신은 이 충만한 은혜의 잔을 진정 소망하는가? 이 넘치는 잔을 받아든 자마다 오직 하나님의 사랑밖에는 다른 것을 말할 수 없게 될 것이다. 이것이 바로 성령님의 기름부으심의 목적이다.

매일같이 쉬지 않고 지속되는 성령의 기름부음을 경험하기를 굶주린 자처럼 찾고 있는 이 세대를 바라보라. 바위가 기름 시내를 쏟아낸 것과 같이(욥 29:6) 넘쳐나는 성령의 임재를 직접 체험하기를 간절히 원하는 것이 이 시대의 영적 목마름 중 하나이다.

이사야 10장 27절은 성령의 기름부으심이 모든 멍에를 제거하고 무거운 짐을 벗게 할 것이라고 말하고 있다. "그 날에 그의 무거운 짐이 네 어깨에서 떠나고 그의 멍에가 네 목에서 벗어지되 기름진 까닭에 멍에가 부러지리라." 성령의 능력 안에서 무수한 사람들을 짓누르고 있는 멍에들을 부수고 그들의 무거운 짐을 벗겨주고 싶지 않은가? 그리스도를 알게 되면 반드시 진리 안에서 자유를 경험하게 된다고 성경은 말한다(요 8:31-32). "진리를 알지니 진리가 너희를 자유롭게 하리라."

성령님과의 새로운 만남을 위하여 우리가 가장 경계해야 할 것이 있다. 그것은 바로 사람의 생각과 판단이다. '나도 그런 거 한 번 경험해 봤지!' 이것은 정녕 성령님을 심히 근심케 할 뿐만 아니라, 그분을 모욕하는 말이다. 바로 오늘이 주님의 새로운 날임을 선포하라. 그 누구도 성령님께서 행하실 새 일들을 예측할 수 없다! 다음과 같이 고백함으로 성령님께 합당한 영광을 돌려 드리자. "성령님, 주님을 경배합니다. 더욱 깊이 성령님을 알기 원합니다. 구원의 바다 더욱 깊은 곳으로 들어갈 수 있기를 원합니다. 당신의 더욱 깊은 진리를 경험하고 싶습니다." 지혜와 명철로 가득하신 성령님의 세밀하고도 광대한 응답하심이 당신에게 임하기를 바란다.

차고 넘치는 삶

예수님께서는 분명히 모든 믿는 자의 삶 속에 놀랍고도 놀라운 일들을 행하시리라고 약속하셨다. 이것은 바로 예수 그리스도 안에 있는 넘치는 생명의 삶이다. "내가 온 것은 양으로 생명을 얻게 하고 더 풍성히 얻게 하려는 것이라"(요 10:10).

이 넘치는 삶이란 좋은 집과 자동차, 건강과 같은 현세적 축복만을 가리키지 않는다. 물론 이런 물질적 축복을 누리는 것이 결코 잘못은 아니다. 차고 넘치는 삶이란 '우리의 간구와 생각을 넘치도록 초월하시는 하나님의 생명과 권능이 우리의 삶을 통하여 드러나고 증거되는 삶'이라고 정의할 수 있다. 하나님의 생명의 강물이 당신의 삶을 통하여 흘러가기를 바라는가? 매일 하나님의 기적과 권능이 드러나는 삶을 살고 싶은가? 이것을 가능하게 하는 유일한 힘은 바로 성령의 권능이다. 모든 평범함을 비범한 하늘의 이적으로 바꾸어낼 수 있는 것이 바로 성령의 권능이다.

우리의 주가 되시는 예수님의 최고의 소망은 모든 성도들이 기름부음을 받으신 한 분, 곧 '그리스도'의 장성한 분량에까지 이르는 것이다. 성령 안에서 그분에게 임하신 기름부음의 능력을 우리에게 흘려 보내주시겠다는 것이 예수님의 약속이었다.

이것이 오늘을 사는 우리에게 가장 필요한 것이다. 우리의 주님이신 예수님께 진정 순복하는 삶을 살기 시작할 때, 그리스도 안에 있는 하나님의 기름부으심이 우리를 통하여 흘러가는 것을 보게 될 것이다. 이를 통해 증거된 그리스도의 능력은 더욱더 그의 영광을 '증거'하는 증표가 될 것이다. 이번 장에서 간단히 나누었듯이 성령님의 기름부으심은 나의 삶과 사역을 말 그대로 송두리째 바꾸어 놓으셨다.

기도 / Pray

하나님, 이 책을 읽는 모든 이들에게 하늘의 문을 더욱 활짝 열어 주시기 원합니다. 그리고 당신의 기름부으심을 지금 이 순간 우리에게 더욱 충만하게 허락하소서. 당신의 택하신 자들이 어디를 가든지 성령의 영광과 권능이 폭포수처럼 부어지게 하소서. 그리스도인으로서 승리하는 삶을 살 수 있게 하는 성령의 불을 모든 신자들에게 부어주소서. 우리 모두가 살아있는 그리스도의 편지가 되게 하시고, 우리를 통하여 그리스도의 향기가 온누리에 가득 퍼져 나가게 하소서. '승리하였도다! 그리스도와 그의 권능 안에서 승리하였도다!'라고 주의 백성들이 찬양하며 큰 소리로 양각 나팔을 불게 하소서. 오, 주님! 이기시는 주님의 능력을 우리가 보았습니다. 모든 신자들이 주님의 능력 안에서 더욱 강건하게 하소서. 예수님의 이름으로 기도합니다. 아멘.

Chapter 5
Surrender to the Spirit

성령의 나타나심

형제들아 내가 너희에게 나아가 하나님의 증거를 전할 때에 말과 지혜의 아름다운 것으로 아니하였나니 내가 너희 중에서 예수 그리스도와 그의 십자가에 못 박히신 것 외에는 아무 것도 알지 아니하기로 작정하였음이라 내가 너희 가운데 거할 때에 약하고 두려워하고 심히 떨었노라 내 말과 내 전도함이 설득력 있는 지혜의 말로 하지 아니하고 다만 성령의 나타나심과 능력으로 하여 너희 믿음이 사람의 지혜에 있지 아니하고 다만 하나님의 능력에 있게 하려 하였노라(고전 2:1-5)

이제껏 나의 삶을 성령의 권능이 넘치는 사역을 위해 사용하여 주신 것에 대해 한량없는 감사의 찬양을 드린다. 주님의 기름부으심을 경험하기 전까지 나는 시편 63편과 사도행전 1장 8절을 부여잡고 한없이 가난한 마음으로 기도했다. 앞에서 이 기름부으심의 체험 이후 7년 동안 나의 삶을 찾아왔던 크고 작은 일들을 조금씩 나누었다. 시편 63편과 사도행전 1장 8절은 타는 듯한 내 영혼의 목마름을 표현하는 매일 매일의 기도문이 되었다. "아버지, 주님의 성소에서 나오는 영광과 권능을 보여 주옵소서!"

이러한 간절한 나의 기도에 하나님은 응답하셨고, 우리 부부는 성령의 놀라운 기름부으심을 덧입게 되었다. 그것이 앞장에서 여러 번 나눈 바 있는 베니 힌 집회 사건의 핵심이었다. 이 사건 이후 지금까지 나의 삶의 목표는 모든 평범한 사람들에게 하늘에 속한 능력의 삶으로 부르시는 하나님의 소망을 전달하는 것이었다.

지금 이 순간 나는 참으로 놀라운 하나님의 선하심 앞에 큰 경외감을 가지고 서게 된다. 나같이 평범한 사람을 통해 지금까지 역사된 성령의 권능은 바로 '평범한 그리스도인들'을 통하여 '하늘의 광대한 일을 행하기' 원하시는 하나님의 소망을 잘 보여주는 증거이다. 온 천하에 다니며 복음을 전하리라고 하신 그 말씀이 나의 삶 속에서 이루어질 것이라고는 상상조차 하지 못했다. 그만큼 나는 평범한 사람이었다. 참으로 얼마나 큰 영광인지 말로 다 표현할 수 없다. 평범한 나의 삶에 친히 찾아와주신 하나님의 사랑 앞에 나는 다시 한 번 깊이 감사드린다.

다시 부르시다

2002년 초여름쯤, 성령님은 나를 다시 부르셨다. 이것은 1994년에 경험한 기름부음과는 전혀 다른 깊은 영적 진리들이었다. '거룩한 아픔'이라는 말로 요약할 만큼 주님의 새로운 계시는 나의 마음을 더욱 간절하게 하였다. 이 거룩한 아픔은 온 영혼의 힘을 다하여 하나님을 간절히 소망할 때 경험하는 것이라 생각한다. 이 간절함은 결코 내가 주도한 것이 아니었다. 이것은 내 안에 계신 성령님께서 친히 행하신 일이었다.

여호와께서 스알디엘의 아들 유다 총독 스룹바벨의 마음과 여호사닥의 아들 대제

> 사장 여호수아의 마음과 남은 바 모든 백성의 마음을 감동시키시매 그들이 와서 만군의 여호와 그들의 하나님의 전 공사를 하였으니(학 1:14)

위의 말씀에서 중요한 것은 하나님께서 성전 재건이 본격화되기 전에 '이스라엘의 마음을 흥분시키셨다'는 사실이다. 본문에 사용된 '마음을 흥분시키다'라는 말에는 '일깨우다, 생각을 부어주다, 일어나 행동하게 하다, 눈을 열어주다, 잠에서 깨우다, 뒤흔들다' 등의 다양한 의미가 있다. 이 낱말은 실제로 구약성경에서 75회 정도 사용되었다. 신명기 32장 11절에는 독수리가 자신의 새끼들 위로 너풀거리며 둥지를 뒤흔들어 새끼들에게 날개짓을 연습시키는 모습이 기록되어 있다. "마치 독수리가 자기의 보금자리를 어지럽게 하며 자기의 새끼 위에 너풀거리며 그의 날개를 펴서 새끼를 받으며 그의 날개 위에 그것을 업는 것같이 여호와께서 홀로 그들을 인도하셨고 그와 함께 한 다른 신이 없었도다"(신 32:11-12).

또한 이 낱말은 악기 연주를 시작하기 전에 음향조율을 위해 소리를 내고 연주를 준비하는 것을 가리키는 의미로도 사용되었다. 또 이사야서 50장 4절에는 주께서 이사야를 '깨우쳐 주셨다'는 말이 두 번이나 연속하여 사용되었다. "주 여호와께서 학자들의 혀를 내게 주사 나로 곤고한 자를 말로 어떻게 도와줄 줄을 알게 하시고 아침마다 깨우치시되 나의 귀를 깨우치사 학자들 같이 알아듣게 하시도다."

하나님은 당신의 일을 위하여 먼저 우리를 '깨우시고 흥분케 하시는' 분이다. 이런 점에서 하나님은 모든 일의 시작이자 마침이 되신다. 이사야를 아침마다 '깨우치셨던' 것과 같이 하나님은 나의 속사람을 깨우치기 시작하셨다. 지난 7년 동안의 경험에 기초하여 나는 하나님께서 새로운 일들을 준비하고 계시다는 것을 직감하였다.

하지만 이것은 처음 경험한 기름부으심과는 사뭇 다른 것이었다. 하나님의 권능을 전혀 알지 못했던 모습을 벗어내고 새로운 성령의 영광에 눈을 뜨기 시작한 지 7년이 지난 2002년의 부르심은 '이제 더 깊은 곳으로 나아오라'는 성숙과 심화로의 부르심이었다.

"너는 내게 부르짖으라 내가 네게 응답하겠고 네가 알지 못하는 크고 은밀한 일을 네게 보이리라"는 예레미야 33장 3절을 붙잡고 나는 기도의 자리로 나아갔다. 하나님의 부르심에 전심으로 반응하고 싶은 마음들이 샘솟았다. 우리의 영적 배고픔이나 목마름은 우리에게서 시작되지 않는다. 그것은 하나님이 행하시는 일이다. 하나님께서 불러일으키시는 이 목마름을 느낄 때, 우리는 비로소 주님의 부르심을 자각하고 그 앞으로 나아가게 되는 것이다.

위의 말씀에 기록된 '은밀한' 일이란 어떤 '요새나 성곽에 의하여 접근이 허락되지 않았던 일'이라는 뜻이다. 이 은밀한 일을 이제 우리에게 보이시겠다는 것이 위 본문의 핵심이다. 이전에 무언가에 의해 가리워져 있었던 보다 깊은 하나님의 비밀한 것들을 보여주시겠다는 약속인 것이다. 사도 요한은 하나님 나라의 비밀을 직접 보고 경험했던 사람이다.

> 볼지어다 내가 문 밖에 서서 두드리노니 누구든지 내 음성을 듣고 문을 열면 내가 그에게로 들어가 그와 더불어 먹고 그는 나와 더불어 먹으리라 이기는 그에게는 내가 내 보좌에 함께 앉게 하여 주기를 내가 이기고 아버지 보좌에 함께 앉은 것과 같이 하리라 귀 있는 자는 성령이 교회들에게 하시는 말씀을 들을지어다(계 3:20-22)

이 얼마나 놀라운 말씀인가? 비밀한 하늘의 계시를 보이시기 위해 먼저 우리에게 초대장을 보내시는 하나님의 모습을 당신은 바라보는가? 우리 마음 문을 두드리시는 예수 그리스도의 모습을 바라보는가? 하늘을 소망하는 '거룩한 목마름'을 해결하실 그리스도의 음성에 응답하는 자마다 예수님과 함께 앉아 음식을 먹고 교제하는 기쁨을 누리게 될 것이다. 함께 교제하며 시간을 나누는 그 나눔의 자리로 들어가게 될 것이다. 이 초청의 말씀 뒤에 어떤 말씀이 적혀 있는지 보자.

예수님은 요한을 위하여 하늘의 문을 여셨고 그의 보좌 위로 올라오라고 하셨다! "이 일 후에 내가 보니 하늘에 열린 문이 있는데 내가 들은 바 처음에 내게 말하던 나팔소리 같은 그 음성이 이르되 이리로 올라오라 이 후에 마땅히 일어날 일들을 내가 네게 보이리라 하시더라"(계 4:1).

예수님의 초대장을 받고 요한은 마음의 문을 활짝 열어드렸다. 그러자 예수님은 그분의 영광의 보좌가 있는 하늘나라의 문을 열고 요한을 올라오라고 하신 것이다. "내가 이제 너에게 크고 놀라운 하늘의 비밀들을 보이리라."

우리 중에 진정 하나님 나라의 크고 비밀한 일들을 기업으로 받기 원하는 사람은 얼마나 되는가? 당신을 향한 하나님의 비밀한 일들, 가정과 지역과 교회를 향해 준비하신 하나님의 크고 비밀한 일들, 민족과 열방을 향한 하나님의 놀라운 비밀들을 보고 듣고 이루기를 원하는 사람이 얼마나 될까?

하나님을 향한 목마름은 전적으로 주님의 선물이다. 이전에 그 누구도 볼 수 없었던 하나님의 크고 비밀한 일들이 성령의 기름부으심 안에서 모든 이들에게 활짝 열려 있다는 것만큼 기쁜 소식은 없다. "이는 그로 말미암아 우리 둘이 한 성령 안에서 아버지께 나아감을 얻게 하려 하심이라"(엡 2:18). 성령 안에서 온 만물의 창조자이신 하늘 아버지께로 나아갈 수 있는 특권을 가졌다는 것은 아무리 강조해도 지나치지 않을 큰 축복이다. 고린도전서 2장 6-10절은 이 세대를 향하여 준비하신 지혜가 있으며, 이 지혜를 우리에게 보여주실 분이 오직 성령님이시라고 말한다.

요한복음 16장에서 예수님은 성령께서 오셔서 "예수님의 영광을 나타내실 것"이라는 중요한 말씀을 하셨다.

> 내가 아직도 너희에게 이를 것이 많으나 지금은 너희가 감당하지 못하리라 그러나 진리의 성령이 오시면 그가 너희를 모든 진리 가운데로 인도하시리니 그가 스스로 말하지 않고 오직 들은 것을 말하며 장래 일을 너희에게 알리시리라 그가 내 영광을 나타내리니 내 것을 가지고 너희에게 알리시겠음이라 무릇 아버지께 있는 것은 다 내 것이라 그러므로 내가 말하기를 그가 내 것을 가지고 너희에게 알리시리라 하였노라(요 16:12-15)

이것은 지금까지 감춰져 있었던 하늘의 비밀을 성령님을 통해서 깨달을 수 있다는 말씀이다. 성령님은 그리스도의 입에서 나오는 모든 말씀들을 우리에게 전달하는 분이시다. 아버지께서 예수님께 부으신 진리의 비밀들이 이제는 '성령님'을 통하여 예수님으로부터 우리 안으로 부어지게 된 것이다!

만유의 회복

사도행전 3장 21절에 "하나님이 영원 전부터 거룩한 선지자의 입을 통하여 말씀하신 바 만유를 회복하실 때까지는 하늘이 마땅히 그를 받아 두리라"는 말씀이 있다. '회복'(restoration)이란 '최초의 상태로 되돌리는 것'이다. 만유의 회복이란 무엇인가? 그것은 타락 이래로 하나님의 자녀들이 사단에게 도적질 당했던 모든 영광과 권능이 예수 그리스도로 말미암아 회복될 것을 말한다. 이 땅에 죄가 뿌려지기 전의 상태로 말이다. 참으로 놀라운 말씀이 아닐 수 없다.

그리스도 예수께서 갈보리 언덕에서 피흘리심으로 사단의 속임수로 말미암아 철저히 우리에게 가리워진바 되었던 모든 하늘의 진리들이 예전보다 일곱 배나 더 많은 분량과 깊이로 우리에게 회복될 것이다(출 22:7, 잠 6:30-31).

진리의 영이신 성령님의 핵심사역은 하나님을 따르기로 작정하는 모든 사람들을 진리 가운데로 인도하시는 것이다. 성도가 된다는 것은 선한 일을 하고 죄는 짓지 않는 것을 뛰어넘는 의미가 있다. 성도의 삶의 절정은 하늘에 속한 놀라운 진리의 세계를 보고 듣고 행하는 것이다. 이 놀라운 하늘의 진리를 만지고 경험하는 사람마다 성령의 임재를 놀랍도록 증거하게 될 것이며, 깊고 깊은 예수 그리스도의 영광을 경험하게 될 것이다.

온 세상을 뒤덮을 성령의 충만한 임재를 보기 원하는가? 요엘서를 통해서 우리는 모든 육체에게 성령이 부어지기 전에 어떤 일이 일어날 것인지를 배우게 된다. "내가 전에 너희에게 보낸 큰 군대 곧 메뚜기와 느치와 황충과 팥중이가 먹은 햇수대로 너희에게 갚아 주리니"(욜 2:25). 그것은 바로 교회가 상실한 것들을 되찾게 되는 회복이다. 도적인 마귀에게 빼앗겨버린 교회 안의 진리와 황충이 먹어버린 것들을 회복하시는 하나님의 역사가 선행되고 나서 성령이 모든 육체에게 임하게 되는 것임을 우리는 알 수 있다. "그 후에 내가 내 영을 만민에게 부어 주리니"(욜 2:28).

교회사를 찬찬히 살펴보면 하나님께서 마귀에게 빼앗기고 가리워져 있었던 진리의 비밀들을 회복하신 역사들이 있었음을 알게 된다. 영적 부흥이란 결국 어둠에 가려진 '진리'들이 드러나는 것과 관련이 있다. 당신은 이 시대의 교회가 상실한 하나님의 진리를 회복할 영적 선구자의 삶을 기꺼이 살기 원하는가? 진리를 회복하는 사역은 결코 쉬운 일이 아니었다. 많은 영적 선구자들이 당시에는 이단이나 신성모독자로 간주되었던 사실을 기억하라. 진리를 지키는 일에 삶을 헌신하였지만 루터는 생을 마감한 지 40년이 지나서야 비로소 명예가 회복되었다. 참으로 이들의 삶은 후대의 신앙인들을 위해 불살라진 횃불과도 같다.

오늘날 말로 형언할 수 없는 거짓과 왜곡을 통하여 사람과 지역과 국가와 민족들을 기만하고 있는 마귀의 활동을 보라. 그러나 예수님께서 임재하시는 곳마다 모든 왜곡된 것들을 바로 잡으시고 진리를 회복시키시는 역사가 일어날 것이라는 사실을 잊지 말라. 이 거룩한 소명 앞으로 담대히 나아가 절망 가운데 오열하는 모든 영혼과 도시, 지역과 나라와 열방을 하나님께서 창세 전부터 품으셨던 아름다운 소명의 삶으로 되돌리는 인생을 살고 싶지 않은가? 이 아름다운 헌신에 대한 소망을 품고 있다면, 반드시 이사야서 61장의 말씀을 되새겨 보기 바란다.

돌파의 기름부음

"길을 여는 자가 그들의 앞서 올라가고 그들은 길을 열어 성문에 이르러서는 그리로 나갈 것이며 그들의 왕이 앞서 가며 여호와께서는 선두로 가시리라." 이것은 미가서 2장 13절의 말씀이다.

이 말씀은 다음과 같이 풀어서 말할 수 있다. "말씀의 계시를 담고 있는 봉투의 인봉을 떼기에 합당하신 예수께서 막힌 길을 돌파하게 할 문을 활짝 여시리라. 그가 문을 여실 때 대장되신 주 예수님을 따라 큰 문을 통과하게 되리라. 선하신 주님을 친히 뵙고 맛보게 될 때, 주님이 막힌 것을 돌파하는 기름부음의 능력을 우리에게 부으시리라. 이 기름부으심으로 우리는 적진을 향해 들어가 곳곳의 닫힌 문들을 활짝 열게 되리라."

그리스도의 뒤를 따르며 막힌 성문들을 부수며 마귀에게 장악당한 축복과 진리의 영역들을 점령하게 하는 이 기름부음을 나는 '돌파의 기름부음'이라고 부르고자 한다.

　신명기 29장 29절에 "감추어진 일은 우리 하나님 여호와께 속하였거니와 나타난 일은 영원히 우리와 우리 자손에게 속하였나니(revealed) 이는 우리에게 이 율법의 모든 말씀을 행하게 하심이니라"는 말씀이 있다. 본문에 보이는 계시되었다는 낱말은 아모스 3장 7절에도 사용되었다. "주 여호와께서는 자기의 비밀을 그 종 선지자들에게 보이지(reveal) 아니하시고는 결코 행하심이 없으시리라."

　하나님께서 그분의 비밀한 일들을 우리에게 보이시는 것은 결코 한 명의 특정한 사역자에게만 국한된 축복이 아니다. 이것은 하나님을 따르며 '순종'하기로 결단하는 모든 사람에게 부어지는 선물이다. 우리가 경험하는 모든 곤란함과 한계의 벽을 허무시는 주님께서 우리 앞에 넓은 문들을 활짝 열어주실 것이다.

　주님은 수많은 선두주자들, 주님만을 따르기로 작정하는 개인과 공동체들을 불러 모으실 것이다. 이들이 주님 앞으로 나아올 수 있는 이유는 그들이 주님의 음성을 들을 수 있기 때문이다. 닫힌 문을 열고 전진하시는 그리스도께 헌신된 주의 자녀들은 굳게 닫혔던 성문들이 하나씩 무너져 내리는 돌파를 경험할 것이며, 이 경험을 통해 많은 하나님의 백성들을 이끄는 리더로 쓰임 받게 될 것이다. "성문으로 나아가라 나아가라 백성이 올 길을 닦으라 큰 길을 수축하고 수축하라 돌을 제하라 만민을 위하여 기를 들라"(사 62:10).

　당신은 예수 그리스도의 이름이 새겨진 깃발이 당신의 가정과 도시 한복판에 높이 들리워지는 꿈을 품고 있는가? 우리가 경험할 영적 승리를 통해, 주님을 바라보고자 하는 많은 이들의 삶을 이끄는 영적 리더로 섬기고 싶지 않은가? 당신을 거룩한 하늘의 헌신으로 부르시는 주님은 하늘의 놀라운 능력이 역사하는 '돌파의 기름부음'(breaking anointing)을 동시에 부어주신다.

우리 앞에 먼저 행한 믿음의 선진들의 삶이 바로 이런 것이었다. 진리의 씨앗을 뿌리기 위해 모든 희생을 감내하였지만, 이들에게는 아무런 칭송이 돌아오지 않았다. 심지어 참혹한 방법으로 순교하기까지 하였다. 그러나 그들은 이 세상이 결코 상상할 수 없는 놀라운 진리의 기쁨, 승리의 기쁨을 맛본 자들이 되었다. 그들은 하나님 나라의 능력과 실상을 알았던 자들이었다. 이 진리 때문에 이들은 뒤로 물러서지 않았고, 어린 양의 보혈로 당당히 승리하여 이기는 자의 증거를 열매로 거둘 수 있었다. 밀려오는 하나님 나라의 진리에 대한 강권함에 순종한 그들의 삶을 통해 어둠의 세력이 쫓겨 도망하는 역사가 나타난 것이었다. "또 우리 형제들이 어린 양의 피와 자기들이 증언하는 말씀으로써 그를 이겼으니 그들은 죽기까지 자기들의 생명을 아끼지 아니하였도다"(계 12:11). 이와 동일한 승리의 역사가 나와 여러분의 삶 속에도 일어나야 할 것이다.

하나님은 남유다의 지도자 스룹바벨에게 도저히 불가능해 보이는 일을 맡기셨다. 그것은 바로 예루살렘 성전을 다시 재건하라는 것이었다. 하나님은 이 일을 스가랴 선지자에게 놀라운 환상으로 보여주셨다(슥 4장). 하나님이 보내신 천사가 스가랴에게 가장 먼저 보여준 것은 금등잔대와 끊임없이 등잔에 신선한 기름을 흘려보낼 두 그루의 감람나무였다.

하나님께서 스가랴에게 보이신 금등잔대와 감람나무 환상이 갖는 계시적 의미는 무엇일까? 스가랴 4장에 "이는 힘으로 되지 아니하며 능력으로 되지 아니하고 오직 나의 영으로 되느니라"는 말씀이 함께 기록된 것은 스가랴가 보았던 환상과 어떤 관계가 있는 것인가? 나아가 "작은 일의 날이라고 멸시하는 자가 누구냐 사람들이 스룹바벨의 손에 다림줄이 있음을 보고 기뼈하리라 이 일곱은 온 세상에 두루 다니는 여호와의 눈이라 하니라"고 하신 말씀의 의미는 무엇인가? 스가랴 4장은 하나님께서 스가랴 선지자를 통해, 돌파하는 기름부음을 받은 새로운 영적 세대가 나타나게 될 것을 예언한 말씀이다(스가랴 4장에 대한 깊은 고찰은 이 책의 후반부에서 다루어질 것이다).

우리 세대에 있어 무엇보다도 중요한 것은 주님의 음성을 다시 들을 수 있게 되는 것이다. 우리에게는 여전히 앞선 세대가 완성하지 못한 하나님의 일들이 과제로 남아 있다. 주님의 은혜로 나는 최근 마리아 우드워스, 캐서린 쿨만, 잭 코우즈를 포함하여 성령님의 놀라운 사역의 도구로서의 삶을 온전히 감당해낸 많은 믿음의 선배들의 삶을 되돌아보게 되었다. 안타까운 것은 이들의 삶에서 보이는 놀라운 부흥의 일들이 미국교회에서는 좀처럼 나타나지 않았다는 사실이다. 이들의 눈부신 삶을 통하여 역사하신 성령님의 임재는 결코 그들 세대만을 위해서 주어진 것이 아님이 분명하다. 신명기 29장 29절의 말씀과 같이 한 세대가 맞이한 영적 축복은 뒤이어 다가올 모든 세대가 함께 누릴 수 있어야 한다. 이런 점에서 불과 몇 세대 전에 나타났던 성령님의 부흥의 역사는 오늘도 여전히 나타날 수 있는 것이 분명하다. 나아가 모든 성도들이 이와 같은 영적 부흥의 통로가 될 수 있음을 잊지 말라. 생명의 강물을 마시는 사람마다 그에게서 생수의 강물들이 흘러나가게 된다고 하신 말씀을 기억하라(요 7:38).

모든 어둠을 깨뜨리는 이 돌파의 기름부음의 열매가 당신의 삶과 교회 안에 임하기를 바라는가? 당신이 바로 주님의 몸 된 교회이며, 하나님의 장막 안에 불을 밝힐 수 있는 기름부음의 약속이 바로 당신을 향한 것임을 믿기 바란다. 모든 진리의 계시를 얻을 수 있는 생명의 길을 활짝 열어 놓으신 예수님께서 말씀하신다. 죄악으로 인해 인간이 상실한 하나님의 놀라운 능력과 영광을 회복시킬 성령의 기름부음이 우리를 기다리고 있다. "진리의 계시자가 진리를 보이심은 그 사랑하는 자녀를 위한 것임이라. 내가 이 세대를 향하여 나의 은총을 부으리니, 막힌 길이 열릴 것이며, 흐르지 못하던 생수의 강이 흐르게 될 것이며, 나를 찾아오는 모든 자마다 이 진리의 생수를 마시게 되리라."

믿음의 선진들이 맛보았던 돌파(breakthrough)의 승리를 우리는 기억한다. 그 승리가 오늘 우리 세대에게도 동일한 돌파의 능력으로 임하고 있으며, 이 권능은 결국 다가올 모든 믿음의 자손들에게 전달될 것이다. 주님은 지금도 쉬지 않으시며, 하나님 나라가 이 땅 위에 놀라운 능력으로 임하게 할 권능의 역사들을 이루어가고 계신다.

소멸하는 영

2002년 나를 다시 찾아오신 하나님의 부르심을 들었을 때, 나는 예전에 알지 못하던 새롭고 깊은 진리의 계시가 임박했음을 직감할 수 있었다. 주님의 새 음성에 대한 나의 반응은 타는 듯한 목마름이었고, 이 목마름을 해갈할 성령의 생수를 향한 간절한 기도였다. 나는 기도했고 또 말씀을 읽었다. 몇 주가 지났을 때 하나님은 기도에 응답하셨다. 어느 날 목회실로 성령께서 찾아오셨고, 나는 마룻바닥에 엎드릴 수밖에 없었다.

내 입술에서 강렬한 기도가 터져 나왔다. "주님, 제 안에 주님을 상심케 하는 그 어떤 것이라도 있다면 지금 보여주십시오. 주님이 예비하신 하늘의 일들로부터 저를 멀어지게 하는 일이 있다면 환히 드러내어 주소서. 주님의 성령의 불로 그 은밀한 어둠들을 소멸하소서." 기도가 끝나자마자 급하고 강한 성령의 불이 내 안으로 임하였다. 강한 불로 임하신 성령님의 임재는 몇 시간 동안 계속되었고, 그 시간 내내 나는 바닥에서 일어날 수 없었다. 이사야 4장 4절에 기록된 말씀이 실제로 임한 것이었다. "이는 주께서 그 심판하는 영과 소멸하는 영으로 시온의 딸들의 더러움을 씻기시며 예루살렘의 피를 그 중에서 청결하게 하실 때가 됨이라"

나를 찾아오신 주님은 내 영혼의 원수 같은 은밀한 죄악들을 향해 거센 진노의 심판을 내리셨다. 성령님의 불이 내 안의 모든 은밀한 죄악들을 불살라 버리신 것이다. 죄악을 소멸하시는 주님의 일이 끝나갈 무렵 내 안에는 불덩이 같이 뜨거운 새 열정들이 샘솟기 시작했다. 성령의 불은 마치 내 모든 뼈마디를 불사르는 듯한 강렬한 영적 열정들을 내게 심어 놓으셨다. 지금 내가 하는 모든 일들은 내 뼈 속에까지 심겨진 주님의 불같은 열정(passion)의 결과이다. 이후 몇 시간 동안 나에게는 1장에서 간단히 언급한 하나님의 임재가 찾아왔다.

고린도전서 2장 4절에 기록된 '성령의 나타나심'이라는 구절을 다시 한 번 상기하라. 이전까지의 삶이 '성령의 권능에(power of the Holy Spirit) 대한 체험'이었다면, 2002년의 사건을 통해 성령님은 권능이나 영적 능력이 아니라, 성령님 자신을(Holy Spirit Himself) 직접 나에게 계시하신 것이다.

그 당시 성령님께서 나의 심령 가운데 심어 놓으신 기도는 너무나 분명하고 간단했다. "성령님, 제가 성령님을 만나야겠습니다. 예수님께서 성령님을 아시는 것과 동일한 방식으로 저도 성령님을 알고 싶습니다." 성령님을 친히 뵈어야만 하겠다는 나의 기도는 정말 간절하고도 강렬한 것이었다. 이 영적 체험과 강렬한 기도의 소망을 주시면서 얻은 말씀이 바로 이번 장에서 언급한 이사야 11장 1-2절과 요한계시록 4장 5절을 통하여 주어졌다. 이 두 본문의 공통점은 두 말씀 모두 '하나님의 일곱 영'(Seven Spirits of God)에 대한 계시라는 사실이다.

예수님께 임한 기름부으심

이 땅을 거닐며 하나님의 나라를 증거하신 예수님에게 부어진 성령은 그 어떤 것에도 제한받지 않은 '무한한' 것이었다. 예수님은 이 무한한 성령의 권능을 그 누구보다도 잘 알고 계셨다. "하나님의 보내신 이는 하나님의 말씀을 하나니 이는 하나님이 성령을 한량없이 주심이니라"(요 3:34). 하나님께서 예수님께 부으신 성령은 요단강에서 세례 요한에게 세례를 받으실 때 부어졌다고 성경은 말한다.

> 그때에 예수께서 갈릴리 나사렛으로부터 와서 요단강에서 요한에게 세례를 받으시고 곧 물에서 올라오실새 하늘이 갈라짐과 성령이 비둘기같이 자기에게 내려오심을 보시더니 하늘로서 소리가 나기를 너는 내 사랑하는 아들이라 내가 너를 기뻐하노라 하시니라(막 1:9-11)

하늘이 갈라졌다는 것은 무엇을 말하는가? 본문에 사용된 '갈라지다(to be parted)'라는 낱말은 '찢어져 열리다'라는 의미가 있다. 예수님의 사역을 위하여 부어진 성령은 활짝 열린 하늘문을 통하여 내려온 것이었다. 이렇게 한량없이 부어진 성령으로 인하여 예수님의 사역에는 그 어떤 결핍과 부족과 제한도 없었다. 그것은 말 그대로 '하늘의 충만한 능력' 그 자체였다.

하늘이 갈라진다는 것은 무엇을 의미하는가? 이것은 예수님과 하나님 사이에 아무런 막힘이 없음을 의미한다. 우리에게도 이와 동일하게 열려진 하늘문을 통해 한량없는 성령의 부으심이 곧 임하게 될 것이다. 이를 통하여 선포될 말씀의 권능은 사도행전 2장에 기록된 것과 조금도 다르지 않을 것이다. 이 권능을 통하여 하나님은 깊은 흑암에 사로잡힌 도시와 국가와 민족을 하늘의 광명 가운데로 인도하실 것이다.

당신은 당신의 삶과 사역과 교회와 거하는 도시에 임할 열린 하늘의 권능을 받을 준비가 되어 있는가? 나는 우리가 주님 안에 거함으로, 놀랍고 기이한 일들이 일상이 되는 것과 열린 하늘 아래 살게 되는 때가 임박했다고 믿는다. 주님은 당신의 삶에 하늘 문을 열어주기를 원하신다.

사도행전 10장 38절에 "하나님이 나사렛 예수에게 성령과 능력을 기름 붓듯 하셨으매 그가 두루 다니시며 선한 일을 행하시고 마귀에게 눌린 모든 사람을 고치셨으니 이는 하나님이 함께 하셨음이라"는 말씀이 있다. 예수님은 성령과 능력을 나타내시며 사역하셨다. 그것은 하나님의 위대한 능력과 하나님의 일곱 영으로 사역하신 것이다. 이사야 11장 1-2절은 예수님께 임하셨던 성령님을 기록한 매우 소중한 말씀이다.

> 이새의 줄기에서 한 싹이 나며 그 뿌리에서 한 가지가 나서 결실할 것이요 그의 위에 여호와의 영 곧 지혜와 총명의 영이요 모략과 재능의 영이요 지식과 여호와를 경외하는 영이 강림하시리니

예수님은 능력과 권능의 기름부으심과 함께 제한받지 않는 하나님의 일곱 영으로 사역하셨다. '예수 그리스도 위로 임하신 주의 성령의 분명한 임재는 너무나 실재적인 것이어서 예수님께 나온 사람들은 모두 주님을 만지기를 간구했다. 예수님께 부어지신 성령은 예수님을 통하여 모든 사람을 놀라게 하는 지혜의 영(the Spirit of wisdom)으로 드러나셨으며, 또 당대의 모든 지식인들을 놀라게 한 총명의 영으로(the Spirit of understanding)으로, 많은 이들을 경탄케 한 모략의 영으로(the Spirit of counsel), 모든 어둠을 이기시는 권능의 영으로(the Spirit of might), 모든 악한 참소자들의 말문을 막히게 하고도 남는 지

식의 영으로(the Spirit of knowledge), 많은 사람들 속에 하나님 아버지에 대한 경외감을 심어주었던 경외함의 영으로(the Spirit of the fear) 드러나셨다. 이 모든 성령의 모습이 바로 예수님을 통하여 생생하게 증거된 것이었다.

요한계시록 3장 1절은 예수님을 "하나님의 일곱 영과 일곱 별을 가지신 이"로 기록하고 있다. 예수님께서 성령의 일곱 영을 가지셨다는 부분을 주목하라. 부활하신 예수님은 안식 후 첫 날 저녁, 두려워 떨며 한 곳에 모여 있었던 제자들에게 나타나셨다. 이날 저녁 예수님은 제자들에게 하나님 아버지로부터 위임받으신 파송의 말씀을 선포하셨다. 즉, 아버지께서 예수님을 이 땅에 보내신 것과 같이 그분께서도 제자들을 파송하시겠다는 말씀을 하신 것이다. "예수께서 또 이르시되 너희에게 평강이 있을지어다 아버지께서 나를 보내신 것 같이 나도 너희를 보내노라"(요 20:21).

이에 뒤이어 예수님은 매우 중요한 말씀을 하셨다. 그것은 바로 그리스도를 따르는 우리가 그리스도의 하신 일보다 더 큰 일을 하리라는 놀라운 예언의 말씀이었다(요 14:12). 이 말씀을 마치신 후 계속하여 주님은 성령에 대한 말씀을 가르치셨다. "내가 아버지께 구하겠으니 그가 또 다른 보혜사를 너희에게 주사 영원토록 너희와 함께 있게 하리니 그는 진리의 영이라 세상은 능히 그를 받지 못하나니 이는 그를 보지도 못하고 알지도 못함이라 그러나 너희는 그를 아나니 그는 너희와 함께 거하심이요 또 너희 속에 계시겠음이라"(요 14:16-17). 우리가 주님이 하신 일보다 더 큰 일을 행할 수 있는 유일한 이유는 바로 우리 안에 영원토록 거하실 성령님 때문이다.

에베소서 1장 22-23절은 "또 만물을 그의 발 아래에 복종하게 하시고 그를 만물 위에 교회의 머리로 삼으셨느니라 교회는 그의 몸이니 만물 안에서 만물을 충만케 하시는 이의 충만함이니라"라고 말한다. 교회는 예수 그리스도의 몸이며, 그리스도는 모든 만물을 충만케 하시는 분이시다. 나아가 우리의 머리가 되시는 그리스도는 모든 만물이 그 발아래 복종케 되는 지존하신 분이시다. 이 권능과 존귀의 예수님과 함께 동행하게 될 때(시 133:1-3), 그리스도 안에 있는 성령의 기름부음이 우리를 통하여 이 세상 안으로 역사될 것이다. 로마서 11장 16-17절에 다음의 말씀이 있다. "제사하는 처음 익은 곡식 가루가 거룩한즉 떡덩이도 그러하고 뿌리가 거룩한즉 가지도 그러하니라 또한 가지 얼마가 꺾이었는데 돌감람나무인 네가 그들 중에 접붙임이 되어 참감람나무 뿌리의 진액을 함께 받는 자가 되었은즉." 예수님의 말씀에 순종하여 그 말씀 그대로 이루어지게 하는 자의 인생은 하나님의 거룩하심과 동일한 거룩함을 얻게 된다. 본문에 따르면 모든 믿는 자는 참감람나무이신 예수님께 접붙여진 자들이다. 나무에 접붙여진 가지에는 뿌리에서 공급되는 원액이 본 가지와 동일하게 공급되는 법이다. 예수님께 접붙여진 우리도 마찬가지여서 예수님께 공급된 하나님의 성령의 생명과 권능을 나누어 받게 되는 것이다. 이 때문에 예수님 안에 거하지 않는 성도는 결코 성령의 등불을 밝힐 기름을 공급받을 수 없다. 예수님 안에 '거하는 자'만이 성령의 전을 밝힐 기름부음을 받을 수 있다. 나아가 우리는 열린 하늘을 소유하신 그리스도께 성령이 부어진 것과 같이 '열려진 하늘'의 모든 권능을 누릴 수 있다.

존귀한 보혈을 흘리심으로 생명 얻는 길을 열어놓으신 예수님 안에서 한량없이 하늘 보좌의 권능이 우리에게 허락된 것이다. 주님을 향하여 나는 다음과 같이 큰 소리로 찬양하고 싶다. "주님, 이 땅에서 받으신 고난에 합당한 영광을 받으소서. 주님의 영광을 드높이기 위해 자원하는 저희들을 성령의 충만함으로 채워 주옵소서."

성령의 한량없는 기름부으심을 받으신 예수님의 모습을 생각하여 보라. 주님은 조금도 죄를 짓지 않으셨고, 모든 시험을 받으셨으나 넉넉히 하늘의 거룩함으로 맞서 이기셨다. 성령을 받으신 후 주님은 40일간 진행된 혹독한 시험 속에서 승리하셨고, 그 결과 눈부신 권능을 얻게 되셨다. 3년 후 십자가에 오르심으로써 그 어떤 것보다도 놀랍고 영광스런 일을 성취하셨는데, 그것은 우리를 향한 하늘 아버지의 사랑을 죄인된 우리 각 사람에게 '보여주심'으로써 우리로 하여금 아버지의 사랑 안에서 살아가게 하신 회복의 사역이었다. "아버지께서 나를 보내신 것 같이 나도 너희를 보내노라"고 하신 말씀처럼 하나님은 회복된 자녀인 우리가 그리스도께 부어주신 한량없는 성령과 동일한 충만함 안에서 살아가기를 바라신다.

성령의 강물

요한복음 7장 38-39절에 다음과 같이 말씀이 있다. "나를 믿는 자는 성경에 이름과 같이 그 배에서 생수의 강(Rivers of living water)이 흘러나오리라 하시니 이는 그를 믿는 자들이 받을 성령을 가리켜 말씀하신 것이라 (예수께서 아직 영광을 받지 않으셨으므로 성령이 아직 그들에게 계시지 아니하시더라)."

강물은 몇 방울의 물과는 비교도 할 수 없는 광대한 수량의 물이다. 강물은 얕은 시냇물과도 비교할 수 없는 물줄기를 가졌으며, 마르지 않고 흐르는 물이다. 본문에 사용된 강이 하나가 아니라 여러 개의 강물을 가리키는 복수형이라는 것에 주의하라. 이것은 바로 하나님의 '일곱 영'을 가리키는 것이다. 곧 '여호와의 영, 지혜의 영, 총명의 영, 모략의 영, 재능의 영, 지식의 영, 여호와를 경외하는 영'을 말한다. 욥기 29장 6절에 기록된 것처럼, 이 강물들은 여호와의 성령의 기름으로 가득한 '기름 시내들'이다. 반석이신 그리스도 예수로부터 쏟아져 나오는 충만한 성령의 기름과 그 기름으로 가득한 강물을 생각하여 보라. 충만한 기름부음이 강물처럼 넘쳐나는 그 놀라운 모습을 상상하여 보라.

> 젖으로 내 발자취를 씻으며 바위가 나를 위하여 기름 시내(Rivers of oil)를 쏟아냈으며(욥 29:6)

열린 천국문을 통해 부어지시는 성령의 충만 안에서 우리는 수많은 생명의 물줄기들을 보게 될 것이다. 아버지의 행하시는 것을 그대로 보고 행하신 예수님의 삶처럼, 우리의 삶도 보좌의 영광을 그대로 보고 행하는 '하늘 보좌의 사역'(throne ministry)이 될 수 있다.

일곱 영으로 기록된 하나님의 영이 계신 곳은 어디인가? "보좌로부터 번개와 음성과 우렛소리가 나고 보좌 앞에 켠 등불 일곱이 있으니 이는 하나님의 일곱 영이라"(계 4:5). 그곳은 바로 여호와의 영광의 보좌 앞이다. 하나님은 바로 이 성령을 '열린 하늘문'을 통하여 한량없이 당신에게 부어주기를 소망하신다. 요한계시록 1장 4절에서 우리는 하나님의 보좌 앞에 있는 일곱 영을 볼수 있다. 열린 천국은 그분의 보좌로부터 시작되는 사역이다. "볼지어다 내가 문 밖에 서서 두드리노니 누구든지 내 음성을 듣고 문을 열면 내가 그에게로 들어가 그와 더불어 먹고 그는 나와 더불어 먹으리라"(계 3:20).

하나님은 당신의 삶을 통해 성령의 나타나심을 증거할 권능의 강물들을 보여주기 원하신다. 이를 위해 주님은 당신의 삶이 성령의 충만을 받고, 성령의 인도하심만을 받기를 원하신다. "피조물이 고대하는 바는 하나님의 아들들이 나타나는 것이니"(롬 8:19). 이를 통해 실로 아버지를 아는 하나님의 장성한 아들과 딸들이 나타나 그 누구도 보거나 듣지 못했던 놀라운 일들을 행함으로 예수 그리스도의 영광을 증거하기를 바라신다(롬 8:14, 단 11:32, 엡 3:20-21).

기억하라. 성령은 오직 한 분이시나, 그분의 나타나심은 일곱 영의 형상으로 나타난다는 사실을. 일곱이라는 숫자는 '완전성'(fullness, completion)을 상징한다. 그것은 동시에 '완벽함'(perfection)이라는 의미도 갖는다. 주님은 이 완전하신 성령님의 충만함 안에서 하나님을 섬길 하늘의 자녀들을 양육해 가고 계신다. 이것이 바로 오늘날 하나님께서 당신의 백성들에게 놀랍고 깊은 하늘의 비밀을 보이고 계신 이유이며, 하나님께 속하지 않은 모든 불의한 것을 소멸시키는 사역을 지속하고 계신 이유이다.

당신의 삶에 성령의 불같은 임재를 허락해 달라고 기도하지 않겠는가? 더 이상 말로만이 아니라 모든 사람들로 하여금 "진정 이 사람에게는 하나님의 권능이 함께하시는도다!"라는 탄성이 나오게 되는 그런 하늘의 삶을 살고 싶지 않은가? 하나님은 반드시 당신의 기도에 응답하실 것이다.

'증명하다, 보여주다, 분명하게 하다, 확증하다, 증거를 대다'라는 의미를 갖는 '드러나심'(demonstration)이라는 낱말의 깊은 의미를 다시 한 번 상고하기 바란다. 하늘의 모든 일들을 당신을 통해 증거하기 원하시는 성령님을 깊이 생각하라. 성령님은 지금 당장이라도 그 일을 시작하기 원하신다. 하늘의 비밀한 것들을 보여주기 위해 당신의 마음에 큰 도전으로 역사하시는 성령님을 생각하라. 그분의 충만함 가운데서 하나님의 자녀들을 이끌기 원하시는 성령님, 당신은 이 성령님의 초대의 말씀을 진징 받아들이기 원하는가? 만약 그렇다면 아래에 있는 기도가 진정 당신의 기도가 되기를 바란다.

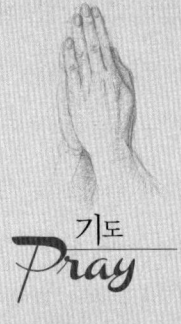

기도 / Pray

성령님, 제가 성령님을 알고 싶습니다. 예수님께서 성령님을 아셨던 것처럼 저도 성령님을 알고 싶습니다. 놀라운 당신의 임재를 알기 원합니다. 당신의 이름으로 구하면 무엇이든지 시행하시겠다고 하신 그 말씀에 의뢰하여 기도합니다. 아름다우신 예수님! 당신께서 아셨던 성령님을 저에게도 알려 주소서. 열린 천국으로 부어진 한량없는 성령의 능력으로 이 땅의 삶을 사셨던 주님과 같이 저도 그렇게 살게 하소서. 우리의 삶을 통하여 당신의 이름이 영화롭게 되기를 원하며 예수 그리스도의 이름으로 기도합니다. 아멘.

Chapter 6
Surrender to the Spirit

성막 등잔불에 계시된
하나님의 일곱 영

하나님께서 성막에 대하여 이스라엘 백성에게 지시하신 것 가운데 가장 중요한 것 중의 하나가 바로 성소 안의 등잔대(lampstand)에 관한 것이다. 이 등잔불은 어두운 성막 내부를 밝히는 유일한 조명이었다. 아울러 등잔불은 촛불이 아니라 감람나무의 기름을 부어서 밝히는 불이었다. 중요한 것은 어느 때라도 이 등잔불이 꺼지지 않도록 해야 한다는 것이었다(레 24:1-4 참고).

이 등잔대의 불빛은 어두운 성막 안에서 하나님을 섬기는 제사장들의 모든 활동과 사역을 가능하게 하는 유일한 빛의 원천이었다. 이 불빛 때문에 성소 안으로 들어간 제사장들은 떡상과 분향단의 위치를 분간할 수 있었다. 이 때문에 매일 아침과 저녁으로 심지를 다듬고, 타고 남은 재를 버리고 신선한 기름을 다시 부어 채움으로 등잔대를 관리하는 것은 제사장들의 중요한 일이었다.

이 등잔대는 하나님의 빛, 나아가 빛을 통한 하나님의 인도하심과 말씀을 통한 진리의 계시를 상징한다. 신약에서 이 빛은 어두운 세상의 빛으로 오신 그리스도 예수를 가리킨다(요 8:12).

시편에서 이 빛은 성도의 걸어갈 길을 밝혀주는 불빛으로 비유되었다. "주의 말씀은 내 발에 등이요 내 길에 빛이니이다"(시 119:105). 이사야 선지자는 이 빛이 모든 열방에 전파될 때까지 하나님은 결코 쉬지 않으실 것이라고 말하기도 하였다. "나는 시온의 의가 빛 같이 예루살렘의 구원이 횃불 같이 나타나도록 시온을 위하여 잠잠하지 아니하며 예루살렘을 위하여 쉬지 아니할 것인즉"(사 62:1).

한편 등잔대에 부어지는 기름은 교회에게 필요한 영광과 능력을 공급하는 성령의 기름부음(anointing)을 상징한다. 떡상에 놓인 떡은 성도들이 매일같이 먹어야 할 하나님의 말씀(Words of God)을 가리키는데, 이 떡의 위치를 분간할 수 있는 것은 오직 등잔대 불빛의 도움을 통해서만 가능한 일이다. 아울러 등잔대 불빛은 성막 안에 들어간 제사장의 얼굴을 환하게 빛나게 하는 불빛이기도 하다. 또한 등잔불은 이 세상을 밝히는 등경이다(마 4:4, 시 104:15, 계 1:20).

신구약에는 비유적 표현을 통하여 이 성령의 등대불을 직·간접적으로 가리키는 많은 말씀구절들이 있다. 사도 요한이 보았던 하나님 나라의 환상에서도 등잔대에 대한 구절들이 있고(계 4:5), 모세의 장막과(출 25:31-40) 스가랴 선지자에 임하였던 다섯 번째 계시에서도 등잔대에 대한 자세한 말씀의 기록이 있다(슥 4:2). 이 구절의 말씀들은 이사야 11장 2절에 기록된 바 하나님의 일곱 영의 충만한 임재를 상징화시킨 중요한 본문들이다.

스가랴의 환상

내게 말하던 천사가 다시 와서 나를 깨우니 마치 자는 사람이 잠에서 깨어난 것 같더라 그가 내게 묻되 네가 무엇을 보느냐 내가 대답하되 내가 보니 순금 등잔대가 있는데 그 위에는 기름 그릇이 있고 또 그 기름 그릇 위에 일곱 등잔이 있으며 그 기름 그릇 위에 있는 등잔을 위해서 일곱 관이 있고 그 등잔대 곁에 두 감람나무가 있는데 하나는 그 기름 그릇 오른쪽에 있고 하나는 그 왼쪽에 있나이다 하고 내게 말하는 천사에게 물어 이르되 내 주여 이것들이 무엇이니이까 하니 내게 말하는 천사가 대답하여 이르되 네가 이것들이 무엇인지 알지 못하느냐 하므로 내가 대답하되 내 주여 내가 알지 못하나이다 하니 그가 내게 대답하여 이르되 여호와께서 스룹바벨에게 하신 말씀이 이러하니라 만군의 여호와께서 말씀하시되 이는 힘으로 되지 아니하며 능력으로 되지 아니하고 오직 나의 영으로 되느니라 큰 산아 네가 무엇이냐 네가 스룹바벨 앞에서 평지가 되리라 그가 머릿돌을 내놓을 때에 무리가 외치기를 은총, 은총이 그에게 있을지어다 하리라 하셨고 여호와의 말씀이 또 내게 임하여 이르시되 스룹바벨의 손이 이 성전의 기초를 놓았은즉 그의 손이 또한 그 일을 마치리라 하셨나니 만군의 여호와께서 나를 너희에게 보내신 줄을 네가 알리라 하셨느니라 작은 일의 날이라고 멸시하는 자가 누구냐 사람들이 스룹바벨의 손에 다림줄이 있음을 보고 기뻐하리라 이 일곱은 온 세상에 두루 다니는 여호와의 눈이라 하니라 내가 그에게 물어 이르되 등잔대 좌우의 두 감람나무는 무슨 뜻이니이까 하고 다시 그에게 물어 이르되 금 기름을 흘리는 두 금관 옆에 있는 이 감람나무 두 가지는 무슨 뜻이니이까 하니 그가 내게 대답하여 이르되 네가 이것이 무엇인지 알지 못하느냐 하는지라 내가 대답하되 내 주여 알지 못하나이다 하니 이르되 이는 기름부음 받은 자 둘이니 온 세상의 주 앞에 서 있는 자니라 하더라(슥 4:1-14)

하나님은 스가랴에게 성전 안에 놓인 금등잔대의 환상을 보여주셨다. 당시 스가랴와 이스라엘 백성들은 거대한 예루살렘 성전의 재건이라는 역사를 눈앞에 두고 있었는데, 하나님께서 스가랴에 주신 환상이 '성전'을 배경으로 하게 된 것은 성전 재건의 역사를 이루시려는 하나님의 열심을 잘 보여주는 것이다. 하나님은 당시 유다의 지도자 스룹바벨에게 성전 재건에 필요한 능력은 오직 '성령'에게만 있다는 사실을 강조하셨다.

도저히 불가능해 보이는 성전 재건이라는 과제 앞에서 스룹바벨은 크게 낙담했을 것이라고 짐작할 수 있다. 불가능의 상황 속에 선 스룹바벨이 낙담과 좌절을 극복할 수 있는 유일한 길은 오직 하나님의 말씀밖에는 없었다.

스가랴가 보았던 등잔대는 하나님의 일곱 영의 충만한 임재와 역사를 가리킨다. 하나님은 스가랴의 예언을 통하여 스룹바벨에게 이 거대한 성전 재건에 필요한 모든 힘과 자원들을 중단 없이 공급하시겠다는 약속의 말씀을 주셨다. 스룹바벨에게 요구된 것은 오직 이 말씀을 믿음으로 받아들임으로 성전 재건의 역사의 첫 삽을 뜨는 것이었다. 스룹바벨은 그의 힘과 능력이 아닌 오직 여호와의 영으로만 가능한 성전 재건이 하나님의 일곱 영에 의해 무제한으로 자원이 공급될 것임을 믿었다.

하나님은 그분의 일곱 영을 사모하는 우리의 신뢰와 믿음이 지속적(continual)이기를 바라신다. 무너진 성전의 재건은 너무나 거대한 프로젝트였다. 성전 재건은 작은 돌담 몇 개를 쌓는 것과는 비교조차 할 수 없는 대역사였으며, 그것은 마치 눈앞에 놓인 거대한 산을 다른 곳으로 옮기는 일만큼이나 불가능한 일이었다. 하지만 하나님은 거대한 산이 무너져 평지가 되는 것처럼 불가능해 보이는 성전 재건을 성령의 권능으로 완수하시겠다고 말씀하셨다. "큰 산아 네가 무엇이냐 네가 스룹바벨 앞에서 평지가 되리라."

이번 장에서 살펴볼 스가랴서 4장은 성막의 등잔대에 대한 계시적 진리를 매우 구체적으로 묘사하고 있다. 스가랴가 보았던 것은 일곱 개의 기름관과 일곱 개의 등잔으로 되어 있는 등잔대였다. "내가 보니 순금 등잔대가 있는데 그 위에는 기름 그릇이 있고 또 그 기름 그릇 위에 일곱 등잔이 있으며 그 기름 그릇 위에 있는 등잔을 위해서 일곱 관이 있고"(슥 4:2). 등잔대의 좌우측에는 각각 감람나무가 한 그루씩 있었고, 각 나무의 가지에는 금관이 하나씩 연결되어 있어 감람나무로부터 나오는 기름을 등잔대의 가운데 놓인 기름 그릇으로 흘려보내고 있었다. 기름 그릇으로 흘러들어온 기름은 다시 일곱 개의 기름관을 타고 기름관 끝에 연결된 일곱 개의 등잔으로 흘러들어가는 것이었다. 이처럼 기름은 샘물에서 솟아나는 물같이 쉬지 않고 공급되는 것이었다. 곧 지속적인 성령의 기름부으심을 상징하는 것이다.

감람나무에 접붙여짐

성경에서 숫자 '7'은 '완벽, 충만, 완성'을 상징하는 완전수이다. 앞서 살펴 본 것처럼 일곱 개의 기름관은 두 그루의 감람나무와 연결되어 있었다. 이것은 쉬지 않고 공급되는 성령의 기름부으심을 말한다. 이 일곱 개의 기름관은 기름이 흘러 들어오는 일곱 개의 통로 역할을 하는 것이었다.

나아가 등잔대에 연결된 두 감람나무는 각각 '성령'과 '하나님의 말씀'을 묘사하는 비유적 표현이다. 이것은 성령과 그리스도의 말씀이라는 두 나무에 접붙여진 하나님의 교회의 영적 본질을 잘 보여주는 것이다. 요한복음 3장 34절에서 우리는 쉬지 않고 기름을 공급하는 두 그루의 감람나무, 즉 말씀과 성령 간의 상관관계를 이해할 수 있다. "하나님이 보내신 이는 하나님의 말씀을 하나니 이는 하나님이 성령을 한량없이 주심이니라"(요 3:34).

전설적 복음전도자이자, 믿음의 사도였던 스미스 위글스워스(1859-1947)는 마지막 시대에 일어날 두 개의 거대한 영적 사건에 대한 예언적 환상을 본 사람이다. 이 계시 속에서 그는 두 가지 거대한 영적 부흥의 파도가 온 세상을 뒤덮는 환상을 보았다. 이 계시에 기초하여 그는 1970년대에 시작된 '말씀운동'(Word Movement)과 1990년대의 '영적 대각성'(Spiritual Revival) 부흥 운동을 예언하였다. 하지만 이 두 가지 환상에 뒤이어 위글스워스 목사는 세 번째의 환상을 보았는데, 이것은 '온 세상을 뒤덮는 거대한 추수 장면'이었다. 이것은 앞서 말한 말씀운동과 영적 대각성 운동을 뒤이을 사건을 예언한 것이었다. 그에 따르면 이 거대한 추수 사건은 말씀운동과 성령의 영적 대각성 운동이 마치 결혼식을 올리는 두 남녀와 같이 하나될 때 임하게 된다는 것이다. 위글스워스 자신은 정작 이 중요한 영적 계시들이 완성되는 것을 보지 못했다. 개인적으로 나는 위글스워스의 세 번째 예언, 즉 온 세상을 향한 광범위한 영적 추수의 시대가 임박하였다고 믿는다. 이 놀라운 영적 추수의 사건을 목도할 세대가 바로 우리 세대임을 나는 믿는다.

성경을 전체적으로 이해하는 것은 언제나 중요한 일이다. 하지만 우리의 일상생활에 적용되는 것은 성경 전체라기보다는 "일용할 분량의 영적 양식"이다(히 4:12). 친한 친구이며 동역자인 빌 존슨 형제가 언젠가 다음과 같은 말을 하였다.

"믿음이란 우리가 이미 들었던 과거의 말씀이 아니라 오늘 우리가 듣고 있는 현재적인 말씀으로부터 온다."

교회가 성령이 말씀하시는 것을 주의 깊게 듣고 보는 눈이 필요한 시기가 언제인지 질문한다면, 그것은 바로 지금이다. 하나님은 매일매일 우리의 영적인 귀와 눈이 활짝 열려 있기를 간절히 바라신다. 이것은 결코 불가능한 일이 아니다. 성령의 충만함으로부터 공급되는 생명의 기름을 공급받기만 한다면 우리의 닫힌 귀와 눈은 진리를 향하여 활짝 열리게 되는 것이다.

기름이 없이 불꽃을 기대할 수 없다. 기름 공급의 중단은 곧 불꽃이 꺼진 등불을 의미한다. 이것은 너무나 간단한 진리이다. 그러나 이 간단한 진리를 실제 삶에서 적용하기란 그리 쉽지 않다. 성도와 교회가 성령의 임재

(다스리심)에서 벗어나면 아무 일도 할 수 없다고 예수님은 말씀하셨다(요 15:5). 기름의 원천이 되시는 성령님께 연결되는 순간 우리는 즉각적인 변화를 경험하게 된다. 성령님의 거룩한 영광으로부터 오는 담대함과 기쁨을 가지고 우리는 아버지 앞으로 나아갈 수 있게 된다. 또한 주님 안에 거하는 자는 성령의 기름부음을 '지속적으로' 누릴 수 있게 된다. 나아가 성령 안에서의 삶이 깊어질수록 우리는 아버지의 행사들을 더욱 깊이 경험하게 된다. 이 과정을 통하여 영광에서 더 큰 영광으로 이르는 영적인 변화들이 생생한 실재로 우리를 찾아올 것이다. 이러한 과정을 통해 우리는 한 걸음씩 그리스도의 형상으로 가까이 다가가게 되는 것이다.

모든 믿는 자는 참감람나무에 접붙여진 존재이다(롬 11:17). 영적 접붙임을 통하여 우리는 참감람나무의 뿌리에서 공급되는 생명력을 나누어 받고 나아가 지속적으로 성령의 신선한 기름부음을 누릴 수 있게 되었다. "주께서 내 뿔을 들소의 뿔같이 높이셨으며 내게 신선한 기름으로 부으셨나이다"(시 92:10). 이 말씀에 기록된 '들소의 뿔'은 성령님이 주시는 힘찬 영혼의 활동과 권능을 상징하며, '기름으로 붓다'에 사용된 '붓다'라는 동사는 원래 '잔이 넘치도록 부어주다'라는 의미를 함축한다. 하나님의 일곱 영의 운행하심 안에 거하는 성도의 삶, 그것은 날마다 신선한 성령의 기름부어짐을 경험하는 삶이다. 이처럼 예수 그리스도 안에 지속적으로 거하는 사람은 참포도나무이신 예수 안에서 놀라운 인생의 열매들을 맺을 수 있다.

한량없는 성령의 기름부으심

'오늘'을 사는 것은 '오늘' 받은 신선한 기름으로만 가능한 일이다. 결코 과거에 받은 기름이 오늘의 등불을 밝힐 수 없다. 승리의 삶을 위하여 우리는 성령과 말씀 안에서 '매일같이' 신선한 기름을 공급 받아야만 한다. 이 기름 공급의 유일한 통로는 오직 일곱 개의 기름관으로 상징된 하나님의 일곱 영의 임재밖에는 없다!

스가랴는 환상 속에서 일곱 개의 기름관(seven pipes)을 보았다. 이 일곱 개의 기름관은 가운데 있는 기름관을 중심으로 좌우측에 세 쌍의 기름관을 합하여 된 것이다. '6'이라는 숫자는 불완전한 인간을 상징하는데, 여섯 개의 기름관에 중심 기름관(center pipe)을 더하여 얻어진 숫자 '7'은 그리스도 예수의 완전성을 상징한다. 이처럼 가운데 위치하는 중심 기름관은 그리스도를 상징하는데, 이것은 하나님과 인간 사이 들어오신 예수님의 중재적 사역, 중보적 사역을 잘 보여준다.

좌우측으로 벌어져 있는 여섯 개의 기름관은 이사야서 11장 1-2절에 기록된 바, 일곱 가지 성령의 모습 중 첫 번째를 제외한 나머지 여섯 개를 상징하는 것이다. 놀랍게도 이들 여섯 개의 기름관으로 흘러나가는 모든 기름은 가운데 기름관을 통과하여 분배되는 것이다. 이것은 성령의 기름부음이 오직 예수 그리스도를 거쳐야만 비로소 가능해진다는 진리를 보여준다. 이것이 중심 기름관을 통해서만 기름이 공급되도록 등잔대를 설계하신 하나님의 계시이다. 성령의 기름부으심은 오직 예수 그리스도의 임재를 통해서만 시작될 수 있다는 것을 기억하라.

가운데 기름관을 중심으로 좌우에 놓인 여섯 개의 기름관은 가운데에서 가장자리로 나가면서 세 쌍의 짝을 형성하는데, 이 세 쌍의 기름관은 위에 언급된 이사야서 11장 1-2절에 기록된 세 묶음의 성령의 모습과 일치하는 것이다. 즉, '지혜와 총명의 신, 모략과 재능의 신, 지식과 여호와를 경외하는 신'이 그것이다. 여기에서 성령의 지혜와 총명이 한 쌍을 이루고, 모략과 재능이 그 다음으로 한 쌍을 이루고, 끝으로 지식과 하나님을 경외하는 것이 한 쌍을 이루는 것을 보게 된다. 앞으로 8장부터 15장까지 우리는 이 성령의 일곱 가지 모습에 대하여 자세히 살펴볼 것이다.

성령의 은혜로만 가능한 일

등잔의 기름관에 대한 스가랴의 질문이 끝난 후, 천사는 성전 재건에 필요한 능력의 원천에 대한 중요한 내용을 언급하였다.

> 그가 내게 대답하여 이르되 여호와께서 스룹바벨에게 하신 말씀이 이러하니라 만군의 여호와께서 말씀하시되 이는 힘으로 되지 아니하며 능력으로 되지 아니하고 오직 나의 영으로 되느니라 큰 산아 네가 무엇이냐 네가 스룹바벨 앞에서 평지가 되리라 (슥 4:6)

하나님의 일은 사람의 지혜와 요령으로 되지 않고 오직 하나님의 성령으로만 가능하다는 것, 이것은 스가랴에게 선포된 계시의 말씀의 핵심이었다. 성령 안에 거하게 될 때에만 우리는 성령님의 친히 운행하심을 경험할 수 있다. 우리로 하여금 그분의 충만하심을 경험하게 하시는 것은 오직 하나님의 은혜이다. "스룹바벨의 손이 이 성전의 기초를 놓았은즉 그의 손이 또한 그 일을 마치리라 하셨나니 만군의 여호와께서 나를 너희에게 보내신 줄을 네가 알리라 하셨느니라"(슥 4:9).

아무리 작고 시시한 일이라도 결코 무시하지 말라. 왜냐하면 바로 하나님께서 당신을 스룹바벨과 같이 완수하는 자(finisher)로 사용하실 수 있기 때문이다. 이것이 바로 스가랴 4장 10절의 말씀이 전하는 메시지이다. "작은 일의 날이라고 멸시하는 자가 누구냐 사람들이 스룹바벨의 손에 다림줄이 있음을 보고 기뻐하리라 이 일곱은 온 세상에 두루 행하는 여호와의 눈이라 하니라."

측량할 수 없는 은혜와 신선한 기름

크리스천(Christians)이라는 말은 문자적으로 '기름부음을 받은 작은 사람들'이라는 의미를 갖는다. 이것은 그리스도(히브리어로 메시아)라는 말의 의미, 곧 '기름부음을 받은 자'라는 뜻을 생각하면 쉽게 이해할 수 있다. 요한복음 3장 34절은 예수님께 임한 성령의 기름부으심이 얼마나 광대하고 강력한 것이었는지를 설명하는 구절이다. "하나님이 보내신 이는 하나님의 말씀을 하나니 이는 하나님이 성령을 한량없이 주심이니라"(요 3:34). 이와 마찬가지로 예수 그리스도를 따라가려는 사람은 반드시 이 성령의 기름부음으로만 살아가야 한다.

주님의 측량할 수 없는 은혜는 교회를 향해 하나님의 일곱 영을 넘치도록 부어 주신다. 믿음의 시작도, 믿음의 성숙도 오직 주님의 은혜가 전부이다! 스가랴 4장에 기록된 큰 산은 성도의 믿음을 가로막고 서 있는 거대한 대적을 가리키는 상징적 어구이다. 그것은 하나님 나라의 온전한 도래를 끝없이 방해하는 악한 세력들을 말한다. 놀랍게도 하나님은 이 거대한 산을 다 부수어 마치 평지처럼 만들어버리시겠다고 하셨다. 이 권능의 주님을 찬양하라. 도처에 놓인 대적들을 물리치실 그 이름을 찬양하라.

이 시대에 거룩한 성령의 기름부으심을 두 손에 받을 믿음의 세대를 주님께서 일으키고 계신다. 과거의 기름부음에 안주하지 않고 매일매일 신선한 성령의 임재 안에서 하나님의 나라를 능력 있게 증거할 새로운 믿음의 세대를 말이다. 매일 아침 자리에서 일어날 때마다 성령의 충만한 기름부음이 임하는 능력의 삶을 살고 싶지 않은가?

하나님은 단순히 우리가 기름부음을 받는 자들이 되는 것에서 만족하지 않으신다. 하나님의 충만한 기름부으심이 우리를 통하여 이웃들의 삶 속에 새로운 생명으로 흘러들어가기를 또한 바라신다. 우리는 진정 새로운 시대 속으로 진입하고 있으며 성령의 한량없이 충만한 임재 안으로 들어가고 있다. 이 충만한 성령의 기름부음을 받는 자는 예수 그리스도께서 이 땅에서 행하신 것과 동일한 일들을 행하게 될 것이다(히 13:8 참고). 매일같이 우리의 속사람이 강건하게 되어 우리를 향한 하나님의 부르심의 소망을 온전히 이루어드리는 삶을 살고 싶지 않은가? 그리하여 그리스도의 이름이 온 땅에 알려지게 하고 싶지 않은가?

성령의 기름이 흥건히 묻은 손으로 행할 때, 그 손은 아픈 자, 마음이 상한 자들을 치유하고 회복케 하는 하늘의 능력의 통로가 될 것이다. 하나님께서 당신의 손을 친히 만드신 이유가 바로 이 시대의 아파하는 자들을 위로하고 치유하기 위함임을 아는가? "뱀을 집어올리며 무슨 독을 마실지라도 해를 받지 아니하며 병든 사람에게 손을 얹은즉 나으리라 하시더라"(막 16:18).

스가랴 4장은 아울러 주님의 몸 된 교회를 향한 하나님의 청사진과도 같다. 이 청사진을 통하여 우리에게 주시는 하나님의 말씀은 간단하다. 즉, 육신에 속한 겉사람의 소욕을 온전히 죽이며, 인간의 요령과 지혜의 껍질을 벗어 버리고 하나님의 권능으로 살아가는 자들이 되라는 것이다.

오직 성령의 권능만을 의지하며 살아가는 삶이 바로 우리 앞에 놓인 거대한 산들을 부수어 평지가 되게 하는 은혜의 비결이다. 모든 불가능을 이기게 하는 초자연적 하늘의 권능을 값없이 누리게 하는 것이 바로 성령 안에 예비된 하나님의 은혜이다. 이 은혜 안에서 주님이 말씀하신다. "너희가 할 수 없었던 그 일을 내가 대신 행하리라."

이 은혜의 삶 안으로 들어오라고 주님이 말씀하신다. 하나님의 일곱 영 안에서 기뻐하는 삶을 시작하라고 도전하고 계신다. 더 이상 어제에 속한 기름부음에 안주하지 말자. 영원히 끊이지 않고 부어질 성령의 한량없는 공급을 맛보는 생명의 삶을 매일매일 경험하자. 살아계신 하나님의 말씀, 우리의 생명의 떡이 되시는 그리스도 안으로 들어가 예수 안에 있는 제한 없는 기름부음이 우리에게도 임하게 하자.

하늘에서 내려온 등잔불의 청사진

출애굽기 25장 31-40절에서 하나님은 모세에게 장막 속의 등잔에 대한 자세한 청사진을 보여주셨다.

너는 순금으로 등잔대를 쳐 만들되 그 밑판과 줄기와 잔과 꽃받침과 꽃을 한 덩이로 연결하고 가지 여섯을 등잔대 곁에서 나오게 하되 다른 세 가지는 이쪽으로 나오고 다른 세 가지는 저쪽으로 나오게 하며 이쪽 가지에 살구꽃 형상의 잔 셋과 꽃받침과 꽃이 있게 하고 저쪽 가지에도 살구꽃 형상의 잔 셋과 꽃받침과 꽃이 있게 하여 등잔대에서 나온 가지 여섯을 같게 할지며 등잔대 줄기에는 살구꽃 형상의 잔 넷과 꽃받침과 꽃이 있게 하고 등잔대에서 나온 가지 여섯을 위하여 꽃받침이 있게 하되 두 가지 아래에 한 꽃받침이 있어 줄기와 연결하며 또 두 가지 아래에 한 꽃받침이 있어 줄기와 연결하며 또 두 가지 아래에 한 꽃받침이 있어 줄기와 연결하게 하고 그 꽃받침과 가지를 줄기와 연결하여 전부를 순금으로 쳐 만들고 등잔 일곱을 만들어 그 위에 두어 앞을 비추게 하며 그 불 집게와 불 똥 그릇도 순금으로 만들지니 등잔대와 이 모든 기구를 순금 한 달란트로 만들되 너는 삼가 이 산에서 네게 보인 양식대로 할지니라

이 말씀에 기록된 등잔대 제작법은 과거의 그 누구도 생각하지 못했던 독특한 방식이었다. 이것은 그 누구도 흉내내거나 생각지 못했던 제작법이었다. 이 양식대로 하기 위해 모세가 해야 했던 유일한 한 가지는 '철저히 말씀의 지시를 따라가는 것'이었다.

주님은 우리 시대의 교회에 진정 '새 일'을 행하기 원하신다. 주님은 우리의 삶이 이 세상에 흔히 널려 있는 평범한 인생에 그치는 것을 원치 않으신다. 하늘로부터 내려오는 하나님의 방법은 세상이 알지 못했던 신선함과 놀라운 능력이 된다. 이 하늘의 청사진을 따라가는 삶을 살기 시작할 때, 우리는 이 땅의 권세 잡은 자들의 세력을 묶을 수 있게 되고 놀라운 하나님의 지혜와 권능을 증거할 수 있게 된다.

성령의 아홉 가지 열매와 아홉 가지 은사

스가랴에게 임한 환상과 비슷하게 모세에게 지시하신 등잔대에도 일곱 개의 기름관에 대한 말씀이 있다. 모세에게 임한 말씀에는 특히 기름관을 장식하는 아홉 개의 장식물의 양식에 대한 자세한 기록이 있다.

이 장식물들은 좌우측으로 세 개씩 뻗은 여섯 개의 기름관에 직접 붙이는 것들이었다. 즉 각 가지마다 살구꽃 형상의 잔과 꽃받침과 꽃 장식을 만드는 것이었는데, 이렇게 하여 좌우측으로 각각 아홉 개의 장식물(총 열여덟 개)을 만들어야 했다. 이것은 바로 성령의 아홉 가지 열매(갈 5:22-23)와 아홉 가지 은사(고전 12:8-10)를 가리키는 것이다.

> 오직 성령의 열매는 사랑과 희락과 화평과 오래 참음과 자비와 양선과 충성과 온유와 절제니 이같은 것을 금지할 법이 없느니라(갈 5:22-23).

어떤 사람에게는 성령으로 말미암아 지혜의 말씀을, 어떤 사람에게는 같은 성령을 따라 지식의 말씀을, 다른 사람에게는 같은 성령으로 믿음을, 어떤 사람에게는 한 성령으로 병 고치는 은사를, 어떤 사람에게는 능력 행함을, 어떤 사람에게는 예언함을, 어떤 사람에게는 영들 분별함을, 다른 사람에게는 각종 방언 말함을, 어떤 사람에게는 방언들 통역함을 주시나니(고전 12:8-10)

이것은 참으로 놀라운 영적 계시이다. 세상은 성령 안에 거하는 사람을 통하여 이전에 알지 못한 성령의 열매와 은사들을 바라보게 될 것이다. 이 사람을 통하여 세상은 하나님의 놀라운 권능의 역사와 지혜를 보게 될 것이다. 이 성령의 열매와 은사의 구체적인 나타남이 그 어느 시대보다도 절실히 요구되는 때가 바로 지금이다.

거룩한 나라

등잔대에는 나아가 주님의 거룩한 나라를 상징하는 12개의 또 다른 장식물이 있었는데, 곧 등잔대 줄기를 장식한 네 개씩의 살구꽃 형상의 잔, 꽃받침과 꽃이 그것이었다. 이 '12'라는 숫자는 하나님의 나라를 가리키는 숫자이다. 이것은 하나님의 나라, 하나님이 다스리시는 하나님의 정부를 가리키는 것이다. 숫자 '12'가 하나님의 정부를 상징하는 것임은 이스라엘의 열두 지파와 사도 요한이 보았던 열두 장로, 그리고 예수님의 열두 제자들을 통해 알 수 있다.

등잔대 줄기를 장식한 이 12개의 장식물을 통해 하나님 나라의 온전한 회복을 향한 하나님의 열정을 깨닫게 된다. 이것은 너무도 분명하게 하나님 나라의 회복이 교회 안에서 일어나고 있다는 것이다.

그리스도의 신성

"너는 순금으로 등잔대를 쳐서 만들되"(출 25:31). 이처럼 정교한 등잔대의 제작방법을 읽으면서 우리를 그 무엇보다도 놀라게 하는 메시지가 위의 말씀 속에 있다.

첫째, 등잔대의 각 부품들을 별도의 기름관으로 제작한 후 접합한 것이 아니라, 처음부터 한 덩어리의 정금(pure gold)으로 제작했다는 점이다.

둘째는, 이 덩어리 정금은 주물에 부어서 만드는 것이 아니라, 수천 번이 넘는 망치질을 통해서 등잔대 형상으로 빚어져 가는 것이었다.

아무 모양도 없는 큰 덩어리의 금을 어떻게 망치질만을 통해 살구꽃 모양의 꽃받침이 아로 새겨진 정교한 기름 등잔대로 제작할 수 있었겠는가? 이것은 정말 불가능한 일이 아닌가? 이런 물건을 만들어 본 경험이 없었던 제작자들이 의지해야 했던 것은 오직 제작법을 구체적으로 지시하신 하나님의 말씀뿐이었을 것이다.

망치질의 진리가 우리에게 가르쳐주는 중요한 진리는 무엇인가? 이것은 하나님의 빛을 발하고자 하는 자들이 반드시 거쳐야 하는 영적 연단, 훈련, 빚으심에 관한 가르침이다. 베드로후서 1장 3-9절에서 베드로는 성도에게 임할 하나님의 모든 것을 얻기 위해서는 우리에게 반드시 '인내'(patience, longsuffering)가 필요함을 강조하였다.

성령님의 빚으시는 사역을 통하여 성도는 그리스도의 성품 안으로 더욱 자라나게 된다. 그러나 이것은 수많은 '망치질'을 동반하는 아픔과 연단의 과정을 필요로 한다. 높이 들려진 등경처럼(마 5:15) 빛을 발하는 성도가 되기까지는 진실로 많은 연단의 망치질이 가해져야만 하는 것이다. 그러나 이 모든 연단이 끝날 때 하나님의 일곱 영의 놀라운 영광과 열매들을 주리라고 약속하신다.

우리는 모두 성령님을 새로이 모셔 들임으로써 그리스도인이 된 사람들이다. 우리 안에 들어오신 성령님의 주요 사역은 바로 우리 안에 예수님의 성품이 열매로 맺어지도록 하는 것이다. '6'이라는 숫자로 표현된 여섯 개의 등잔대가지는 오직 중심 기름관 되시는 그리스도를 만남으로만 완전함에 이를 수 있다(숫자 '7'에 담긴 완전성을 생각하라). 여기서 말하는 일곱 기름관 사이의 연합은 단단한 몸으로 빚어져가는 것으로서, 이 연합에 들어온 자는 더 이상 자신의 삶을 사는 것이 아니라, 자기 안에 사시는 그리스도의 사심만을 보게 될 것이다. 이것이 예수님과 진정한 하나를 이룬 그리스도인의 모습이다. 그리스도를 떠나서는 아무 일도 할 수 없음을 진실로 아는 삶, 그래서 그리스도를 떠나기를 생각조차 하지 않는 자의 삶이 바로 이것이다.

지혜와 총명의 영, 모략과 재능의 영, 지식과 여호와를 경외하는 영은 오직 가운데 임하시는 중심 기름관이신 그리스도의 임재를 통해서만 가능하다. 앞서 말했듯이 가운데 기름관(그리스도)을 통하지 않고서는 여섯 개의 기름관에 기름을 부을 수 있는 방법은 없다. 따라서 그리스도와 하나되는 것만이 우리에게 진정한 하나님의 일곱 영을 체험케 하는 유일한 비결이다.

출애굽기에 기록된 이 등잔대의 양식에 대한 말씀은 예수 그리스도 안에 예비하신 하나님의 모든 사역을 예언한 말씀이었다. 우리의 주가 되시는 예수님은 실로 세상이 알지 못했던 한량없는 성령의 충만함 안에서 이 땅에 사셨던 분이다(요 3:34). 그분은 진정 하나님의 일곱 영의 눈부신 충만함을 받으신 분이셨다(계 3:1). 이를 통해 주님은 모든 교회의 머리가 되셨다(엡 1:22-23). 이제 그리스도 안으로 접붙여진 모든 성도들이 이와 동일한 성령의 충만함 안에서 살아갈 수 있게 된 것이다.

성령의 불꽃을 태워내는 등잔대가 되는 성도의 삶

성막 일곱 등불과 하나님의 일곱 영(성령의 일곱 가지 신성)의 관계를 가장 분명하게 기술한 말씀이 바로 요한계시록 4장 5절이다.

보좌로부터 번개와 음성과 우렛소리가 나고 보좌 앞에 켠 등불 일곱이 있으니 이는 하나님의 일곱 영이라(계 4:5)

하나님의 자녀가 된 모든 성도는 하나님의 신성을 환히 밝혀내는 등잔대이다. 등잔대는 등불에 필요한 기름을 담는 그릇이면서 동시에 등불을 밝히는 도구이다. 우리가 하나님의 일곱 영의 충만함 가운데 잠길 때, 우리는 아버지의 임재와 함께 보좌 앞에 성령의 불꽃을 태우는 영광스러운 등잔대가 된다.

하늘에 앉힌 바 되다

성도는 하늘에 속한 모든 신령한 축복을 누릴 수 있는 자들이다(엡 1:3). 하나님의 자녀는 더 이상 이 땅 위에서의 생활을 염려하며 비굴하게 몸을 낮추고 허덕일 필요가 없어진 사람들이다. 성도의 삶에 필요한 모든 영적 자원이 바로 하늘 아버지의 보좌에 있다. 에베소서 1장 3절이 말하는 바와 같이 하나님의 자녀들의 참 본향은 하늘의 영광과 권능과 축복이 가득한 하늘의 처소임을 기억하라. 이 하늘보좌로부터 흘러나오는 것이 바로 생수의 강이다. 이 생명의 보좌에서 나오는 생명의 강은 우리에게 성령님의 신성한 성품들을 한량없이 공급하는 원천이 된다. 우리에게로 임하시는 성령의 신성들은 두 개씩 모여 한 쌍을 이루게 되며, 이것은 앞서 말한 바와 같이 '지혜와 총명', '모략과 재능', '지식과 여호와를 경외함'이라는 세 쌍의 신성으로 표현된다. 각 쌍을 이루는 성령의 신성들은 서로 긴밀한 내용적 연관성을 갖는다.

하나님의 일곱 영에 대한 깊은 영적 계시와 함께 나는 주님으로부터 다음과 같은 말씀을 받은 바 있다. "내가 곧 내 백성 가운데 성숙과 권능을 부을 것이며 이를 통하여 하늘에서 이룬 나의 일들이 땅에서 이뤄지게 하리라." 우리는 속사람 안에서 '그리스도의 장성한 분량의 성숙'이 이루어지게 하여야 하며, 동시에 '그리스도의 권능과 능력'에 도달해야 한다.

하늘에 속한 성도로서 우리의 삶에 혹독한 시련과 연단의 시간이 찾아올 때가 있다. 하지만 이 모든 시련들은 놀라우리만치 아름다운 성막의 등불로 우리를 빚어가시는 하나님의 거룩한 '망치질'이다. 출애굽기 말씀에서 살펴본 것처럼 우리는 처음부터 그리스도와 하나된 자들이며, 그리스도 안에서 정금과 같은 존재이다. 그러나 이 정금이 아름다운 등잔불이 되어 세상을 밝히기 위해서는 무수한 망치질을 통과해야만 한다.

바울이 골로새서 1장에서 기록하였듯이 그리스도 안에서 완전한 자로 세워져 가기 위한 '변화'의 연단의 목적을 깨닫고 아픔 속에서도 소망을 잃지 말아야 한다. "우리가 그를 전파하여 각 사람을 권하고 모든 지혜로 각 사람을 가르침은 각 사람을 그리스도 안에서 완전한 자로 세우려 함이니 이를 위하여 나도 내 속에서 능력으로 역사하시는 이의 역사를 따라 힘을 다하여 수고하노라"(골 1:28-29).

당신은 주님의 온전하심을 향하여 걸어가는 변화의 삶을 진정 목말라 하는 사람인가? 나는 내 자신이 분명 이 소망을 향해 목마른 사람이라는 것을 잘 알고 있다. 나는 진정 예수님의 모습을 보고 듣는 일에 온 마음을 집중하기 원하는 사람이다. 또 그분과 같이 되는 일에 세상 그 어떤 일보다 열심을 내고 싶을 만큼 목마른 사람이다.

예수님의 임재 안으로 들어가 당신을 통해 놀라운 일을 행하실 수 있도록 주님을 허락하기 바란다. 성령의 일하심이 당신 안에서 온전해지도록 하라. 그리하여 그분의 일곱 영의 온전한 운행하심이 당신의 삶을 통해 드러나게 하라.

주님과 하나되어 간다는 것은 그분의 음성을 향한 우리의 순종의 분량이 증가한다는 것을 의미한다. 주님의 성령을 순종한다는 것은 그분이 우리의 삶의 진정한 보좌에 좌정하시도록 한다는 말이다. 당신의 삶의 중심에 그리스도라는 기름관이 놓일 때 시편 92편 10절처럼 강물같이 충만한 성령의 기름부음의 역사가 나타나게 될 것이다. 충만하게 부어진 기름은 온 세상을 다 밝히고도 남을 환한 빛으로 타오르게 될 것이다.

매일같이 부지런하게 등잔대의 심지를 정리하고 타고 남은 찌꺼기를 청소하며 계속적인 성령의 기름을 공급받을 때 우리 안에 임할 하나님의 영광의 빛을 생각하라. 심지 끝을 적시는 하나님의 기름 공급이 끊어지지 않는 한, 우리의 삶 속에는 성령의 불꽃이 쉬지 않고 타오를 수 있다. 부어지는 기름이 많으면 많을수록 등잔대가 만들어내는 불꽃은 더욱 밝아질 것이며, 이 밝은 불꽃은 어둠 가운데 있는 많은 사람들의 발걸음을 밝혀주는 등불이 될 것이다.

하나님의 일곱 영에 대한 개관

성령님은 그분의 일곱 영을 흘러넘치게 하심으로 그리스도의 장성한 분량이 우리 안에 완성되기를 바라신다. 여기에서 잠깐 8장부터 살펴볼 하나님의 일곱 영을 개괄적으로 살펴보고자 한다.

하나님의 일곱 영 중에서 가장 중심에 놓인 것이 바로 '우리 위에 강림하시는 여호와의 영'(the Spirit of the Lord upon)이다. 이것은 바로 그리스도 예수님께 부어진 한량없는 성령의 임재 자체를 말한다. 변화산에서 보여진 예수님의 영광스런 변화를 기록한 마가복음 9장 2-7절처럼 이것은 바로 우리 위로 '강림하시는 여호와의 영'인 것이다. "마침 구름이 와서 그들을 덮으며 구름 속에서 소리가 나되 이는 내 사랑하는 아들이니 너희는 그의 말을 들으라 하는지라"(막 9:7). 우리는 바로 이 성령으로 옷 입어야 한다(갈 3:27). 예수 그리스도께 부어진 이 성령의 임재가 바로 모든 하나님의 일곱 영 중에 가장 중심의 자리에 있어야 하는 것은 당연한 일이다(행 10:38). 나머지 여섯 영은 바로 성령의 신성의 표현이기 때문이다.

두 번째로 언급된 것은 '지혜의 영'(wisdom)으로서의 성령이다. 지혜란 불가능한 것을 가능하게 하는 하나님의 초월적 능력이다. 이것은 모든 사람들을 놀라게 하는 광대한 지혜이다. 여호와 하나님의 생각이 바로 이 지혜의 근원이 된다.

세 번째 소개된 것은 '총명의 영'(understanding)이다. '총명'은 '지혜'와 한 쌍을 이루는 신성으로서 하나님의 부르심의 소망을 이루게 하는 원동력이다. 성경 속에 보물처럼 감추어진 영적 진리를 캐내게 하는 것이 바로 '총명의 영'의 사역이다. 이 총명의 영이 없이는 그 누구도 하늘에서 하나님이 부으시는 비전의 삶을 창조적으로 행할 수 없다. 하나님의 지혜로 말미암는 계시의 중요성을 가장 잘 이해했고, 또 그것을 얻기 위하여 간절히 기도했던 사람이 바로 바울이었다.

우리 주 예수 그리스도의 하나님, 영광의 아버지께서 지혜와 계시의 영을 너희에게

주사 하나님을 알게 하시고 너희 마음의 눈을 밝히사 그의 부르심의 소망이 무엇이
며 성도 안에서 그 기업의 영광의 풍성함이 무엇이며 그의 힘의 위력으로 역사하심
을 따라 믿는 우리에게 베푸신 능력의 지극히 크심이 어떠한 것을 너희로 알게 하시
기를 구하노라(엡 1:17-19)

네 번째는 바로 '모략의 영'(counsel)이다. 모략이란 모든 일의 알파와 오메가가 되시는 하나님의 생각을 듣고 그 말씀에 주의를 기울이는 것에서 시작한다. 주님의 모략은 영원토록 이 땅 위에 서게 될 것이다. 하나님은 그분의 계획을 따라 삶을 살아가는 사람에게 반드시 그분의 생각과 마음의 뜻을 계시하실 것이다. 이러한 하나님의 모략의 인도하심을 받는 사람에게 임하는 것이 바로 다섯 번째 성령의 성품인 '권능의 영'(might)이다.

권능의 영을 받는 사람의 인생에는 하나님의 권능, 강건함의 기름부음이 나타나게 되고, 이를 통하여 하나님의 계획하신 일들이 아름다운 성령의 열매를 맺는다. 하나님의 권능이란 인간의 생각으로 상상할 수 있는 작은 규모의 일들이 아니다. 인간의 생각이란 고작해야 하나님의 손가락 한두 개만으로도 충분히 이루어질 수 있는 일이다. 이사야가 하나님의 권능의 광대함을 보고 "이는 기묘자라, 모사라, 전능하신 하나님이라"(사 9:6)고 말했던 것처럼 하나님이 친히 행하시는 일은 결코 사람의 상상으로 품을 수 없는 놀라운 것이다.

여섯 번째로 언급된 성령의 모습은 '여호와를 아는 지식의 영'(Spirit of knowledge of the Lord)이다. 이전까지 언급된 것들이 성령에 속한, 혹은 성령에 관한 성품들이라면, 이 여섯 번째의 모습은 여호와 하나님을 '친히 아는 것'을 가리킨다. 이것은 하나님과 바로 옆에서 대화하는 것같이 그분의 마음과 생각을 알고, 속사정을 알게 되는 것을 말한다. 하나님에 대한 속성과 성

품을 배우고, 간접적으로 경험하는 것과는 본질적으로 다른 것이다.

하나님을 가까이에서 알게 되는 이 경험 때문에 성령의 나머지 모든 성품들이 가능해진다. 하나님의 속사정까지 아는 분이 바로 성령이시라고 성경은 말한다. 그러므로 성령의 충만한 임재 안에 거하는 사람은 누구나 바로 하나님의 가슴 속에 있는 많은 하늘의 일들을 깨달을 수 있다. "오직 하나님이 성령으로 이것을 우리에게 보이셨으니 성령은 모든 것 곧 하나님의 깊은 것까지도 통달하시느니라 사람의 일을 사람의 속에 있는 영 외에 누가 알리요 이와 같이 하나님의 일도 하나님의 영 외에는 아무도 알지 못하느니라"(고전 2:10-11).

하나님을 아는 지식의 장성함에 이르게 될 때, 우리는 비로소 하나님의 영광의 지극히 크심이 얼마나 광대한 것인지를 알게 된다. 이것은 우리로 하여금 하나님의 영광을 진정으로 '두려워하게'(경외하게) 할 것이다. 성도로 하여금 놀라운 영광의 하나님을 알고 온 마음으로 존경을 표하며 두려워하게 하는 것이 바로 마지막에 소개된 성령의 성품, 곧 '여호와를 경외하는 영'(Spirit of the fear of the Lord)이다.

하나님의 일곱 영이 없이는 그 어떤 환경적, 자연적 제약들을 극복할 수 없다. 세상과 사단과 육신의 정욕이라는 방해물들을 극복하고 초자연적 권능으로 하늘의 진리를 증거하기 위해서는 반드시 성령의 임재가 필요하다. 이 권능의 하나님께서 지금 우리의 삶의 목표를 완성하기 위해 필요한 능력을 부어주시겠다고 말씀하신다. 이 세상의 불을 밝히기 위해 모세와 스룹바벨에게 역사하셨던 것과 동일한 하늘의 권능을 주시겠다는 것이다.

세상과 타협하며 복음과 진리의 영광과 능력의 실재를 상실한 이 시대의 교회의 영적 재건을 향한 주님의 음성이 들리는가? 그분의 상한 몸을 새롭게 세우기 위하여 삶을 헌신할 아름다운 복음의 헌신자들을 부르시는 주님의 음성을 듣는가? 이 음성을 듣고 자원하는 자마다 스룹바벨과 모세에게 부으셨던 것과 동일한 충만한 성령의 기름부으심을 받게 될 것이라고 나는 확신한다. 하나님은 성전 재건의 부르심 앞에 놓인 스룹바벨에게 스가랴 선지자를 통하여 놀라운 말씀을 선포하셨다. 그리스도의 몸 된 성전인 교회를 완성해 가는 이 시대의 교회에게도 주님은 동일한 음성을 주고 계신다.

하나님의 자녀들이여, '친히 성전을 완성하시겠다'고 하신 하나님의 음성을 기억하라. 구원의 등불이 온 열방에게로 전파될 때까지 쉬지 않고 일하시겠다고 하신 하나님의 마음을 생각하라. 아버지의 가슴 속에 불타는 이 생명의 비전을 놓치지 말자. 우리에게 이 비전을 품고 살아가게 하시는 성령님을 기억하자. 오직 일곱 영으로 우리에게 찾아오시는 성령만이 그분을 따라가는 우리의 능력과 모든 열방의 구원을 완성하실 감춰진 하나님의 능력이 되심을 기억하자.

Chapter 7
Surrender to the Spirit

이삭의 일곱 우물

창세기 26장에서 우리는 일곱 개의 우물을 파고 있는 이삭의 모습을 본다. 이 본문은 하나님의 일곱 영에 대한 깊은 영적 계시를 담고 있다. 이삭이 판 일곱 우물은 성령으로부터 흘러나오는 일곱 개의 생명의 강(Rivers of the Holy Spirit)을 상징하기 때문이다. 그 계시의 핵심내용은 주님의 몸 된 교회가 하나님이 예비하신 바들을 증거하기 위해 필요한 모든 힘이 바로 이 일곱 개의 생명의 강에 들어 있다는 것이다.

하나님의 광대하심

이 우물의 기사를 읽기 전에 먼저 요한계시록 1장 8절을 읽을 필요가 있다. "주 하나님이 이르시되 나는 알파와 오메가라 이제도 있고 전에도 있었고 장차 올 자요 전능한 자라 하시더라." 하나님은 이 시대의 교회 안에 하나님의 광대하심을 증거하는 데 필요한 능력을 한량없이 부어주고 계신다.

주님의 능력이 지극히 크심을 보여주시는 하나님의 의도는 모든 교회로 하여금 하나님의 권능의 손 안에서는 그 어떤 불가능도 없다는 사실을 믿게 하려 하심이다.

이사야 선지자가 말하였듯이 하나님은 시초부터 모든 일의 결국을 아시는 분이며, 아직 이루지 아니한 일들을 보이시는 전지전능하신 분이다. 하나님은 정녕 우리의 모든 상상을 초월하시는 광대한 권능의 하나님이시다. "내가 시초부터 종말을 알리며 아직 이루지 아니한 일을 옛적부터 보이고 이르기를 나의 뜻이 설 것이니 내가 나의 모든 기뻐하는 것을 이루리라 하였노라"(사 46:10).

이번 장에서 우리는 이른바 '조상의 우물을 다시 파게' 하심으로 우리에게 새로운 하늘의 진리를 보여주시려는 그리스도의 세 가지 사역을 살펴볼 것이다. 이 사역이야말로 하나님 나라의 진정한 충만함을 보게 하는 영적 열쇠가 될 것이다. 조상의 우물들을 다시 파는 이삭의 이야기가 우리에게 전달하려는 영적 의미는 도대체 무엇일까?

아버지의 우물을 다시 파는 이삭

"그 아버지 아브라함 때에 그 아버지의 종들이 판 모든 우물을 막고 흙으로 메웠더라"(창 26:15). 본문에서 이삭이 다시 파고 있는 우물은 아버지 아브라함의 우물이었다. 조상의 때에 생명의 물을 공급하던 바로 그 우물을 이삭이 다시 파고 있는 것이다.

이 시대의 교회는 진정 믿음의 선조들의 삶을 다시 기억해야 할 필요가 있다고 나는 믿는다. 아름다운 신앙의 삶을 살았던 요한 웨슬리, 마틴 루터는 아무런 승리의 기미도 없는 상황들을 '믿음'의 능력으로 돌파했던 이들이다. 이 믿음의 영웅들의 삶이 오늘을 사는 우리가 누리는 신앙의 축복에 필요한 밑거름의 열매가 되었음은 모두가 아는 바이다. 이들 모두는 이전에 세상이 보지 못했던 영적 진리를 붙잡고 견고하기 이를데 없는 어둠의 견고한 진을 돌파하였다.

주님께서 이들에게 보여주신 진리의 기초 위로 다시 돌아가 새로운 영적 출발을 시도하며, 이 세대에 필요한 영적 계시를 부여잡는 것은 우리 시대 교회의 가장 중요한 영적 과제이다. 이것이 바로 신명기 29장 29절에 기록된 바와 같이 하나님의 계시가 자손 대대로 전달되게 하는 영적 자세이다. "감추어진 일은 우리 하나님 여호와께 속하였거니와 나타난 일은 영원히 우리와 우리 자손에게 속하였나니 이는 우리에게 이 율법의 모든 말씀을 행하게 하심이니라."

과거 이 땅에 증거된 성령의 역사들이 다시 한 번 우리에게 임하여야 한다. 캐서린 쿨만, 스미스 위글스워스 등이 성령님의 영광을 놀랍게 증거한 사역들이 아무런 표적도 없이 방황하는 이 시대의 교회에 다시 흥왕해야 한다. 나아가 이러한 일들은 영구히 우리 자손들에게서도 나타나야 한다.

이 성령의 권능 안에서 예수님은 하나님의 부르심을 받고 어그러져 신음하는 모든 만물들을 회복시키실 것이라고 성경은 말한다(행 3:20-21). 예수님의 이 회복의 능력을 맛본 자마다 하늘의 새로운 권능을 체험하게 될 것이다. 앞서 말했듯이 만유를 회복하실 그리스도의 사역이 우리 앞에 임박했다고 나는 확신한다. 이 회복의 능력은 난공불락 같았던 많은 일들을 단번에 허물어버릴 것이다.

아버지의 우물물을 다시 파는 이삭이 우리에게 전달하는 메시지는 바로 믿음의 아비들의 숭고한 발자취를 기억하는 교회가 되라는 것이다. "나는 내 아버지 아브라함의 믿음을 기억하고자 한다. 나는 블레셋인들이 흙으로 메워버려 황폐케 된 저 생명의 우물을 다시 되찾아 오리라." 이것은 정녕 숭고한 믿음으로 하나님을 따랐던 아버지 아브라함을 기억하는 이삭의 선포였다.

아브라함의 우물물을 마신 사람들이 생명을 얻는 것을 시기한 블레셋인들(사단의 세력을 예표)은 모든 우물을 흙으로 막아버렸다. 깨끗한 물이 넘쳐나던 생명수가 흙먼지 가득한 모래로 뒤덮여버린 것이다. 여기서 흙먼지는 인간과 그 육신을 상징한다. 블레셋인들이 우물물을 황폐케 하기 위해 사용한 것이 흙먼지인 것처럼, 사단이 성령님이 주시는 생명의 강들을 차단하기 위해 사용하는 것은 다름 아닌 우리 인간의 육신에 속한 정욕들이다! 인간의 육신에서 나오는 종교적 형식과 관습은 과거의 역사된 생명수의 공급을 틀어막는 무서운 요소임을 기억하라. 바로 이것이 사단의 궤계의 핵심이다. 사단은 언제나 하나님의 성령에 의뢰하는 대신 인간의 육신에 속한 방법과 생각에 의존하라고 속인다. 생명수로 가득한 우물물에 육신의 흙먼지를 집어넣으라고 말하는 것이다.

이삭은 대적 블레셋이 흙먼지를 퍼부은 아버지 아브라함의 우물들을 다시 팠고, 원래의 모습과 이름들을 회복하였다. 놀랍게도 이삭은 아버지 아브라함의 우물을 회복하는 데서 멈추지 않고, 세 개의 우물을 더 팠다.

새로운 갈급함

1990년대 초반기부터 시작된 주님의 놀라운 기름부으심 사건이 있은 지 벌써 12년째로 접어들고 있다. 그동안 실로 엄청난 영적 사건들이 나의 사역 현장 속에 찾아왔다. 그러나 최근 주님은 다음과 같은 새로운 음성으로 나를 부르고 계신다. "너를 위해 더욱 많은 것을 예비하였노라. 너는 더욱 많은 나의 영광을 보리라"(고후 3:18 참고).

우리로 하여금 신선한 물로 가득하던 과거의 우물물을 다시 파게 하시는 하나님의 방법은 무엇일까? 그것은 바로 당신의 영혼 속에 거룩한 갈망을 허락하시는 것이다. 학개서 1장 14절에서 우리는 "여호와께서 스알디엘의 아들 유다 총독 스룹바벨의 마음과 여호사닥의 아들 대제사장 여호수아의 마음과 남은 모든 백성의 마음을 감동시키시매 그들이 와서 만군의 여호와 그들의 하나님의 전 공사를 하였으니"라는 말씀을 읽는다. 그렇다. 하나님은 자녀된 우리들에게 그분의 일을 간절히 사모하는 '마음을 부으시는' 하나님이시다. 하나님은 잠자는 우리의 속사람을 일깨우시고, 그 마음속에 거룩한 목마름을 일으키시는 분이시다. 이 목마름의 부르심을 입는 자마다 하나님의 비전을 바라보며 부르짖는 기도의 자리로 나아오게 된다.

하나님은 과거의 우물물을 다시 파라고 말씀하고 계신다. 구약성경은 과거 열조들에게 놀라운 기사를 행하신 여호와 하나님에 대한 기억을 촉구하는 말씀들로 가득하다. "과거에 행하신 하나님의 놀라운 일들을 다시 기억하라"고 하시는 주님의 말씀은 우리 안에 거룩한 목마름을 부으시고, 꽉 막힌 듯한 영적 현실들을 극복하도록 이끄시는 것이다.

과거의 우물물을 다시 파는 새로운 영적 도약의 신호탄은 바로 하나님을 향하여 부르짖으며 나아가는 '기도의 무릎'이다. 이 기도 안에서 새로 파게 되는 우물물은 더 이상 사단의 파괴를 허락지 않는 강력함으로 무장하게 될 것이다. 나아가 이 새 우물을 통해 생명의 물이 공급될 때 사단의 방해는 더 이상 발붙이지 못할 것이라고 주님께서 말씀하셨다. 과거에 우리에게 찾아왔던 예수 그리스도의 생명의 역사를 다시 기억하고, 그리스도 예수의 이름이 새겨진 우물물을 다시 파라고 주님께서 도전하고 계신다.

어제의 예수 그리스도에 해당하는 아브라함의 우물을 다시 파서, 오늘도 역사하시는 예수 그리스도가 되게 하며, 오늘 허락된 생명수를 더욱 깊게 파서 모두가 마실 수 있는 구원의 우물이 되게 하라는 것이 주님의 명령이다. 몇 개월 전쯤 주님은 나에게 다음과 같은 말씀을 주셨다.

"수많은 사람들의 귀가 나의 음성을 듣지 못하고 있다."

"주님, 어떻게 해야 우리의 귀가 열릴 수 있습니까?"

"오직 성령의 권능 안에서 말씀이 선포되어야 한다."

요한 웨슬리의 부흥 당시, 청중들 사이에서는 절대로 설교 중에 나무 위로 올라가면 안 된다는 말이 회자되었다고 한다. 왜냐하면 강단에 선 웨슬리의 설교에는 언제나 강한 성령의 능력이 임하였고, 그 결과 나무에 올라갔던 많은 사람들이 땅으로 떨어졌기 때문이다.

이 시대를 향하여 성령께서는 좌우에 날이 선 진리의 검을 모든 성도의 손에 쥐어주기를 원하신다(히 4:12). 주님은 하나님으로부터 말미암지 않은 그 어떤 것들도 찔러 쪼개어 버리는 능력이 되는 성령의 말씀을 부어주기 원하신다. 이 성령의 검을 쥔 사람은 어김없이 성령의 놀라운 권능을 증거하는 삶을 살았다. 아버지의 우물물을 다시 파는 이삭의 모습을 통해 우리도 주님의 영광의 역사를 회복해야 한다. 이 시대의 그리스도인들이 '매일같이' 이 강력한 권능의 역사를 경험하며 살기를 바라시는 하나님의 부르심을 나는 그 누구보다도 확신하는 바이다.

엘리야와 엘리사

선지자 엘리사는 하나님께서 허락하신 영적 목마름에 대해 온 마음을 다해 반응하였고, 그 결과 놀라운 영적 승리를 보여준 사람이다. 열왕기상 19장 19-21절을 참고하라. 엘리야를 만나기 전, 엘리사는 하나님 나라의 일과는 전혀 무관한 삶을 살고 있었다. 그는 소를 몰며 밭을 갈던 농부일 뿐이었다. 이 농부 엘리사에게 하나님의 종 엘리야가 다가와 겉옷을 던졌을 때, 엘리사의 삶은 극적으로 변화되었다. 하나님께서 엘리사에게 허락하신 '하나님 나라를 향한 타는 듯한 목마름'은 엘리사로 하여금 농부로서 필요했던 모든 것들(농기구와 소)을 포기하게 하였다. '아, 하나님의 사람 엘리야가 나의 밭으로 찾아오다니! 드디어 하나님의 영광을 경험할 기회가 나에게도 찾아왔다. 이전에 의지하던 모든 일들을 포기할 때가 온 것이리라. 이제 남은 인생을 하나님께 드리도록 하자.'

이러한 엘리사의 모습을 통하여 20여 년 전 내 모습을 회고하게 된다. 주님께 헌신하기 전, 나는 텍사스 주에서 매우 큰 규모의 전기회사를 경영하던 사업가였다. 그러나 엘리사의 마음을 바꾸신 것처럼 나는 하나님께서 나를 위해 예비하신 크고, 놀랍고, 비밀한 일들을 추구하기 원했고, 그래서 모든 소유를 정리하게 되었다.

아마 이 글을 읽는 당신에게도 비슷한 하나님의 인도하심이 진행되고 있을지 모르겠다. 어쩌면 막연한 느낌 같아 보이기도 하는 하나님의 부르심을 직감하고 있거나, 혹은 온 생명을 걸고 하나님을 뜻을 구하고 싶다는 갈증을 느끼고 있을지도 모르겠다. 만약 당신의 힘으로 해결할 수 없는 상황에 놓여 있다면, 모든 인간적 방법을 포기하고 오직 하나님만 의뢰하며 살기를 결단하기 바란다.

엘리사는 엘리야를 따라 나섰고 얼마 후 하늘로 오른 엘리야를 뒤이어 하나님의 권능의 기름부음을 이어받은 선지자의 삶을 시작하게 되었다(왕하 2:9-14).

엘리사는 결코 엘리야의 권능을 모방하는 정도에서 그치지 않았다. 그는 간절한 마음으로 스승인 엘리야보다 갑절이나 더 많은 권능을 얻기를 간구하였고, 이 간구는 그대로 응답되었다. 하나님은 이와 동일한 일을 지금 우리 시대에 행하고 계신다. 자신이 행하신 일보다 더 큰 일을 하리라고 예언하셨던 예수님의 말씀은 곧 "너희는 엘리사처럼 담대한 마음으로 기도하라. 성령께서 내가 행한 일들보다 더 큰 일들을 행하시리라. 너희가 나보다 더 큰 일을 이루리라"는 것이었다.

지금 주님은 우리에게 새로운 계시와 진리의 두루마리 책, 곧 이 시대의 교회를 통해 이루기 원하시는 하나님의 뜻을 펼쳐 보이고 계신다(겔 3:1-2). 이 놀라운 일들이 오늘날 우리 가운데 진행되고 있는 것이다.

과거에 이 땅을 휩쓸었던 성령의 바람을 회복시키기 위한 성령의 기름부으심이 우리에게 다시 부어지고 있다. 이 새로운 일들을 위하여 주님은 몇몇 사도적 사역자들을 사용하실 것이다. 그리고 이들을 통해 성령의 권능이 이 땅에 새롭게 회복될 것이며 훼파된 주님의 성전 또한 다시 건축될 것이다. 당신은 이 모든 일들을 능히 이루실 권능의 성령으로 충만하게 되기를 원하는가? 엘리사가 엘리야의 겉옷을 받았을 때, 엘리사도 하나님의 일곱 영의 동일한 기름부으심 안에서 사역을 시작하게 된 것이다.

일곱 개의 우물, 세바

주님은 성령의 권능을 다시금 회복하시려는 일을 행하고 계신다. 이 놀라운 회복과 변화의 시대를 맞이하면서 우리는 과거 이 땅 위에 임하였던 놀라운 기름부음의 사건들이 재현되는 것을 목도하게 될 것이다. 하지만 이 시대에 나타날 성령의 기름부음은 과거의 그 어떤 기름부음과는 다른 '새롭고 신선한' 것이 될 것이다.

이삭은 아버지 아브라함의 우물을 다시 회복시켰다. 그러나 이삭은 아버지의 우물을 회복하는 것에서 안주하지 않고 세 개의 새로운 우물물을 파내려갔다. 새롭게 판 우물물들은 과거의 영적 전통과는 다른 새롭고 신선한 성령의 역사를 상징한다.

창세기 26장 33절에서 우리는 이삭이 팠던 마지막 우물인 '세바 우물'(Shebah well)에 대한 기록을 읽는다. '세바'란 '일곱 개의 우물'이라는 뜻이다. 사람이 어떻게 일곱 개의 우물물을 동시에 마실 수 있겠는가? 일곱 개의 우물물을 마신다는 것은 차고 넘치는 생명수가 공급될 것을 상징한다. 나아가 이것은 일곱 영의 모습으로 기록된 성령의 모습을 가리킨다.

이 오래된 이삭의 우물들은 몇 천 년이 지난 지금에도 영적 목마름을 가진 모든 이들의 목을 시원하게 적셔주는 생명공급의 능력을 가지고 있다. 우리의 관심은 과거 혹은 미래에만 집중되어서는 안 된다. 우리에게 필요한 것은 과거에서 현재, 그리고 현재에서 미래에 이르기까지 모든 목마른 자들의 목마름을 해결할 수 있는 성령의 '충만한 임재'이다. 지금 당장이라도 당신의 배에 손을 얹고 이렇게 소리쳐 기도하지 않겠는가? "예수님, 저에게 세바 우물, 그 충만함을 주소서! 저로부터 이 생명의 강물이 흘러나가게 하여 주옵소서!"

하나님의 일곱 영으로 다시 세워짐

그의 위에 여호와의 영 곧 지혜와 총명의 영이요 모략과 재능의 영이요 지식과 여호와를 경외하는 영이 강림하시리니 그가 여호와를 경외함으로 즐거움을 삼을 것이며 그의 눈에 보이는 대로 심판하지 아니하며 그의 귀에 들리는 대로 판단하지 아니하며 공의로 가난한 자를 심판하며 정직으로 세상의 겸손한 자를 판단할 것이며 그의 입의 막대기로 세상을 치며 그의 입술의 기운으로 악인을 죽일 것이며 공의로 그의

허리띠를 삼으며 성실로 그의 몸의 띠를 삼으리라(사 11:2-5)

예수님께 임한 하나님의 일곱 영의 충만함, 그 안에서 교회가 거하게 될 때 우리는 진정 위의 본문에 기록된 열매들을 거두게 될 것이다. 하나님은 정녕 교회가 성령 안에 충만히 거하게 되어 여호와의 공의와 정의를 불꽃처럼 증거할 수 있기를 원하신다.

하나님께서 심판하실 불의(injustice)란 결국 무엇인가? 하나님의 나라로부터 말미암지 않는 모든 것이 결국 '불의한 것'들이다. 이와 반대로 공의란 '하나님 아버지로 말미암은 모든 것'들을 말한다. 예수님은 하나님 아버지의 행하시는 일들을 보신 그대로 이 땅에서 행하셨다. 그래서 예수님의 삶에는 실오라기만한 불의도 존재하지 않았다. 바로 이것이 이 시대의 교회가 간절히 추구해야 할 바이다.

그 첫째는 하나님 아버지의 행하시는 일들을 볼 수 있는 것이요, 둘째는 본 바대로 행하는 것이다. "그러므로 예수께서 그들에게 이르시되 내가 진실로 진실로 너희에게 이르노니 아들이 아버지께서 하시는 일을 보지 않고는 아무 것도 스스로 할 수 없나니 아버지께서 행하시는 그것을 아들도 그와 같이 행하느니라"(요 5:19).

교회가 하나님 안에서 이 요한복음 5장 19절의 말씀이 가리키는 바대로 행하게 되면, 우리는 더 이상 사단의 말장난과 참소의 대상이 되지 않을 것이다. 오히려 모든 악인들의 불의함을 정의와 공의로 심판하는 하나님의 교회, 능력의 교회로 세워질 것이다. 우리는 사단이 행한 모든 불의에 대하여 단 하나의 예외도 없이 하나님의 정의와 의로우심을 적용해야 한다. 간절한 기도 안에서 예수님께서 하나님의 모든 공의로움으로 이 땅의 불의한 일들을 심판하시기를 구해야 한다. 나아가 이런 모든 일들은 오직 '성령의 능력'만으로 이뤄질 수 있다.

하나님이 다시 세워나가시는 부흥의 시대는 바로 이와 같이 하늘의 '위엄과 권능'이 회복되는 시대이다. 하나님은 그 말씀이 단 한 마디도 땅에 떨어지지 않는 '사무엘의 세대'를 일으키고 계신다. 그들의 말씀 선포는 열린 천국의 영계에서 이루어지는 것처럼, 하나도 헛되게 되돌아오지 않을 것이다. 이것은 마치 사무엘에게 임하였던 여호와의 말씀의 역사와도 같다. "사무엘이 자라매 여호와께서 그와 함께 계셔서 그의 말이 하나도 땅에 떨어지지 않게 하시니"(삼상 3:19).

이러한 맥락에서 다음에 소개하는 이사야서 32장 15-17절의 말씀은 하나님을 향하여 새롭게 헌신하며 나아오는 모든 형제, 자매들에게 큰 소망의 약속이 될 것이다.

> 마침내 위에서부터 영을 우리에게 부어 주시리니 광야가 아름다운 밭이 되며 아름다운 밭을 숲으로 여기게 되리라 그때에 정의가 광야에 거하며 공의가 아름다운 밭에 거하리니 공의의 열매는 화평이요 공의의 결과는 영원한 평안과 안전이라

성령 안에서 발견하는 이 놀라운 화평과 평안과 안전을 누리며 살고 싶지 않은가? 하나님의 나라의 권능 안에서 당신은 더 이상 마귀의 장난에 손쉽게 무너지는 연약한 존재로 살지 않을 것이다. 그분의 거룩한 능력으로 말미암아, 당신은 신의 성품에 참예하게 될 것이다(벧후 1:4). 이 권위 안에서 교회는 불의로 덮혀 있던 과거의 일들이 하늘의 '의로움'으로 변화되는 것을 보게 될 것이며, 사단의 흉계로 인하여 도적질당하고 상처받은 이들이 되살아나는 생명의 역사를 보게 될 것이다. 정의는 그분의 교회 안에서 예수님의 통치를 통해서 흘러나가는 일곱 개의 강과 같이 이 땅에 가득 차게

될 것이다.

한량없는 하나님의 일곱 영의 기름부으심

예수님의 부활 이후 제자들은 두려움을 이기지 못한 채, 한 집에 모여 있었다. 어느 날 예수님은 단단한 건물벽을 뚫고 제자들 한가운데로 찾아오셨다. 상상컨대 제자들은 머리카락이 주뼛 설 만큼 화들짝 놀랐을 것이다. 부활 후 가진 제자들과의 첫 만남에서 예수님이 전하신 메시지는 '평안하라'는 것이었다. 그러나 더욱 놀라운 것은 이 평안의 메시지 직후 하신 파송의 메시지이다.

> 예수께서 또 이르시되 너희에게 평강이 있을지어다 아버지께서 나를 보내신 것 같이 나도 너희를 보내노라(요 20:21)

예수님의 이 파송의 말씀의 핵심은 '보내노라'는 구절이라기보다는 '아버지께서 나를 보내신 것같이'라고 해야 할 것이다. 이것은 곧 파송되는 제자들에게 부어질 놀라운 신적 권능을 말하는 것이었다. 예수님이 세례 받으실 때 천국이 열려, 성령이 충만하게 측량할 수 없이 임하셨다(막 1:10). "내가 진실로 진실로 너희에게 이르노니 나를 믿는 자는 내가 하는 일을 그도 할 것이요 또한 그보다 큰 일도 하리니 이는 내가 아버지께로 감이라"(요 14:12). 이것은 정말 놀라운 말씀이다.

주님은 한량없는 하나님의 일곱 영의 기름부으심 안에서 걸어가고자 하는 사람들을 위해 예수님을 통해 그 길을 열어놓으셨다. 우리가 그렇게 그분과 동행할 때, 세상은 교회에 나타난 하나님의 지혜와 능력에 경이로움을 표하기 시작할 것이다. 왜냐하면 우리가 예수님 안에 있었던 일곱 영의 기름부으심 안에서 행할 때, 세상은 우리 안에서 예수님을 보게 될 것이기 때문이다.

Chapter 8
Surrender to the Spirit

우리 위로 강림하시는
여호와의 성령

하나님의 일곱 영 중 첫 번째로 묵상할 내용은 바로 우리 가운데로 '강림하시는 여호와의 영'(성령)이시다. 이사야 11장 2절은 "하나님의 영이 그에게 내려오신다"라고 하였는데, 이것은 주님과의 연합을 의미한다. 이사야 11장 2절에 기록된 나머지 여섯 영의 모습은 오직 이 '강림하시는 여호와의 신', 곧 성령님을 영접하고 그분을 알게 될 때에만 비로소 얻어지는 열매와도 같은 것이다. 여기서 우리는 '강림하다, 내려오다'라는 단어를 눈여겨 볼 필요가 있다. 이 단어는 '정착하다, 위에 안식하다, 자리를 잡고 거하다'라는 의미가 있다. 이와 동일한 낱말이 이사야 61장 1절에도 사용되었다.

주 여호와의 영이 내게 내리셨으니 이는 여호와께서 내게 기름을 부으사 가난한 자에게 아름다운 소식을 전하게 하려 하심이라 나를 보내사 마음이 상한 자를 고치며 포로된 자에게 자유를, 갇힌 자에게 놓임을 선포하며 성령의 강림은 만물의 왕이신 하나님의 신적 권위가 우리에게 임하셨음을 상징한다. 나아가 성령강림은 곧 온 우주의 왕이 되시는 하나님이 우리에게 임하셨음을 뜻한다. 성령님은 우리에게 분명하고 확실한 방식으로 왕으로서의 하나님의 임재를 알려 주시는 분이다. 이것이 바로 '우리 위로 강림하시는 성령'으로 표현된 첫 번째 영의 의미이다.

우리가 잘 아는 성령사역자들의 삶 속에 일어난 일이 바로 이것이다. 캐서린 쿨만, 베니 힌은 모두 성령의 왕권적 강림을 경험하였고, 그 놀라운 임재 안에서 살았던 사람들이다. 나는 이러한 일들이 특정한 부류의 사람들에게만 일어나는 일이라고 생각지 않는다. 오히려 성령의 강림은 하나님의 임재를 '갈망'하는 성도라면 누구든지 성령과의 깊은 사귐 속으로 나아가 그 안에 있는 영광과 권능을 누릴 수 있다고 나는 믿는다.

성령께서 임하시는 사람은 시편 91편 1절에 기록되었듯이, 지존자의 은밀한 곳 안으로 들어가 그 안에 거하기를 즐거워하는 사람이다. "지존자의 은밀한 곳에 거주하며 전능자의 그늘 아래에 사는 자여"(시 91:1). 하나님의 영이 임한 사람은 전능자의 그늘 아래 거하게 된다는 이 말씀만큼이나 놀라운 말씀이 어디 있겠는가?

약 2년 전쯤 예배 중에 있었던 일이다. 주님의 강한 임재에 사로잡힌 채 나는 강대상 근처의 작은 의자에 앉아 있었다. 그러던 중 자매님 한 분이 다가와 이런 말을 건네는 것이었다. "당신에게 임한 저 영광스런 빛을 나도 받고 싶습니다."

나는 도대체 무슨 말인지 순간 알 수가 없었다. 예배시간 내내 나는 성령의 강한 임재에 감동되어 있었고, 이 때문에 주변의 다른 사람들은 생각할 겨를도 없었다. 그것은 너무나 생생한 영적 실재였기에 마치 손으로 만질 수 있을 것만 같은 현실이라고 생각했다. 그런데 이 놀라운 성령의 임재와 그 영광스런 빛이 이 자매의 눈에 목격된 것이었다.

하나님의 영광은 정말 실재하는 것이며, 영혼의 눈이 열린 사람은 누구나 그 빛을 볼 수 있다. 기도의 골방에서 나온 성도의 얼굴마다 이 놀라운 영광이 그 빛을 발하며 하나님의 임재를 드러내는 역사가 있어야 하지 않을까?

당신은 여호와 하나님의 신이 당신 위로 충만하게 임재하시기를 진정으로 바라는 사람인가? 이 질문은 하나님의 성령이 당신 안에 있는지 아닌지, 즉 당신의 구원 여부를 알기 위한 질문이 아니다. 오히려 이 질문은 성령 안에서 이미 거듭난 성도들을 향한 영적 도전의 말이다. 즉, '진정 거듭난 성도라면 어찌 하나님 아버지의 권능과 영광의 광채가 한껏 드러나는 기름부음의 삶을 소망하지 않을 수 있겠는가'라는 말이다.

포도나무 안에 거하는 가지

"이새의 줄기에서 한 싹이 나며 그 뿌리에서 한 가지가 나서 결실할 것이요"(사 11:1). 이 본문에서 가지가 어디서 난다고 하였는가? 물론 그 답은 '뿌리'이다. 이것은 너무나 쉬운 상식적 사실이다. 유명한 성구인 요한복음 15장 5절에서 주님은 가지로 비유된 성도의 삶은 포도나무이신 예수 그리스도에 붙어 있을 때에만 열매 맺는 삶을 살 수 있다고 가르치셨다. "나는 포도나무요 너희는 가지라 그가 내 안에, 내가 그 안에 거하면 사람이 열매를 많이 맺나니 나를 떠나서는 너희가 아무 것도 할 수 없음이라"(요 15:5).

당신은 포도나무이신 예수 그리스도 안에 거하기만을 진정 원하는가? 예수 그리스도 안에 거하지 않는 삶은 결코 이 책에서 다루고 있는 하나님의 일곱 영의 임재의 기쁨을 경험할 수 없다. 이것이 바로 이사야 11장에서 가지로 흘러들어가는 나무의 생명력을 먼저 언급한 이유이다.

생명에 속한 모든 일들은 오직 그리스도 예수로부터만 말미암는다. 하나님의 기름부으심을 받으신 그리스도를 통해서만 우리를 향한 성령의 기름부음이 비로소 가능해진다. 모든 생명의 열매가 오직 그리스도 예수 안에 거하는 삶에서만 시작될 수 있다. 베드로가 말하였듯이 생명과 경건에 속한 '모든 것'은 오직 예수 그리스도만이 행하실 수 있는 일이다. "그(예수 그리스도)의 신기한 능력으로 생명과 경건에 속한 모든 것을 우리에게 주셨으니 이는 자기의 영광과 덕으로써 우리를 부르신 이를 앎으로 말미암음이라"(벧후 1:3).

> 제사하는 처음 익은 곡식 가루가 거룩한즉 떡덩이도 그러하고 뿌리가 거룩한즉 가지도 그러하니라 또한 가지 얼마가 꺾이었는데 돌감람나무인 네가 그들 중에 접붙임이 되어 참감람나무 뿌리의 진액을 함께 받는 자가 되었은즉(롬 11:16-17)

그리스도인은 뿌리이신 예수 그리스도 안에 허락된 모든 기업을 누릴 수 있는 놀라운 특권이 있는 사람이다. 누가 이 뿌리인가? 모든 일의 처음(Alpha)과 마침(Omega)이 되신 그리스도가 바로 그 뿌리이시다. 로마서 11장이 말하는 '참감람나무의 진액'이란 그리스도 안에 있는 기름부음의 넘쳐나는 신선함을 상징한다. 이 풍성한 기름부음 때문에 그리스도 예수 안에 접붙여진 모든 하나님의 자녀들에게 허락된 기름부음도 끊임없이 계속될 수 있는 것이다.

요한복음 15장 5절의 '거한다'는 말은 '다시 풀 수 없을 정도의 단단한 매듭처럼 굳건한 연합 안으로 들어간다'는 의미가 있다. 그리스도가 계신 곳은 어디인가? 당신이 진정으로 거듭난 자라면 그리스도께서는 당신 안에 거하고 계신다. 이것은 실로 신비스럽기까지 한 영적 연합이다. 그리스도와 성도가 맺는 '결합'(engaging)은 마치 단단하게 맞물린 두 개의 기어와 같다.

그리스도와 성도는 맞물려 있으면서도 서로 분명히 구별되는 두 인격이다. 이것이 바로 요한복음 15장 5절이 말하는 '~안에 거하다'(to abide in)라는 말의 의미이다.

한편, 참감람나무에 접붙여지는 돌감람나무는 구원받지 못한 영적인 이방인들을 상징한다. 돌감람나무는 야생으로 열매를 먹을 수 없는 나무이다. 하나님의 자녀로 거듭나지 못한 모든 인간의 삶이 바로 이러하다. 구원받기 전의 나의 삶도 결코 예외가 아니었다. 나는 정말 거칠기 이를데 없는 돌감람나무였다. 하지만 놀라운 생명의 일이 그리스도를 영접한 나에게도 찾아왔다. 이처럼 사람이 하나님의 영을 받아 거듭나는 순간 그의 신분은 참감람나무이신 예수님께로 접붙여진 하나님의 자녀로 바뀌게 된다. 생명의 뿌리이신 그리스도에게로 접붙여지기 때문이다.

거듭난 성도의 소망은 하나님의 성품을 향하여 한 걸음씩 가까이 나아가는 것이다. 하나님은 거룩이시며 동시에 사랑이시다. 그분에게는 측량하지 못할 능력이 있다. 생명나무이신 그리스도 안으로 접붙여진 우리에게 뿌리의 성품이 공급되는 것은 너무나 자연스러운 일이다. 정상적인 접붙임을 받은 나뭇가지는 반드시 접붙여진 나무에서 흘러나오는 수액을 받게 되어 있으며, 아무것도 이 수액의 흐름을 막을 수가 없다. 이 때문에 바울은 성령의 열매는 그 누구도 금지할 법이 없다고 말하였다. 이것은 참으로 합당한 말이다. 막을 수 없을 만큼 강한 생명력이 바로 성령 안에 있는 진리의 힘이다.

> 오직 성령의 열매는 사랑과 희락과 화평과 오래 참음과 자비와 양선과 충성과 온유와 절제니 이 같은 것을 금지할 법이 없느니라(갈 5:22-23)

예수님은 이 아홉 가지 성령의 열매의 모든 모습을 우리에게 아름답게 보여주셨다. 그리스도 안에 거하는 우리에게 흘러들어오는 성령의 기름부음은 우리에게도 동일한 성령의 열매를 맺게 하는 능력이 된다. 이 기름부으심을 우리는 '내주하는 기름부음'(abiding anointing)이라고 부를 수 있다. 진정 그리스도 안에 거하는 자에게는 반드시 성령의 열매들이 드러나게 된다. 이것은 우리의 행위의 문제라기보다는 그리스도 안에 '거하고 있는가'(abiding)의 문제이다. 진정 그리스도 안에 거하고 있다면 겉으로 표현되지 않을 수 없는, 감출래야 감출 수 없는 성령의 임재가 드러나게 된다.

시편 92편 10절에 "주께서 내 뿔을 들소의 뿔 같이 높이셨으며 내게 신선한 기름을 부으셨나이다"라는 시편 기자의 고백이 있다. 여기서 말하는 기름부음은 잔 밖으로 넘쳐흐를 만큼 충만한 기름부음이다. 이 넘쳐나는 충만함 때문에 사람들은 당신의 삶 속에 흘러넘치고 계신 그리스도의 임재를 보게 되는 것이다.

우리는 7장에서 예수 그리스도께 한량없이 부어지신 성령님을 묵상하였다. 그리스도께 임하신 성령님의 충만함은 모든 주변 사람들이 목격할 수 있는 사건이었다. 그리스도 위로 임한 비둘기가 그 임재의 증거였다. 이 성령님 안에서 예수님은 모든 공생애의 사역을 아름답게 감당하셨다. 성령의 모든 성품과 영광과 능력을 한량없이 '드러내셨던' 그리스도의 삶이야말로 '성령 안에 내주하며' 살아가는 모든 성도가 지향해야 할 영적 모범이다.

우리에게로 강림하실 뿐만 아니라 영원히 '내주'(안에 거하심)하시는 성령의 임재가 바로 이사야서가 말하는 '우리 위로 강림하시는 성령'의 본질이다. 성령 안에 있는 그 어떤 영광과 능력과 성품도 강림하시는 성령의 역사가 없이는 불가능한 일이 아닐 수 없다.

가운데 기름관

내용의 중요성 때문에 특별히 스가랴서 4장 1-14절의 말씀을 여러 번 반복하여 강조하게 됨을 이해하기 바란다. 성령님의 빛이 비춰질 때까지 계속하여 이 본문을 읽고 묵상하라.

이 구절에는 일곱 개의 기름관에 연결된 일곱 개의 금등잔대의 환상(vision of golden lampstand)이 기록되어 있다. 앞서 말하였듯이 이 금등잔대의 환상은 하나님의 일곱 영을 상징한다. 스가랴에게 임한 천사의 말을 쉽게 풀어 말하면 다음과 같을 것이다.

"스가랴여, 성령의 기름부음을 통하여 어떻게 성령의 열매를 드러낼 수 있는가에 대한 영적 환상을 보게 될 것이다. 이 기름부음을 얻는 자마다 성령의 신선한 기름이 손에 흥건하게 될 것이며, 많은 이들로부터 성령의 기름부음을 받은 하나님의 자녀라는 칭송을 얻게 될 것이다."

이 일곱 개의 기름관 중 중심 기름관은 바로 우리와 하나님의 중보자이신 예수 그리스도를 상징한다. 이 중심 기름관의 좌우측에 위치하는 기름관을 합하면 '완전함, 충만함'(fullness)을 상징하는 일곱 개의 기름관이 된다. 기억하라. 성도의 삶의 중심 기름관이 되시는 그리스도와 연결되어 있지 못하다면, 그 삶은 어떠한 충만함도 경험할 수 없음을 말이다.

중심 기름관에서 뻗어 나오는 여섯 개의 기름관은 좌우로 세 쌍씩의 대칭적인 모습을 하고 있다. 이것은 나머지 성령의 여섯 영을 세 개의 짝으로 묶어서 설명한 이사야 11장 2절의 말씀과 정확하게 일치한다. 곧, '지혜와 총명의 영', '모략과 재능의 영', '지식과 여호와를 경외하는 영'이다.

더 큰 영광을 보리라

이 시대의 교회를 향한 하나님의 간절한 소망 중 하나는 우리가 하나님 안에 거하는 자녀들이 되는 것이다. 하나님은 우리에게 이 놀라운 영적 연합 안으로 들어와 그분의 영광스런 보좌를(throne room) 우리의 거처로 삼으라고 말씀하신다. 우리의 삶과 교회와 도시를 통하여 하나님의 일곱 영의 놀라운 영광의 빛이 드러나게 하시겠다는 하나님의 약속의 말씀을 믿어야 할 때가 바로 지금 이 시대이다.

지난 교회사를 통하여 우리는 수많은 영적 부흥의 사건들을 목도하였다. 이 사건들은 하나님에 대해 무지한 뭇사람들에게 그분의 능력이 얼마나 큰 것인지를 또렷하게 증거해 주었다. 누군가 말했듯이 아마 이 지구상에 어느 곳이라도 성령의 불이 임했다는 것이 알려지면 수많은 사람들이 그곳으로 모여들게 될 것이다. 이것이 바로 성령의 임재의 능력이다.

예수님께서 변화산에 오르셨을 때, 주님의 몸과 옷은 흰 눈같이 눈부신 광채로 변화되셨다. 나는 이와 동일한 주님의 영광을 목도할 때가 바로 지금이라고 믿는다. 모세가 시내 산에서 내려왔을 때 그의 얼굴에는 모든 사람이 볼 수 있었던 놀라운 영광이 그 광채를 발하고 있었다. 그 영광을 본 이스라엘 사람들은 아예 모세의 근처에 가까이 다가가지도 못하였다고 성경은 말한다(출 34:29-30). "나와 주의 백성이 주의 목전에 은총 입은 줄을 무엇으로 알리이까 주께서 우리와 함께 행하심으로 나와 주의 백성을 천하 만민 중에 구별하심이 아니니이까"(출 33:16).

모세는 정말 주님의 임재 가운데 있었다. 하지만 율법을 상징하는 모세의 사역 가운데 임한 하나님의 영광은 십자가의 은혜를 알고 거듭난 자들에게 임하는 영광보다는 훨씬 적은 것이었다(고후 3:7-18, 학 2:9). 이것이 예수 그리스도의 은혜를 보고 듣고 믿은 우리들에게 임한 축복이다! 성경은 나중 영광이 이전 모세가 보았던 하나님의 영광보다 클 것이라고 증거해 준다.

이사야 선지자 역시 이 영광을 바라보았던 사람이었다.

> 일어나라 빛을 발하라 이는 네 빛이 이르렀고 여호와의 영광이 네 위에 임하였음이니라 보라 어둠이 땅을 덮을 것이며 캄캄함이 만민을 가리려니와 오직 여호와께서 네 위에 임하실 것이며 그의 영광이 네 위에 나타나리니 나라들은 네 빛으로, 왕들은 비치는 네 광명으로 나아오리라(사 60:1-3)

지난 수년 동안 나를 부르신 성령님의 사역을 통해 우리는 수많은 도시들을 순회하였다. 회고해보면 어떻게 그토록 놀라운 일들이 일어났는지 믿기지 않을 정도다. 어떤 집회에서는 내가 회중들 사이를 그냥 걸어만 가도 열 명, 스무 명씩 철제의자 뒤로 한 번에 쓰러지기도 했고, 더러는 딱딱한 콘크리트 바닥으로 쓰러지기도 했다. 이런 일이 다반사였기 때문에 성도들의 안전을 위해 때로는 집회를 멈춰야 할 때도 있었다. '정말 이러다가 몇 사람 크게 다치는 거 아닌가?'라는 염려가 찾아왔던 적이 한두 번이 아니다. 말 그대로 지난 몇 년 동안 우리의 사역은 성령의 강력한 임재에 붙들려 있었다고 할 수 있다. 주님이 주신 은사 안에서 집회가 시작되면 어느 순간부터 성령의 강한 임재가 우리를 압도하는 것을 나는 수없이 경험하였다.

몇 년 전 들은 이야기 하나를 소개하고 싶다. 한 야외집회 장소에 모인 성도들이 뜨겁게 찬양과 기도를 드리고 있었다. 집회장소는 옥외에 설치된 텐트였는데 갑자기 여러 대의 소방차들이 성가신 사이렌 소리를 울리며 모여들었다. 텐트 위에 불이 붙었다는 주변 사람들의 신고를 듣고 급하게 출동한 것이었다. 텐트 안에 있었던 성도들이 황급히 밖으로 뛰어나오면서 소리쳤다.

"무슨 일이죠?"

아무것도 모르는 듯이 말하는 이들을 보고 소방관 중 한 명이 큰 목소리로 말해주었다.

"아니, 저 텐트 위에 불이 붙은 것이 안 보여요?"

놀랍게도 텐트지붕 전체가 이글거리는 불꽃으로 뒤덮여 있었다. 수많은 사람들이 직접 목격한 이 불꽃은 찬양 중에 임하신 성령의 임재였다!

마리아 우드워드 에터(1844-1924)는 놀랍게 하나님의 쓰임을 받았던 여성이었다. 그녀의 말씀사역과 저작들을 통해 실로 수많은 불신자들이 구원을 받았고, 주님을 멀리 떠났던 성도들이 눈부신 영적 회개의 자리로 나아오게 되었다. 그녀의 순회전도 집회 중 한 마을에 이르러 텐트를 쳤을 때, 무려 40킬로미터나 떨어진 곳에서 사람들이 무더기로 바닥에 고꾸라진 일이 있었다고 한다.

우리는 이처럼 놀라운 성령의 권능을 알지 못하는 우리 시대의 교회의 영적 무능함을 놓고 울부짖어야 한다. 그리고 믿음 안에서 담대하게 하나님의 영광의 새로운 임재를 간구해야 할 때가 바로 지금이다. 베니 힌 목사의 집회에는 언제나 성령의 권능을 맛보기 위해 앞다투어 강대상 앞으로 달려나가는 사람들로 가득하다. 바로 이 거룩한 목마름, 타는 듯한 영혼의 갈증이 우리에게 필요하다. 하나님의 크심을 경험치 못한 우리들의 꼿꼿한 모습과 교만함이 사라져야만 한다.

성령의 사람으로 잘 알려진 스미스 위글스워스가 기차를 타고 이동하던 어느 날, 그 기차에 타고 있었던 모든 승객들이 예수 그리스도를 영접했던 놀라운 사실을 아는 사람은 많지 않을 것이다. 놀라운 성령사역자였던 캐서린 쿨만이 건물로 들어서는 순간, 그녀의 도착을 전혀 알지 못했던 주방의 요리사들이 바닥에 고꾸라졌다는 일화를 들어본 적이 있는가? 이와 유사하게 정말 하나님의 권능과 영광이 빛나는 사람을 가까이에서 만나본 적은 있는가? '아, 이 사람에게는 말로 설명치 못할 하나님의 권능이 있구나! 이것이야말로 성령의 능력이 아니고 무엇이겠는가?'라는 고백을 해본 경험이 있는가?

지금 당신이 선 그 자리에서 하나님을 향하여 손을 들고 이렇게 기도하라. "주님, 성령의 크신 영광으로 저희에게 다시 임하시옵소서. 주님이여, 우리에게 충만히 임하시옵소서."

베드로에게 강림하신 성령

나에게 언제나 큰 은혜를 끼치는 말씀이 있어서 나누고 싶다. 이 말씀을 읽는 모든 형제, 자매들에게 큰 믿음의 은혜가 있기를 바란다.

승천하시기 직전 예수님은 제자들에게 예루살렘 성을 떠나지 말고 이 땅에 강림하실 성령을 기다리라고 명령하셨다.

예루살렘에 모인 이들은 하나님을 찬송하며 기도하기를 쉬지 않았다. 하늘에서 내려오실 하나님의 영을 기다리는 것만큼 흥분되는 일이 어디 있겠는가? 사도행전 2장은 성령님의 강림을 자세히 기록한 말씀이다. 1절에 "오순절 날이 이미 이르매 그들이 다 같이 한 곳에 모였더니"라는 말씀이 있다. 함께 자리한 제자들의 마음은 성령의 강림을 약속하신 하나님의 마음과 합치되어 있었다.

여기서 오순절 날이 '충만하게 이르렀다'(fully came)라는 구절에 주목하기 바란다. 이 말씀에 기록된 것처럼 성령의 강림은 익을 대로 익은 과일이 땅에 떨어지는 것과 같은 약속의 성취였다. 그것이 바로 2장 1절의 의미이다. '때가 찼을 때' 즉, 하나님께서 가장 적절한 시점으로 예비하신 바로 이 순간에 성령님은 사람의 땅으로 친히 내려 오셨다.

이렇게 시작된 성령강림의 사건은 모든 제자들과 사도들의 삶을 뿌리째 바꾸어 놓았다(행 2장). 평범한 사람들에 지나지 않았던 사도들을 통하여 그 누구도 상상치 못할 일들이 벌어지기 시작한 것이었다. 단 한 번의 복음설교를 통하여 무려 3천 명이나 되는 사람들이 그 자리에서 죄를 회개하고 그리스도를 영접하게 되었다(행 2:41). 수많은 이들이 병 고침을 받았고, 사람들이 두려워 떨 만큼 놀라운 기사와 이적이 평범한 어부들의 설교로 나타나게 된 것이다. 사람들은 모두 사도들의 행적을 보고 큰 두려움을 느끼기도 했다. "사람마다 두려워하는데 사도들로 말미암아 기사와 표적이 많이 나타나니"(행 2:43). 이런 놀라운 사건이 바로 우리가 사는 도시에도 임해야 한다.

어느 날 베드로와 요한 사도가 성전에 기도하기 위하여 길을 걷고 있었다. 그때 마침 앉은뱅이 한 사람이 다가와 구걸을 하였다. 이때 베드로는 다음과 같은 말을 하였다. "베드로가 이르되 은과 금은 내게 없거니와 내게 있는 이것을 네게 주노니 곧 나사렛 예수 그리스도의 이름으로 일어나 걸으라 하고"(행 3:6). 베드로의 손을 잡은 앉은뱅이는 놀랍게도 발과 발목에 힘을 얻어 걷고 뛰기 시작했다. 날마다 다른 사람의 부축을 받아서 미문이라 일컫는 성문 앞 구걸장소로 나와야 했던 이 앉은뱅이가 자신의 두 다리로 벌떡 일어선 것이었다. 이 광경을 바라본 유대관원들마저도 이 치유의 사실만큼은 부인할 수 없는 것이 아니겠느냐는 말을 하였다. 베드로를 고소할 이유를 찾지 못한 관원들은 결국 두 사람을 석방할 수밖에 없었다(행 4:13-18).

공회에서 석방된 베드로와 요한이 형제들에게 돌아와 자초지종을 상세히 나누었을 때, 형제들은 큰 소리로 하나님을 찬미하면서 바로 한 마음이 되어 기도하기 시작했다.

이들의 기도는 결코 사도들을 안전하게 보호해달라는 기도가 아니었다. 오히려 이들은 "하나님, 실로 흉흉한 죽음의 위협이 저희 앞에 있습니다. 그러나 저희가 원하는 것은 살아계신 하나님의 말씀의 능력이 드러나는 것입니다. 저희의 삶을 통해 주님의 능력이 더욱 크게 증거되게 하소서! 아픈 자들을 향한 치유의 손을 내밀기를 망설이지 않게 하시고, 표적과 기사를 행하는 주님의 종으로 저희를 사용하소서!"라고 기도하였다. 이것은 오직 성령의 권능과 진리의 확신을 맛본 사람만이 할 수 있는 기도였다.

죽음과 두려움의 위협이 눈앞에 벌어지고 있는 순간에도 굴하지 않는 것은 오직 '진정한 진리와 능력'을 경험한 사람만이 할 수 있는 행동이다. 놀랍게도 이 기도가 끝났을 때, 주변의 땅이 진동했다고 성경은 말한다. "빌기를 다하매 모인 곳이 진동하더니 무리가 다 성령이 충만하여 담대히 하나님의 말씀을 전하니라"(행 4:31). 그렇다. 성령의 임재가 있는 곳마다 땅이 흔들리게 되는 권능으로 하나님의 말씀이 전파될 것이다.

성령의 충만을 받은 이후, 베드로의 삶과 사역은 정말 180도 바뀌게 되었다. 앉은뱅이의 손을 잡으며 베드로가 한 말은 여러 번 묵상해 보아야 할 것이다. 사도행전 3장 7절에서 베드로는 보잘 것 없어 보이는 앉은뱅이 한 사람을 상대하였다. 베드로는 이제 자신이 소유한 전부가 오직 '예수 그리스도'임을 깨달은 사람이 되었다. 그리스도만을 의뢰하는 베드로를 통해서 성령님은 눈부신 권능으로 역사하셨다.

사람들은 베드로의 그림자에라도 손을 대면 병이 나을 수 있을 것이라 생각했다. 그에게 모여든 허다한 사람들이 병 고침을 받았고, 더러운 귀신들이 떠나가게 되었다. 이것은 분명 '신유의 은사' 이상의 일이었다. 거대한 바닷물처럼 밀려오는 성령의 생명의 역사가 큰 권능으로 드러난 사건이었다 (행 5:15-16 참고).

훗날 베드로 사도는 다음과 같은 말씀을 기록하였다. 놀라운 성령의 권능을 수없이 경험한 베드로의 고백을 들어보자.

> 그(예수 그리스도)의 신기한 능력으로 생명과 경건에 속한 모든 것을 우리에게 주셨으니 이는 자기의 영광과 덕으로써 우리를 부르신 이를 앎으로 말미암음이라 이로써 그 보배롭고 지극히 큰 약속을 우리에게 주사 이 약속으로 말미암아 너희가 정욕 때문에 세상에서 썩어질 것을 피하여 신성한 성품에 참예하는 자가 되게 하려 하셨느니라(벧후 1:3-4)

베드로는 성령에 속한 모든 일들의 목표가 우리로 하여금 세상에서 썩어질 것을 피하여 신성한 성품에 참예하는 자가 되게 하는 것이었음을 깨달았다. "그런즉 이제는 내가 사는 것이 아니요 오직 내 안에 그리스도께서 사시는 것이라"(갈 2:20). 나아가 베드로는 다음과 같은 말을 했다.

> 그러므로 너희가 더욱 힘써 너희 믿음에 덕을, 덕에 지식을, 지식에 절제를, 절제에 인내를, 인내에 경건을, 경건에 형제 우애를, 형제 우애에 사랑을 더하라(벧후 1:5-7)

베드로의 말을 다시 풀어보면 다음과 같다. "나는 언제나 더욱 힘써 그리스도만을 추구하기 원합니다. 여러분도 그렇게 되기를 바랍니다."

하나님이 바라시는 것은 우리의 성품의 변화이며, 그 목표는 오직 그리스도 예수이시다. 이것은 일회적으로 발생하는 성령집회의 사건을 경험하는 것과는 비교조차 할 수 없는 숭고한 영적 목표이다. 우리의 최종 목표는 그리스도 예수 그분의 임재이다. 하나님 아버지의 본체가 되시는 그리스도의 성품이 우리를 통해 흘러나가게 하시려는 것. 이것이 바로 성부 하나님의 바라시는 바이다. 이것은 해도 좋고 안 해도 좋은 선택사항이 아니라, 창조자 하나님께서 우리를 향해 가지고 계신 소망의 핵심이다.

이 목표야말로 그 어떤 값을 치르고서라도 이루어야 할 귀한 것이다. 정금덩어리에서 아름다운 금등잔대 형상을 빚어내기 위해 수천, 수만 번 반복되는 거룩한 망치질의 아픔을 감수하고서라도 기꺼이 이루어내고 싶은 것이 바로 이 소망이다. 당신이 삶 속에 현재 진행 중인 모든 아픔과 연단의 고통을 기꺼이 껴안을 수 있는 용기를 얻기 바란다. 이 연단을 통하여 얻게 될 그리스도의 형상에는 현재의 아픔과는 비교조차도 할 수 없는 소망이 있기 때문이다.

베드로가 주님의 이름을 부인한 자신의 모습을 깨닫고 새벽 내내 정원 뒤뜰 구석에 앉아 고통의 눈물을 흘리고 있을 때, 하나님은 그를 교회의 반석으로 사용하실 계획을 가지고 계셨다. 물론 이 계획을 베드로가 알았을 리 없다.

우리의 인생이 밑바닥까지 추락한 바로 그 순간에도 놀라운 하나님의 계획이 진행 중임을 기억하라. 베드로의 삶과 마찬가지로 당신에게도 하나님의 신성한 성품에 매일매일 참여하는 축복이 임할 것이라는 격려의 말을 하고 싶다. 베드로의 다음 말을 묵상하여 보라. "이같이 하면 우리 주 곧 구주 예수 그리스도의 영원한 나라에 들어감을 넉넉히 너희에게 주시리라"(벧후 1:11).

하나님의 영원한 나라에 큰 환영과 환대를 받으며 들어가리라는 이 놀라운 축복의 말씀이 당신의 삶에 성취되게 하고 싶지 않은가? 베드로가 구하였던 바로 그 성령의 충만을 당신도 간구하게 되기 바란다. 이것이 바로 당신의 삶 속으로 친히 강림하신 하나님의 목적이다. 세상의 기초가 놓여지기도 전에 하나님은 당신 안에 친히 그 처소를 두기로 작정하셨다. 이보다 더 놀라운 말씀이 또 어디 있겠는가?

Chapter 9
Surrender to the Spirit

지혜의 영 I

　이미 여러 번 언급하였듯이 이사야서 11장 2절은 하나님의 일곱 영에 대한 핵심요절이다. 그 안에 한 인격이신 성령님께서 자신을 드러내시는 일곱 가지 측면에 대한 말씀이 기록되어 있다. '우리 위로 임하시는 주의 성령'은 이 하나님의 일곱 영 중 첫 번째이며, 그것은 하나님의 임재 그 자체를 가리킨다. 요한계시록 3장 1절은 예수님을 '하나님의 일곱 영'을 가지신 분이라고 말한다. 나아가 요한계시록 1장 4절에서 우리는 일곱 영이신 성령께서 바로 예수님의 보좌 앞에 계시다고 말씀한다. "이제도 계시고 전에도 계셨고 장차 오실 이와 그 보좌 앞에 있는 일곱 영과"(계 1:4).

　앞에서 나는 요한계시록 4장 5절과 이사야서 11장 2절이 적힌 두루마리를 천사로부터 전달받았던 영적 경험을 나누었다. 이 사건이 계기가 되어 나는 하나님의 일곱 영에 대한 말씀들을 깊이 연구하기 시작했다. 이렇게 시작된 하나님의 가르치심 중 나에게 무엇보다도 중요했던 것은 성령에 대한 설교에서 멈추지 말고 성령의 충만함으로 가득한 '삶'과 '경험'으로 나아가야 한다는 것이었다. 주님께서 하나님의 일곱 영에 대한 여러 진리를 가르쳐 주실 때마다 나의 기도는 더욱 간절해져만 갔다. "주님, 주님의 넘치는 성령의 능력 안에서 살고 싶습니다. 이 소망이 이뤄지게 하옵소서."

몇 해 전, 나는 하나님의 일곱 영 중 '지혜의 영'에 대한 매우 독특한 가르침의 말씀을 얻게 되었다. 이 경험은 너무나 강력한 하나님의 역사였는데, 텍사스 주 위니에서 사역할 때 일어난 일이었다. 설교를 하던 도중 나는 갑자기 몸이 굳어지면서 입신을 하게 되었다. 이것은 가장 놀라운 경험이었다(이 모든 것을 주님이 행하셨다고 말할 수 있다).

주님은 나를 향하여 어떤 낱말 하나를 말씀하셨다. 놀랍게도 이 말씀은 나를 향해 오면서 문장이 되었고, 그 문장은 하나의 단락이 되고, 단락은 다시 여러 단락이 되어, 결국 여러 권의 책으로 바뀌었다.

이 영적 경험을 아내에게 나누었을 때, 아내는 다음과 같이 말했다. "나도 그 지혜의 말씀을 받고 싶어요. 당신에게 뭔가 특별한 일이 일어났다는 느낌이 들어요!"

이 환상은 바로 '지혜의 영'이신 성령에 대한 하나님의 특별계시였다. 이 사건 이후 나는 성령의 '지혜의 영'에 대한 많은 영적 진리들을 획득하기 시작했다. 이번 장에서 우리는 지혜의 영에 대한 정의와 그 기능과 유익을 살펴볼 것이며, 끝으로 지혜의 영을 어떻게 하면 다른 이들에게 나눌 수 있는지에 대해서도 살펴볼 것이다. 지혜의 영에 대한 말씀을 다시 다루게 될 10장에서는 신구약의 여러 사례들을 살펴볼 것이며, 나아가 오늘날 지혜의 성령께서 행하고 계신 사건들을 구체적으로 나누고자 한다.

지혜의 영이란 무엇인가?

지혜의 영은 결코 어떤 정보나 지식이 아니다. 그것은 '평범한 인간의 능력을 훨씬 초월하는 하늘의 일들을 행할 수 있는 초자연적 능력의 부여'라고 정의할 수 있다. 이 지혜의 영은 실제로 하나님이 당신의 삶을 위하여 예비하신 목적들을 성취할 수 있게 하는 구체적인 능력이나 기술을 말한다.

바로 이 지혜의 영이 오늘 이 시대를 사는 교회를 향하여 홍수처럼 부어지고 있다. 이 지혜는 이미 주어진 상황이나 내용을 분석하는 것과는 근본적으로 다른 '창조적 능력'(creative ability)이다. 시편 136편 5절에 다음의 말씀이 있다. "지혜로 하늘을 지으신 이에게 감사하라 그 인자하심이 영원함이로다."

성령 안에서 부르심을 받은 성도와 교회가 이 땅을 향하여 사용해야 할 지혜가 바로 이런 것이다. 온 세상과 그 땅의 거민들을 놀라게 할 하나님의 지혜가 바로 이것이다. '저 사람이 어떻게 이토록 놀라운 지혜의 말을 하는가? 학벌도 변변치 않은 사람이 아니던가?'

하나님의 지혜에 감탄하며 놀라는 세상을 향해 하나님의 자녀들은 "이것은 하나님께서 나에게 친히 부어주신 지혜입니다"라고 말하게 될 것이다. 베니 힌은 다음과 같이 말하였다. "성도에게 있어 하나님의 지혜란 생존의 기술과도 같다. 이 지혜는 순간순간마다 하나님의 말씀을 구체적 삶의 현실 속에 어떻게 적용해야 할지를 아는 영적 능력이 된다. 정말 하나님의 지혜를 충실하게 적용했다면, 어둠과 싸워 이김으로써 빛을 드러내는 삶, 성공과 번영하는 삶을 누리게 되는 것은 피할 수 없는 결과물이라고 할 수 있다."

이 지혜의 영은 하나님의 보좌로부터만 흘러나올 수 있다. 이것은 하나님과 친밀하게 연합한 사람만이 가질 수 있다. 스가랴 4장 2절에 나온 일곱 등잔대의 중심 기름관인 하나님의 임재에서부터 지혜의 영이 흘러나오고, 나머지 6개의 영들도 동시에 운행된다.

지혜의 은사와 지혜의 영은 어떻게 다른가?

지혜의 은사와 지혜의 영에는 근본적인 차이가 있다. 지혜의 은사는 사람에게 특정한 성령의 뜻을 전달하는 일회적 사역기능이라고 할 수 있다. "어떤 사람에게는 성령으로 말미암아 지혜의 말씀을, 어떤 사람에게는 같은 성령을 따라 지식의 말씀을"(고전 12:8). 종종 성령님께서 우리에게 지혜의 말씀을 주시며 어떤 사람의 상황에 관하여, 한 사람의 치유에 관하여 선포케 하실 때가 있다.

이에 비해 성령의 지혜의 영은 일회적인 지식의 말을 내는 것과는 전혀 다른 광대한 것이다. 가끔 한 번씩 일회적으로 경험하는 은사적 측면과는 비교조차 할 수 없는 광대한 지혜의 세계가 그 안에 있다. 성령님은 우리가 한두 마디 지혜의 말씀을 얻는 것에서 그칠 것이 아니라 성령의 지혜의 영의 영속적인 역사 안에 거할 것을 명하신다. 그러므로 우리는 한두 마디 지혜의 말이나 분별하는 말을 선포하는 일회적 사건을 넘어 지혜의 강이며, 하나님의 지혜의 영을 추구해야 한다.

지혜의 영의 기능들

요한복음 7장 38절에 "나를 믿는 자는 성경에 이름과 같이 그 배에서 생수의 강(Rivers of living water)이 흘러나오리라 하시니"라는 말씀이 있다. 이 생수의 강이 단수가 아니라, 복수형으로 표시되어 있음에 주의하라. 믿는 사람의 배에서 흘러나가는 생수의 강은 한 개가 아니라 여러 개이다! 당신의 삶을 통하여 뿜어져 나올 많은 지혜의 강들을 생각하여 보라. 이것이 바로 한두 번의 효용에서 그치게 되는 '은사적 차원의 지혜사역'과 한량없이 지속될 지혜의 영의 활동 간의 근본적 차이점이다.

지혜의 영은 '하나님이 예정하신 뜻을 이루기 위해 필요한 창조적 능력'을 넘치도록 깨닫게 한다. 정말 이 말씀을 적고 있는 이 순간, 내 안에 하나님의 성령께서 주시는 마음의 감동이 나를 깊이 전율케 한다.

성경에서 '강물'(rivers)은 성령님의 여러 가지 다양한 사역들을 예표한다. 이 강물들 중의 하나가 바로 '지혜의 강'이다. 믿음을 가진 당신은 지혜의 강을 소유할 수 있는 가능성이 있다. 지혜의 강은 당신으로부터, 당신을 통해서, 그리고 당신의 주변에 넘치도록 흐를 것이다.

예수님은 바로 하나님의 지혜 그 자체셨다. 예수님은 마지막에서 처음을, 처음에서 마지막을 알고 계신다. 이 예수님께서 당신의 인생을 향한 모든 계획과 청사진을 다 가지고 계시다는 사실을 당신은 정말 믿는가? 예수님은 당신을 향한 하나님의 부르심의 모든 목적을 낱낱이 알고 계신 분이심을 믿기 바란다.

예수님은 성부 하나님의 모든 말씀을 들으시는 분이시며, 이 말씀을 성령께 전달하신다. 그리하여 종국적으로 성령님의 사역을 통하여 성부 하나님의 말씀이 우리 각 사람의 삶 속에 이루어지게 되는 것이다.

성령 안에서라면 어떤 일이든지 행하지 못할 것이 없다는 사실을 나는 조금도 의심 없이 믿는다. 내가 이런 말을 할 수 있는 이유는 결코 나의 능력 때문이 아니라, 하나님께서 나에게 부으실 지혜의 성령님 때문이다. 내 안에 계신 하나님께서 일하고 계신데 어떻게 그 능력에 제한이 뒤따를 수 있겠는가? 나에게 역사하시는 분이 살아계신 하나님의 영이시므로, 나를 보는 자마다 하나님의 성령의 살아계신 영광을 보게 되는 것이 어찌 불가능하단 말인가? 나를 알던 사람들을 통해 다음과 같은 말들을 듣고 싶다. "이 사람의 이 놀라운 지혜와 권능이 도대체 어디에서 오는 것인가?"

사람들은 예수님을 향하여 다음과 같이 말하였다. "이 사람이 어디서 이런 것을 얻었느냐 이 사람이 받은 지혜와 그 손으로 이루어지는 이런 권능이 어찌됨이냐"(막 6:2). 이것은 도저히 측량치 못할 지혜의 말과 능력 있는 주님의 삶을 바라본 주변 사람들의 입에서 나올 수밖에 없었던 말이었다. 오랫동안 교회 안에 상실되었던 이 하나님의 권능이 다시 회복되어야 할 때가 왔다. 교회를 바라보는 이 세상의 눈이 바뀔 때가 된 것이다.

지혜의 영의 유익

하나님의 지혜의 유익을 우리에게 알려주기 위해 아래에 소개하는 잠언 말씀보다 더 좋은 것은 없을 것이다.

> 지혜를 얻으며 명철을 얻으라 내 입의 말을 잊지 말며 어기지 말라 지혜를 버리지 말라 그가 너를 보호하리라 그를 사랑하라 그가 너를 지키리라 지혜가 제일이니 지혜를 얻으라 네가 얻은 모든 것을 가지고 명철을 얻을지니라 그를 높이라 그리하면 그가 너를 높이 들리라 만일 그를 품으면 그가 너를 영화롭게 하리라 그가 아름다운 관을 네 머리에 두겠고 영화로운 면류관을 네게 주리라 하셨느니라 내 아들아 들으라 내 말을 받으라 그리하면 네 생명의 해가 길리라 내가 지혜로운 길을 네게 가르쳤으며 정직한 길로 너를 인도하였은즉 다닐 때에 네 걸음이 곤고하지 아니하겠고 달려갈 때에 실족하지 아니하리라 훈계를 굳게 잡아 놓치지 말고 지키라 이것이 네 생명이니라(잠 4:5-13)

나의 발을 높이시는 하나님의 은혜

지혜의 영은 승진을 가져온다. 은혜란 은총이며, 당신이 할 수 없는 것을 가능케 하는 초자연적인 능력을 의미한다. 나는 항상 이런 은총을 받았었다. 불과 얼마 전까지만 해도 그저 '행운이 많은 그리스도인인가 보다'라는 식으로 생각하였던 것이 사실이다. 어느 날 한 성도가 찾아와 다음과 같이 말했다.

"키이스 목사님께 제가 경주마 한 마리를 선물로 드리고 싶은데요."

나는 느닷없는 경주용 말 선물제안에 "저에겐 그런 경주마가 필요가 없어요"라고 사양했다.

"아니, 말 관리는 조금도 신경 안 쓰셔도 됩니다. 저희가 먹는 것까지 다 관리해 드리겠어요. 단지 말 안장에다 목사님 이름만 좀 새겨두면 됩니다."

"아니, 왜 제 이름을 새기겠다는 겁니까?"

"그건 키이스 목사님 손이 닿는 곳마다 모든 일이 형통하기 때문이죠!"

이것은 바로 하나님의 은총 때문이다. 이것이 보잘 것 없는 비즈니스 사업가였던 나를 친히 불러주시고 사용해주신 하나님의 은혜임을 나는 너무나 잘 안다. 특별히 심각한 가난으로 고통스런 유년시절을 보냈던 나로서는 이러한 물질적 축복을 주시는 하나님의 사랑이 너무나 감격스럽기만 하다. 초등학교 시절 나는 입을 옷이 너무나 부족하여 툭하면 동네의 이웃집 빨랫줄에 걸린 옷들을 훔쳐 입곤 했다. 한두 번 훔친 것이 아니었기 때문에 결국 나의 도둑질은 반에서 들통이 나고 말았다. 학교에 가서 친구들로부터 다음과 같은 질문을 듣는다는 것이 얼마나 수치스러운 일이었겠는가? "야, 네가 왜 내 옷을 입고 있는 거야? 우리 집 옷이 매일 사라진다 했더니 네가 훔쳤구나! 내 옷 내놔!" 동갑내기 친구들 앞에서 느낀 치욕과 수치는 정말 매우 큰 고통이었다.

그뿐만이 아니었다. 새벽 4시쯤 나는 상가 앞에 쌓인 물건들을 훔치곤 했다. 덕택에 이런 식으로 죄를 짓고 사는 것이 얼마나 마음에 큰 두려움들을 주는지 나는 잘 안다. 이 모든 것들은 가난이 너무 싫어서 그것을 이겨보고 싶었던 나의 작은 몸부림들이었다. 그것을 불쌍히 여기신 하나님은 나를 영접하여 주셨고, 그 후에도 큰 사업번창으로 나의 마음을 위로하여 주셨다. 이 과정을 통해 많은 부가 쌓였다. 주님은 정말 좋으신 분이다.

하나님은 더욱 큰 은혜를 주셔서 더 이상 돈이 내 기쁨의 제목이 아니라는 사실을 깨닫게까지 하셨다. 많은 돈을 모았건만 나는 깊어만 가는 마음의 공허함을 잠재울 길이 없었다. 마침내 나는 모든 재산을 정리했고, 주님 앞에 온전히 헌신하였다. 지금 내가 누리는 기쁨은 은행에 저축해 둔 돈이 결코 줄 수 없는 것임을 나는 잘 안다. 성령께서 주신 하나님 나라의 기쁨을 나는 결코 재물이 주는 기쁨과 바꾸지 않을 것이다.

생명의 해를 길게 하는 하나님의 지혜

하나님의 지혜로 사는 삶이 인생의 연한을 길게 해준다는 사실을 아는가? 언젠가 주님께서 다음과 같이 말씀하셨다. "키이스, 내 자녀들이 삶의 스트레스와 염려라는 독소 때문에 건강을 잃고, 또 필요 없이 단명하는 것이 나는 너무나 안타깝다. 이들이 나의 성령의 지혜의 말을 받으면 그 염려는 사라질 것이다." 이것은 참으로 옳은 말씀이었다.

잠언 4장 10절에 "내 아들아 들으라 내 말을 받으라 그리하면 네 생명의 해가 길리라"는 말씀이 있다. 하나님의 지혜로 사는 사람은 그 생명의 해가 길어진다는 것이다. 사람이 갖게 되는 스트레스, 염려, 긴장, 초조, 불안

등은 모두가 스스로의 힘으로 인생을 경영하고자 하는 데서 시작된다.

하나님은 각 사람을 향한 구체적인 계획을 가지고 계시다. 그 계획은 우리가 상상할 수조차 없는 큰 일들이다. 이 하나님의 계획을 이루기 위해 우리는 하나님만을 전적으로 의뢰해야 한다. 그러나 우리가 자신의 힘에 의존하는 한 우리는 필연적으로 지치고 힘들고 쓰러지고야 만다. 반가운 소식은 바로 이 순간 하나님의 개입하심이 시작될 수 있다는 사실이다. 우리가 삶의 고삐를 붙잡고 달리며, 하나님은 결코 개입하실 수 없다. 그러나 더 이상 우리 자신이 인생의 적절한 경영자가 될 수 없음을 알고 삶의 권좌에서 내려올 때 하나님의 개입이 시작된다. 우리는 진정 그분의 지혜 안에서 살아갈 수 있다! "나의 멍에를 메고 내게 배우라 그리하면 너희 마음이 쉼을 얻으리니 내 멍에는 쉽고 내 짐은 가벼움이라"(마 11:29-30).

은혜라는 보배로운 장식물

"이는 네 머리의 아름다운 관이요 네 목의 금사슬이니라"(잠 1:9). 하나님이 말씀하신다. "네가 나의 지혜를 따르려느냐? 그렇다면 너의 머리에 아름다운 은혜의 장식으로 내가 덧입혀주리라. 네가 어느 곳으로 가든지, 나의 은혜가 너에게 아름다운 지혜의 관을 씌워 주리라." 창조자의 지혜를 따르는 우리들에게 부어질 하나님의 은혜들을 기뻐하라.

은혜(grace)는 우리가 행할 수 없는, 이룰 수 없는 것들을 우리에게 가져다준다. 그것이 바로 은혜의 본질이다. 은혜는 우리의 부족한 분량을 채워서 하나님의 온전하심을 누리게 하는 아름다운 선물이다. 그래서 하나님의 은혜 안에는 모든 어려운 일들을 쉽게 만드는 힘이 있다. 바울은 디모데에게 "내 아들아 그러므로 너는 그리스도 예수 안에 있는 은혜 가운데 강하고"(딤후

2:1)라고 말하였다. 여기서 '강하다'라는 말은 '은혜 안에 있는 하나님의 능력'을 덧입은 사람이 된다는 뜻이다. 하나님의 지혜를 따라 행하는 사람에게는, 사람의 능력이 아니라 하나님의 능력이 뒤따르게 된다.

성령의 권능이 아니라 인간의 힘을 의존하여 살아갈 때마다 우리에게 찾아오는 현상은 '사는 게 여간 쉽지 않다는 깨달음'이다. '이토록 고생을 하고 주님을 높였는데, 왜 주님이 나를 통하여 영광을 받지 못하시는 것이냐'는 탄식이 가득하게 된다. 나는 그런 인간적인 일들에 지칠 만큼 지쳤다. 내가 원하는 것은 오직 하나님만이 하실 수 있는 것을 보는 것이다.

하나님의 지혜는 성령님을 따르는 당신의 발을 높여 주실 것이며, 당신의 머리에 영화롭고 아름다운 은혜의 관을 씌워주실 것이며, 그로 인해 당신의 삶 속에 하나님의 영광이 빛나게 하실 것이다.

시내 산에서 내려온 모세는 자신의 얼굴에 임한 하나님의 영광을 베일로 가려야만 했다. 모든 사람이 그 영광을 보고 심히 두려워했기 때문이다. 모세는 결코 이 영광을 위하여 얼굴을 어떻게 가꾸어야 하는지 고민하지 않았다. 그렇다. 하나님의 은혜의 영광을 경험한 사람은 반드시 그 영광으로 빛나게 되어 있다. 당신의 삶에 이 은혜의 영광이 임한다면 어떤 사건들이 발생하게 될지를 생각하여 보라. 하나님의 성품이 녹아든 당신의 삶을 보면서 이 세상이 무엇이라 말하겠는가?

평강과 지혜

잠언 3장은 하나님의 지혜의 유익에 대하여 그 어떤 책보다도 깊은 진리를 담고 있다.

지혜를 얻은 자와 명철을 얻은 자는 복이 있나니 이는 지혜를 얻는 것이 은을 얻는 것보다 낫고 그 이익이 정금보다 나음이니라 지혜는 진주보다 귀하니 네가 사모하는 모든 것으로도 이에 비교할 수 없도다 그 오른손에는 장수가 있고 그 왼손에는 부귀가 있나니 그 길은 즐거운 길이요 그의 지름길은 다 평강이니라 지혜는 그 얻은 자에게 생명나무라 지혜를 가진 자는 복되도다 여호와께서는 지혜로 땅에 터를 놓으셨으며 명철로 하늘을 견고히 세우셨고 그의 지식으로 깊은 바다를 갈라지게 하셨으며 공중에서 이슬이 내리게 하셨느니라(잠 3:13-20)

그리스도인의 가장 중요한 특징으로 하나만 뽑으라면 무엇을 말하겠는가? 바로 '평안, 평화'(peace)라고 할 수 있다. 하나님을 믿는 성도가 삶 속에서 '평안'히 거할 수 있는 이유는 하나님께서 그 어떤 일도 우리 스스로의 힘으로 행하라고 하신 법이 없기 때문이다. 하나님의 모든 지혜 안에 거하는 삶을 시작하는 순간, 당신은 감정적으로 반응하는 상태에서 벗어나 평안 가운데 거하게 될 것이다.

예수님도 지속적인 지혜의 영의 흐름 가운데에서 사역하셨다. 예수님의 말씀과 여러 행적들은 실로 많은 사람들을 놀라게 하였다. 사도 요한은 "예수께서 행하신 일이 이 외에도 많으니 만일 낱낱이 기록된다면 이 세상이라도 이 기록된 책을 두기에 부족할 줄 아노라"(요 21:25)고 말하였다. 예수님은 열매 없는 무화과를 꾸짖어 시들게 하셨고(마 21:19-20), 광풍이 이는 갈릴리 바다를 잠잠하게 하셨다(막 6:51). 또 권세 있는 음성과 지혜의 말로 사악한 마음을 품고 예수님을 대적한 바리새인들에게 대응하셨다. "이에 예수께서 이르시되 가이사의 것은 가이사에게, 하나님의 것은 하나님께 바치라 하시니 그들이 예수께 대하여 매우 놀랍게 여기더라"(막 12:17).

이 결과 모든 사람들이 예수님의 가르치심 안에 담긴 권세와 깊은 진리로 인해 크게 놀라게 되었다(눅 4:32). 죽은 자를 살리시고, 중풍병자, 장님, 혈루병 환자, 앉은뱅이, 문둥병 환자 등 실로 수많은 이들이 육신의 질병으로부터 나음을 입었다. 요한의 말대로 실로 예수님의 모든 행적을 일일이 다 기록한다면 그것을 다 책으로 엮는 것이 불가능할 정도일 것이다.

"스데반이 지혜와 성령으로 말함을 그들이 능히 당하지 못하여"(행 6:10)라는 말씀을 통하여 우리는 성령으로 충만한 스데반 집사의 모습을 본다. 스데반의 말씀선포에 성령의 지혜가 얼마나 강하게 역사하였는지 위의 말씀만으로도 가늠할 수 있다. 이것이 바로 예수님께서 제자들에게 주신 지혜의 능력이다. "내가 너희의 모든 대적이 능히 대항하거나 변박할 수 없는 구변과 지혜를 너희에게 주리라"(눅 21:15).

스데반은 결코 자신의 감정적 반응에 근거하여 말하지 않았다. 죽음의 위협이 최고조에 이르는 위험의 순간에도 스데반의 입술에 불같은 확신과 담대함이 있었던 것은 오직 그의 삶의 중심에 있었던 하나님의 지혜가 주는 평강의 능력이었다. 이 평강의 마음에서 나오는 스데반의 담대한 말들은 마치 하늘의 진리의 불기둥과 같이 사람들의 마음을 찔렀을 것이다. "주 여호와께서 학자의 혀를 내게 주사 나로 곤고한 자를 말로 어떻게 도와줄 줄을 알게 하시고 아침마다 깨우치시되 나의 귀를 깨우치사 학자들같이 알아듣게 하시도다"(사 50:4).

지혜의 성령의 인도하심을 받을 때마다 많은 사람들이 그리스도의 은혜 앞으로 나아오게 될 것이다. 다니엘서에 다음과 같은 말씀이 있다. "지혜 있는 자는 궁창의 빛과 같이 빛날 것이요 많은 사람을 옳은 데로 돌아오게 한 자는 별과 같이 영원토록 빛나리라"(단 12:3).

현명한 삶

하나님의 자녀들은 정녕 이 세상의 그 누구보다도 지혜롭고 현명해야 한다. 이것은 지식을 많이 알고, 발 빠르게 계산을 잘 하라는 말이 아니다. 이 말은 성령 안에서 나오는 지혜의 영의 실재를 경험하라는 것이다. 너무나 오랫동안 우리는 성령 안에서 '지혜 얻기'를 게을리해왔다. 그 결과 수많은 그리스도인들이 과거에 대한 후회, 혹은 잘못된 겸손 속에서 살아간다. "아, 그 때 내가 왜 그 생각을 하지 못했던가? 조금만 생각을 달리 할 걸." "아뇨, 제가 뭘 알겠어요? 그냥 두죠, 뭐."

무심코 내뱉는 이런 말들은 우리 안에 계신 성령님의 존재를 무시하고, 그분을 심히 근심케 하는 언어들이다. 하나님의 성령을 소유한 당신은 그 어떤 불신자들보다도 유리한 입장에 서 있는 사람임을 아는가? "그러나 내가 너희에게 실상을 말하노니 내가 떠나가는 것이 너희에게 유익이라 내가 떠나가지 아니하면 보혜사가 너희에게로 오시지 아니할 것이요 가면 내가 그를 너희에게로 보내리니"(요 16:7).

느헤미야 9장 20절은 내가 가장 사랑하는 성구 중 하나이다. "또 주의 선한 영(성령)을 주사 그들을 가르치시며." 하나님이 우리에게 주신 최고의 선물은 바로 그분의 영 곧, 성령이시다. 이 성령이 하시는 일이 바로 우리에게 진리를 '가르치시는 일'(instruct)이다. '가르치다'라는 말의 원어적 의미는 '화살을 쏘아 명중시키다, 탁월한 명철로 길을 인도하다'라는 뜻이 있다. 우리는 모든 진리들을 주관하시며 모든 만물들을 있게 하신 하나님의 성령의 지혜 안에 거해야 한다.

그리스도인은 그 누구보다도 탁월한 능력과 지혜의 영역 안에서 삶을 살아가는 사람들이어야 한다. 이것은 세상의 기초가 놓이기 전부터 우리의 삶의 목적을 예비하신 창조자 하나님의 지혜의 성령을 소유한 사람들이 바로 우리이기 때문이다.

하나님의 지혜의 인도하심을 받기 시작할 때, 친구들과 이웃이 당신의 삶을 주목하게 될 것이다. 성령님은 언제나 우리를 통하여 하나님의 영광을 나타내는 일을 행하기 원하신다. 더 이상 인간의 얄팍한 지식이나 교육에 의존하지 말아야 한다. 하나님의 지혜의 성령을 누릴 수 있는 이 놀라운 특권은 모든 믿는 자들에게 주어져 있다. 일곱 살 어린아이든, 칠순이 훌쩍 넘은 노인이든 지혜의 영은 모든 믿는 자들에게 부어질 수 있다. 성령의 충만함을 받기 원하는 모든 이들에게 그분의 임재의 분명한 증거를 보여주실 성령님을 찬양한다.

하늘의 청사진과 우리를 향한 하나님의 계획

당신은 지혜의 강에서 날마다 살아가는 것을 시작할 수 있다. 하나님으로부터 시작되는 모든 과정들은 당신을 위해 최선으로 설계된 천국의 청사진을 따라가게 하며, 당신이 가장 지혜로운 집을 세우는 자가 되도록 한다.

> 내가 주께 감사하옴은 나를 지으심이 심히 기묘하심이라 주께서 하시는 일이 기이함을 내 영혼이 잘 아나이다 내가 은밀한 데서 지음을 받고 땅의 깊은 곳에서 기이하게 지음을 받은 때에 나의 형체가 주의 앞에 숨겨지지 못하였나이다 내 형질이 이루어지기 전에 주의 눈이 보셨으며 나를 위하여 정한 날이 하루도 되기 전에 주의 책에 다 기록이 되었나이다 하나님이여 주의 생각이 내게 어찌 그리 보배로우신지요 그 수가 어찌 그리 많은지요 내가 세려고 할지라도 그 수가 모래보다 많도소이다 내가 깰 때에도 여전히 주와 함께 있나이다(시 139:14-18)

우리의 하루하루가 주의 책에 다 기록되어 있다는 이 말씀은 얼마나 놀라운 말씀인가? 다음에 소개하는 에베소서와 요한복음의 말씀을 읽어보라.

우리는 그가 만드신 바라 그리스도 예수 안에서 선한 일을 위하여 지으심을 받은 자니 이 일은 하나님이 전에 예비하사 우리로 그 가운데서 행하게 하려 하심이니라(엡 2:10)

이제부터는 너희를 종이라 하지 아니하리니 종은 주인이 하는 것을 알지 못함이라 너희를 친구라 하였노니 내가 내 아버지께 들은 것을 다 너희에게 알게 하였음이라 너희가 나를 택한 것이 아니요 내가 너희를 택하여 세웠나니 이는 너희로 가서 열매를 맺게 하고 또 너희 열매가 항상 있게 하여 내 이름으로 아버지께 무엇을 구하든지 다 받게 하려 함이라(요 15:15-16)

진정 하나님이 친히 예비하신 청사진을 보고 싶은가? 그분의 영원한 청사진을 따르기 위해 지혜가 필요한가? 지혜의 강은 당신을 그 청사진으로 인도할 것이다. 지혜는 이 땅의 어떤 재물과 부요보다 귀하다. "대저 지혜는 진주보다 나으므로 원하는 모든 것을 이에 비교할 수 없음이니라"(잠 8:11).

지혜의 영을 다른 이들에게 나누는 일

텍사스 오스틴의 한 교회의 예배에서 이번 장에 기록한 메시지로 설교를 전한 적이 있었다. 말씀을 마친 후 나는 이렇게 말하였다. "이와 동일한 성령의 지혜의 영이 지금 이 자리에 계신 여러 성도 모두에게 부어지게 해 달라고 주님께 간구하겠습니다." 말씀이 끝나자마자 나는 약속한 내용 그대로 기도드렸다.

그날 청중 가운데는 건물임대료를 겨우 낼 수 있을 정도로 사업에 어려움을 겪고 있는 자영업자가 있었다. 그날 성령의 지혜의 영을 얻은 그는 컴퓨터 부품을 수리하여 재판매하는 업종으로 사업을 전환하였고, 그 이후 실로 주문량을 일일이 따라가지 못할 정도의 엄청난 진전을 보게 되었다. 얼마 후, 그는 나에게 찾아와 고아원 건립에 필요한 건축비로 써달라며 15,000불이 적힌 수표를 전해주었다. 곤궁 가운데 몰렸던 자신의 사업을 하늘의 지혜로 축복하신 하나님의 은혜에 대한 작은 감사의 나눔이라는 말도 덧붙였다.

그 외에도 그날 기도를 받은 사람들 중에는 사역과 사업 등이 이전의 수십 배 이상으로 성장하는 기적들을 경험하는 사람들이 많았다. 심지도 않은 것을 거둘 수 있는 사람은 없다. 이것은 심은 것은 반드시 거둘 수 있다는 축복의 말이기도 하다. 모든 성도는 성령의 지혜의 강물의 충만함 안에서 살 수 있는 축복을 받은 자들이다. 성령의 지혜는 참으로 실재하는 것이며, 그 일에 인간의 모든 요령과 경험과 방법을 무색케 하는 창조의 능력이 있다.

동일하신 지혜의 성령께서 지금 당신의 삶을 새로운 영적 지경으로 인도하기를 원하신다. 이 성령의 지혜의 영을 달라고 지금 이 자리에서 바로 기도를 드리고자 한다. 성령님은 이 땅의 누구도 흉내낼 수 없는 지혜의 하나님이시다. 하늘과 땅의 모든 일들을 밝히 아시는 성령님 안에서 우리는 아버지의 보좌 앞으로 나아가게 된다. 성령님 안에서 모든 지혜의 마침이 되시는 하나님 아버지의 보좌 앞으로 나아가게 되는 것이다. 모든 것을 아시는 성령님 안에서 어찌 새로운 축복이 창조되지 않겠으며, 막히고 끊어진 길들이 열리지 않겠는가? 모든 것을 아시는 성령께 나아가 그분의 생각과 말씀을 듣게 되기 바란다. 이를 위해 다음의 기도를 믿음의 확신 가운데서 큰 소리로 선포하기 바란다.

하나님, 지금 이 땅에서의 인생을 위하여 준비하신 주님의 계획에 저의 삶을 완전히 합치시키고자 이 자리로 나왔습니다. 주님으로 인해 권능을 얻게 하실 성령님 안에 거하게 될 것입니다. 지혜의 영 안에 있음으로 우리는 권능이 충만한 생명의 열매들을 맺을 것입니다. 탁월한 지혜의 건축가와 같이 우리는 지혜자의 집을 건축해 갈 것입니다. 불에 타버릴 나무나 풀이 아닌 금과 은으로 단단한 집을 짓게 될 것입니다.

하나님의 가장 깊은 것을 통달하시는 성령님께서 우리에게 그분의 생각들을 계시하실 것입니다. 나아가 그 뜻을 이룰 수 있게 하는 하나님의 지혜를 우리에게 부으실 것입니다.

아버지의 성령을 따라 가르침을 받고 인도함을 받는 하늘의 자녀로 저희를 불러 주신 것에 진심으로 감사를 드립니다. 우리의 발걸음을 인도하시는 분은 성령님이십니다. 성령님 때문에 우리의 삶은 스스로 지혜롭다 하는 자들의 어리석음을 드러낼 것입니다.

이 한 해는 하나님의 나라에 그 어떤 날보다도 놀라운 일들이 일어나는 해가 될 것임을 믿음 안에서 선포합니다. 주님이 행하실 일들로 인해 우리 모두가 놀라게 하소서. 주님, 우리가 하나님의 지혜의 성령님을 모심으로 인하여 주님께서 저희의 인생의 해를 길게 하시고, 우리 머리에 영광의 관을 씌우실 것에 대하여 감사드립니다. 저희에게 생명의 평안과 안식을 주시는 것에도 감사를 돌립니다. 이제 더 이상 저의 힘과 능력으로 살지 않고, 오직 주님의 성령의 지혜를 따라가겠습니다.

주님, 과거 그 어느 때보다도 더욱 명확하고 풍성한 영적 계시로 저를 가르쳐 주시니 감사드립니다. 하늘의 풍성함을 볼 수 있는 진리를 보여주셔서 감사드립니다. 저에게 주신 이 놀라운 가르침들이 구체적인 열매로 결실되게 하여 주소서. 이전에 볼 수 없었던 불가능했던 일들이 이 해에는 30배, 60배, 100배의 축복으로 열매 맺도록 역사하여 주소서. 전능하신 예수 그리스도의 이름으로 기도합니다. 아멘.

Chapter 10
Surrender to the Spirit

지혜의 영 II

제사장의 옷을 지으시는 하나님의 지혜

출애굽기 28장 2절에서 하나님은 모세에게 아론과 제사장들이 입을 옷을 만들라고 명하셨다. "네 형 아론을 위하여 거룩한 옷을 지어 영화롭고 아름답게 할지니." 이 제사장의 의복은 이 세상의 그 누구에 의해서도 만들어진 적이 없는 매우 독특한 옷이었다. 이 제사장 의복에 대한 말씀이 있기 전까지는 아마도 거무스름한 옷들을 걸치고 제사장의 직분을 수행했을 것이라는 상상을 해본다. 물론 그런 옷은 하나님의 신적 성품과 그분을 향한 예배의 거룩함을 드러내기에는 너무나 부족한 의복이었을 것이다.

이 명령의 말씀을 들은 모세가 아마도 속으로 이런 궁금증을 품었을지도 모르겠다. '저는 이런 옷을 지어본 적이 단 한 번도 없습니다. 도대체 어떻게 이런 옷을 지으라는 말씀이십니까? 어떻게 아무런 식양도 없는 옷을 만들라는 말씀이십니까?'

모세의 이런 궁금증을 알기라도 하셨다는 듯이 하나님은 다음과 같은 말씀을 통해 제사장들의 옷을 지을 만한 사람을 찾으라고 하셨다. 곧 '지혜의 영으로 채워진 자'들의 손을 통하여 그렇게 하라고 하셨다. "너는 무릇 마음에 지혜 있는 모든 자 곧 내가 지혜로운 영으로 채운 자들에게 말하여 아론의 옷을 지어 그를 거룩하게 하여 내게 제사장 직분을 행하게 하라"(출 28:3).

하지만 아무리 지혜 있는 자들이라고 해도 제사장복 제작에 대한 준비된 생각이 있었을 리 만무했다. 그래서 하나님은 이어지는 말씀들을 통하여 자세하게 옷 짓는 방법을 설명하셨다. 옷을 짓는 전 과정을 어쩌면 이렇게 구체적이고도 자세하게 말씀하실 수 있는지가 그저 놀라울 뿐이다. "그들이 쓸 것은 금실과 청색 자색 홍색실과 가늘게 꼰 베실이니라"(출 28:5). 하나님은 심지어 사용될 실의 색깔까지 구체적으로 지시하셨다.

제사장의 의복을 제작했던 장인들에게 필요했던 것은 바로 지혜의 영(Spirit of Wisdom)이었다. 지혜의 영은 일회적으로 하나의 말씀을 듣고 끝나는 것에서 그치는 것이 아니라, 성령 안에 있는 자들의 삶을 '지속적으로' 인도해가는 성령의 임재를 말한다. 지혜의 영은 하나님이 지시하시는 말씀 안에서 우리의 삶을 지속케 하는 창조적 능력이 된다. 이 성령의 지혜의 영이 당신의 삶 속에 넘치는 강물처럼 충만케 되기를 원하는가?

하나님은 계획하신 일은 반드시 이루시는 분이다. 하나님은 반드시 그분의 주권적인 계획들을 성취하시는 분이다. 우리는 이 사실을 잊지 말아야 한다. 하나님은 또한 그분의 말씀을 성취하심에 있어 그 누구의 능력이나 지혜에도 의지하지 않으신다. 하나님은 그분의 일에 적합한 지혜와 능력을 우리에게 친히 부으심으로써 그 뜻을 성취하시는 분이다. 하나님은 당신에게 지혜의 영을 주기 원하시며, 그럼으로써 당신으로 하여금 그분이 맡기신 주님의 일들을 감당하게 하실 것이다. 하나님은 당신의 능력으로는 불가능해 보이는 일을 하도록 부르신 것을 사랑하신다. 당신의 주변 사람들은 놀라며 이렇게 말할 것이다. "이 사람이 어디서 이런 지혜와 권능을 얻었단 말인가?" 예수님의 권능을 보고 사람들이 발하였던 감탄의 말이 바로 이것이었다.

여호수아가 가졌던 지혜

여호수아야말로 하나님의 영광 안에 거하기를 그 누구보다 사랑했던 사람임을 알 수 있다. "사람이 자기의 친구와 이야기함 같이 여호와께서는 모세와 대면하여 말씀하시며 모세는 진으로 돌아오나 눈의 아들 젊은 수종자 여호수아는 회막을 떠나지 아니하니라"(출 33:11).

청년이었던 여호수아는 하나님의 장막을 떠나기를 원치 않았다. 그는 하나님의 영광의 위엄과 깊이, 하나님의 성품과 능력을 경험하였던 사람이다. 그는 하나님의 충만하심과 그분의 본질적인 임재를 알았다. 그러나 그가 약속의 땅으로 백성들을 인도해야 하는 시기가 되었을 때, 단지 하나님의 영광에만 의존하지 않았다. 내가 발견한 흥미로운 말씀은 바로 그에게 '지혜의 영'이 필요했다는 것이다. "모세가 눈의 아들 여호수아에게 안수하였으므로 그에게 지혜의 영이 충만하니 이스라엘 자손이 여호와께서 모세에게 명하신 대로 여호수아의 말을 순종하였더라"(신 34:9).

나는 우리가 주님 안에서 새로운 시대와 계절로 들어가고 있다고 믿는다. 그것은 주님께는 새롭지 않지만, 우리에게는 새로운 시기이다. 바로 지금 교회는 지혜와 총명의 영 안에서 운행하는 것이 필요하다! 우리는 우리의 능력이 아닌 오직 지혜의 영으로 인도함을 받는 기준들을 세워가는 것이 필요하다. 이것은 어떠한 정보나 성공적인 수행을 의미하는 것이 아니다. 그것은 바로 강한 리더십과 권위를 풀어내는 성숙한 능력과 총명에 관한 것이다.

모세의 장막 건축

구약시대 전체에 걸쳐 이뤄진 중요한 하나님의 사역들은 모두 지혜의 영의 공급 없이는 이루어질 수 없었다. 이것은 모세를 통해 건축된 광야의 성막에도 동일한 원리로 적용되었다.

> 하나님의 영을 그에게 충만하게 하여 지혜와 총명과 지식으로 여러 가지 일을 하게 하시되 금과 은과 놋으로 제작하는 기술을 고안하게 하시며 보석을 깎아 물리며 나무를 새기는 여러 가지 정교한 일을 하게 하셨고 또 그와 단 지파 아히사막의 아들 오홀리압을 감동시키사 가르치게 하시며 지혜로운 마음을 그들에게 충만하게 하사 여러 가지 일을 하게 하시되 조각하는 일과 세공하는 일과 청색 자색 홍색실과 가는 베실로 수놓는 일과 짜는 일과 그 외에 여러 가지 일을 하게 하시고 정교한 일을 고안하게 하셨느니라(출 35:31-35)

하나님은 모세에게 성막의 주요 부분들을 그분의 방식에 맞게 제작할 숙련된 사람들을 알려주셨다. 그리고 선발된 모든 이들에게 하나님의 지혜와 총명을 부어 주셨다. 당신의 삶을 향한 청사진은 지혜와 총명이 없으면 결코 이루어낼 수 없다. 하나님은 그분의 나라를 위해 당신의 능력으로 행하라고 하지 않으신다. 세상의 지혜는 하나님의 과업을 이루는 데 적합하지 않다. 그분의 지혜는 세상의 가장 현명한 자들을 혼동케 할 것이다. 세상은 지혜의 영으로 하나님의 능력을 나타내는 사람들로 인해 놀랄 것이고, 그들을 질투하게 될 것이다.

나는 나를 향한 하나님의 계획이 무엇인지를 아는 것으로 만족하지 않는다. 또한 예언의 말씀 자체로만 살아가기를 원하지 않는다. 나는 예언이나 청사진을 얻기 원하고, 무엇보다도 그것이 성취되는 것을 보기 원한다. 하나가 이루어지면, 하나님의 계획하신 그 다음 단계의 청사진이 이루어지는 것을 갈망한다. 당신도 나와 동일하지 않은가?

지혜의 영은 우리의 삶 속에서 이 모든 것이 이루어지도록 할 것이다. 지혜의 영은 당신에게 능력을 준다. 그것은 바로 당신이 가진 능력을 초월하는 것이며, 하나님께서 이루어내라고 말씀하신 일들을 위해 당신에게로 흘러나가는 능력이다. 지금 당신의 삶 속으로 성령의 지혜의 영의 강물이 넘쳐 흘러 당신의 발에서 무릎으로, 무릎에서 허리로, 허리에서 온몸으로 충만하기를 원하지 않는가?

사람의 방식이 아닌 하나님의 방법을 따라 성령 안에서 주님의 교회를 다시 세워나갈 때가 다가왔다. 더 이상 인간의 지혜와 탁월함에 의존하는 것이 아니라, 하늘로부터 임하는 청사진을 받아 들고 주님의 교회를 새롭게 세워 나가야 한다. 이 놀라운 영적 변화들이 몇 년 안에 온 열방의 교회 위에 임하게 될 것이다. 주님은 스스로 지혜롭다 여기는 자들을 크게 놀라게 하실 새 일을 행하실 것이다.

우리는 사람의 방법이 아닌, 천국의 청사진으로 새롭게 세워야 한다. 천국의 사람들은 이런 것들이 인간이 해낼 수 없는 일임을 알고 있다. 앞으로 다가올 몇 년 동안 교회와 사역단체들을 주시하여 보라. 그들 가운데 위대한 일들이 실제로 일어날 것이다. 그곳에서는 배가하는 지혜의 영이 운행하는 것을 보게 될 것이다. 주님은 세상에서 스스로 지혜로운 자들을 혼동케 하시는 일을 시작하기 원하신다.

가르치는 지혜

"또 그와 단 지파 아히사막의 아들 오홀리압을 감동시키사 가르치게 하시며." 이것은 성막건축에 쓰임받았던 오홀리압을 성령께서 감동하심으로 여러 필요한 일들을 가르치는 지혜를 부어주셨다는 출애굽기 35장 34절의 말씀이다. 여기서 잠시 성막건축의 일을 뒤로 하고, '(여호와께서) 감동시키사 가르치게 하셨다'는 후반절 말씀에 초점을 맞추어 보자.

이 말씀대로, 하나님의 진리를 가르치는 일은 오직 하나님의 감동케 하심으로만 가능한 것이다. 진리를 가르치는 일이란 결국 무엇인가? 그것은 하나님께서 우리 마음속에 부어주신 것을 선포하는 것이다. 하나님이 알려주신 지식이기에 당신의 입을 통해 나오는 말에는 누구나 이해할 수 있는 '명료함'이 있을 것이다. 하나님은 당신이 지혜의 영을 가르치도록, 사람들에게 지혜에 대해 명확하게 표현하도록 당신을 준비시키실 수 있다. 이 감동하심은 때로는 주체할 수 없는 불같은 마음의 열정으로 나타날 수 있다. 하지만 때로는 가르치는 일에 익숙하지 못하여 크게 망설일 수도 있을 것이다. 하나님의 말씀을 나누는 일이 너무나 부담스러워 입을 여는 순간 모든 일이 엉망이 될 것만 같은 불안함이 있을 수도 있다. 그러나 성경은 단호하게 다음과 같이 말한다. "오홀리압을 감동시키사 가르치게 하시며."

하나님께서 당신에게 동일한 일을 행하실 것이다. 성령의 이 놀라운 지혜의 영을 체험했고, 믿었던 베드로는 이렇게 말하였다. "만일 누가 말하려면 하나님의 말씀을 하는 것같이 하고"(벧전 4:11).

지금 즉시 주님께 기도하라. "주님, 제가 담대히 입을 열어 하나님의 말씀을 가르칠 수 있도록 지혜의 성령을 부어 주소서. 지혜의 생수가 저의 입을 통하여 흘러나가게 하소서."

솔로몬의 성전 건축

다윗 왕은 죽음을 눈앞에 두고 사랑하는 아들 솔로몬에게 다음과 같은 말로 여호와의 성전을 건축하라고 하였다. "그런즉 이제 너는 삼갈지어다 여호와께서 너를 택하여 성전의 건물을 건축하게 하셨으니 힘써 행할지니라"(대상 28:10). '힘써 행하라'는 말씀은 'be strong and do it'을 번역한 것인데, 'strong'이라는 말은 '담대한 용기를 가지고'라는 의미를 갖는다. 하나님의 진리가 주는 담대함 안에서 조금도 두려움 없는 사람이 되고 싶지 않은가? 이 세상은 그 어느 때보다도 하나님의 권능 안에서 행하는 교회의 모습을 원하고 있다. 이어지는 역대상 28장의 말씀을 보자.

> 다윗이 성전의 복도와 그 집들과 그 곳간과 다락과 골방과 속죄소의 설계도를 그의 아들 솔로몬에게 주고 또 그가 영감으로 받은 모든 것 곧 여호와의 성전의 뜰과 사면의 모든 방과 하나님의 성전 곳간과 성물 곳간의 설계도를 주고(대상 28:11-12)

> 다윗이 이르되 여호와의 손이 내게 임하여 이 모든 설계를 그려 나에게 알려주셨느니라(대상 28:19)

"솔로몬 나의 아들아, 이 눈부시게 아름다운 하나님의 성전 건축에 대한 청사진을 보아라. 그리고 주님을 위하여 이 성전을 건축하라." 다윗은 이렇게 말하며 19절의 말씀을 덧붙였다.

열왕기상 6장을 통하여 우리는 성전 건축에 대한 자세한 내용을 엿볼 수 있다. 이 말씀을 읽을 때마다 나를 놀라게 하는 것은 '온 우주를 창조하신 하나님께서 어떻게 이토록 작고 섬세한 사물들에 대해서까지 자세한 설명을 곁들이실 수 있는가?'라는 것이다. 말씀을 읽노라면 지루하게 나열되는 소소한 성전 기구들에 대한 내용들이 모두 비슷해 보인다. 그래서 무심히 읽거나 바로 다음 장인 7장으로 넘어가기 십상이다. 아마 여러 독자들도 크게 다르지 않을 것이다. 왜냐하면 일일이 다 기억하기도 힘든 작은 기구들의 색깔과 크기와 길이를 꼼꼼히 읽는 것이 굳이 필요 없을 것 같기 때문이다.

작디작은 사물들 하나마다 구체적인 제작법을 알려주시는 하나님의 섬세함과 꼼꼼하심은 정말 놀랍기만 하다. 하나님은 결코 작은 일들을 무시하시고, 크고 거창한 일들만을 중시하시는 분이 아니시다. 이것은 그리스도인들이 일상 속에서의 작고 평범한 일들 하나하나를 얼마나 정성껏 처리해야 하는지에 대한 좋은 영적 교훈이 된다. 이 설계를 따라 지어진 솔로몬의 성전은 정말 대단한 것이었다. 온 세상의 사람들이 한 번씩 다녀가기 원할 만큼 광대한 아름다움이 성전에 가득했다.

하나님께서 어떤 방식으로 그분의 뜻을 알려주시기를 바라는가? 지나온 시간 동안 하나님께서 친히 하늘의 꿈과 소망을 부으시며 도전하신 적은 없는가? 그때 당신은 어떻게 반응했었는가? "주님, 이것은 정말 저의 능력 밖의 일입니다. 멋진 일이긴 한데 저는 결코 아닙니다"라고 말한 적은 없는가?

거대한 성전 건축의 사명을 받은 솔로몬에게 있어서도 이 사명은 결코 인간적 지혜와 노력으로 완성될 수 있는 일이 아니었다. 그의 인간적 한계는 오직 하나님의 구체적인 지혜의 말씀으로만 극복되어야 했다. 그래서 하나님은 상세한 양식 하나하나를 말씀해 주셨고, 성전 건축에 필요한 모든 재능 있는 자들에게 하늘의 지혜를 부으셨다.

하나님은 모세에게 주신 성막 건축에 대한 상세한 청사진처럼, 다윗과 솔로몬에게 너무나 상세하게 예루살렘 성전 건축과 관련된 모든 설계와 세부사항까지도 말씀하여 주셨다. 하나님께로부터 나오는 모든 비전은 결코 사람의 지혜로 완성할 수 없는 것이다. 하나님의 비전을 받은 사람은 모두 그 묵직한 무게에 압도될 것이다. 그렇기 때문에 진정한 하늘의 비전을 만난 사람은 하나님의 장엄한 지혜의 영광 앞에 기도할 수밖에 없음을 아는 사람이다. 이런 점에서 사람의 기도의 깊이는 그가 받은 하나님의 비전의 진위 여부를 측정하는 가장 좋은 바로미터이다.

기도하는 사람은 하나님의 지혜가 결코 일회적인 사건으로 그쳐서는 안 된다는 것을 아는 사람이다. 기도의 무릎으로 나아가는 그는 지속적으로, 매순간 우리의 삶을 인도하는 하나님 나라의 지혜 안에 거하는 것만이 살 길임을 망각하지 않는 사람이다. 앞서 인용한 베드로의 말을 다시 한 번 깊이 묵상하라.

> 만일 누가 말하려면 하나님의 말씀을 하는 것같이 하고 누가 봉사하려면 하나님이 공급하시는 힘으로 하는 것같이 하라 이는 범사에 예수 그리스도로 말미암아 하나님이 영광을 받으시게 하려 함이니 그에게 영광과 권능이 세세에 무궁하도록 있느니라 아멘(벧전 4:11)

나는 하나님의 계획을 듣고 깨닫는 것을 넘어서, 그 소망을 이루고 완성하는 인생을 살고 싶다. 성경은 자녀들을 위하여 기업을 물려줄 수 있는 부모가 되라고 말한다. 나는 하나님의 청사진을 이루기 위해 최선을 다해 나의 자녀들에게 하나님의 나라에 속한 모든 고귀한 영적 기업들을 물려주고 싶다.

역대하 1장 6절 말씀에 "여호와 앞 곧 회막 앞에 있는 놋 제단에 이르러 솔로몬이 그 위에 천 마리 희생으로 번제를 드렸더라"는 말씀이 있다. 드디어 성령의 지혜 안에서 새 성전의 거룩한 모습이 '완성'된 것이다. 이 장대한 감사예배의 모습을 상상할 때마다 나의 마음은 주체할 수 없는 흥분과 감동을 맛본다. 무려 천 마리나 넘는 소들을 잡아 한 장소에서 번제 제물로 드리는 이 거대한 감사의 잔치를 상상하여 보라. 자신의 모든 한계를 뛰어넘어 역사하시는 하나님의 권능을 보기 원했던 솔로몬. 이것은 주님 안에서 하늘의 비전을 완성한 자만이 드릴 수 있는 송축의 제사였다.

고린도후서 9장 10절에 "심는 자에게 씨와 먹을 양식을 주시는 이가 너희 심을 것을 주사 풍성하게 하시고 너희 의의 열매를 더하게 하시리니"라는 말씀이 있다. 물론 본문은 물질의 씨앗을 심는 자는 물질적 축복을 열매로 풍성하게 하실 것이라는 약속의 말씀으로 볼 수 있다. 그러나 이 말씀이 궁극적으로 지향하는 바는 하나님께 믿음의 씨앗을 심고 순종으로 나아가는 자들에게 예비된 '의의 열매'에 관한 약속이다. 이것은 또 다른 축복을 확보하기 위해 조심스럽게 가진 것을 내어놓는 모습이 아니라, 가슴 한 가운데서 벅차오르는 하나님을 향한 전적인 감사의 마음을 이기지 못하여 가진 모든 소유를 기꺼이 내어놓고자 하는 진정한 경배자의 모습을 연상케 한다. 감사의 일천 번제를 드리면서 솔로몬은 다음과 같이 말했을 것이다.

"나의 아버지 다윗은 성령께서 자신에게 일러주신 모든 지혜의 말씀들을 나에게 전달하여 주었습니다. 그리고 그 양식대로 성전을 완성하라고 말했습니다. 나는 그 하늘의 청사진대로 일하였고, 오늘 성전은 드디어 완성되었습니다. 이것은 오직 하나님의 권능만이 하실 수 있는 일이었습니다."

솔로몬은 천국의 청사진을 직접 듣고 성전을 건축하였다. 이것은 인간의 지혜로운 생각이 아니라, 거룩하신 하나님의 지혜에서 나온 것이었다. 우리 시대의 교회는 바로 이 진리로 다시 회귀해야 한다. 우리가 가장 고귀한 진리에 가치를 두게 되면, 이 세상의 어떤 시스템과 방법도 우리를 유혹할 수 없다. 하나님께서 우리에게 허락하신 가장 소중한 선물은 진리 되신 예수 그리스도, 성령님의 임재이다.

이 거대한 일천 번제의 사건 직후 하나님은 솔로몬에게 친히 찾아오셔서 무엇을 얻기 원하느냐고 물어보셨다. 이미 성령의 놀라운 지혜를 맛본 솔로몬의 대답은 너무나 간단하고 분명했다. 그는 다시 한 번 하나님의 지혜 얻기를 원한다는 아름다운 소원을 말씀드렸다.

> 솔로몬이 하나님께 말하되 주께서 전에 큰 은혜를 내 아버지 다윗에게 베푸시고 내가 그를 대신하여 왕이 되게 하셨사오니 여호와 하나님이여 원하건대 주는 내 아버지 다윗에게 허락하신 것을 이제 굳게 하옵소서 주께서 나를 땅의 티끌같이 많은 백성의 왕을 삼으셨사오니 주는 이제 내게 지혜와 지식을 주사 이 백성 앞에서 출입하게 하옵소서 이렇게 많은 주의 백성을 누가 능히 재판하리이까 하니(대하 1:8-10)

여기서 '굳게 하옵소서'라는 단어를 주목할 필요가 있다. 이것은 성령의 신령한 은사를 통하여 교회를 견고하게 하기 원한다고 말했던 바울의 말을 연상케 한다. "내가 너희 보기를 간절히 원하는 것은 어떤 신령한 은사를 너희에게 나누어 주어 너희를 견고하게 하려 함이니"(롬 1:11).

바울이 말했듯이, 성령의 은사에는 사람을 '견고하게 하는' 능력이 있다. 이것을 알았던 솔로몬은 안정된 정치와 군사력을 구하지 않았다. 그가 바라는 건강과 재물과 삶의 안정이 아니었다. 솔로몬은 연약한 인간의 삶을 가장 안전케 하는 것은 오직 '여호와의 지혜'뿐이라는 것을 그 누구보다도 잘 이해했던 사람이다. 그래서 그는 '지혜'를 간구했다. 이 간구를 들으신 하나님께서 다음과 같이 말씀하셨다.

하나님이 솔로몬에게 이르시되 이런 마음이 네게 있어서 부나 재물이나 영광이나 원수의 생명 멸하기를 구하지 아니하며 장수도 구하지 아니하고 오직 내가 네게 다스리게 한 내 백성을 재판하기 위하여 지혜와 지식을 구하였으니 그러므로 내가 네게 지혜와 지식을 주고 부와 재물과 영광도 주리니 네 전의 왕들도 이런 일이 없었거니와 네 후에도 이런 일이 없으리라 하시니라(대하 1:11-12)

예수님의 지혜

안식일이 되어 회당에서 가르치시니 많은 사람이 듣고 놀라 이르되 이 사람이 어디서 이런 것을 얻었느냐 이 사람이 받은 지혜와 그 손으로 이루어지는 이런 권능이 어찌됨이냐(막 6:2)

사람들은 예수님의 가르치심 안에 담긴 지혜와 주님의 권능의 손에서 나오는 능력을 보고 크게 놀랄 수밖에 없었다. 예수님은 공생애 기간 동안 한순간도 빠짐없이 하늘에 계신 하나님의 능력과 영광과 연결되어 계셨다. 이 하나 됨이 예수님의 매일의 삶의 기초였다. 이것은 잠시 있다가 사라지는 성령의 충만과는 본질적으로 다른 것이었으며, 하나님 나라를 영화롭게 증거하신 예수님의 삶의 핵심이었다.

누가복음 24장은 예수님의 지혜에 대한 당시 제자들의 생각을 드러내고 있다. 죽음에서 부활하신 예수님은 엠마오로 가는 두 제자를 만나셨다. 그들은 예수님을 알아보지 못했다. 이들에게 예수님은 십자가 사건을 모르시는 양 말씀하셨다. "이르시되 무슨 일이냐?" 이에 제자들이 대답했다. "이르되 나사렛 예수의 일이니 그는 하나님과 모든 백성 앞에서 말과 일에 능하신 선지자이거늘"(눅 24:19). 제자들은 지난 3년 동안 가까이에서 뵈었던 예수님을 '모든 말과 일에 능하신' 분이셨다고 회고하였다. 간단한 회고 같지만 이 짧은 말씀은 진정 예수님을 가까이에서 보았던 자들의 체험을 가장 잘 요약하는 말이다.

이러한 예수님의 지혜는 공생애 기간에만 한정된 것이 아니었다. 유년 시절 예수님에 대한 짤막한 말씀을 통해 우리는 성령으로 잉태되신 예수님 안에 세상이 알지 못할 신령한 '지혜의 영'이 자리잡고 계셨음을 알 수 있다. "예수는 지혜와 키가 자라가며 하나님과 사람에게 더욱 사랑스러워 가시더라"(눅 2:52). 예수님께 단순히 지혜가 임한 것이 아니라, 그것이 매일같이 '자라났다'는 말씀을 눈여겨 보기 바란다. 이 지혜를 예수님께 부으신 분이 바로 성령님이시다. 지혜의 성령의 임재 안에서 사는 사람은 반드시 하나님과 사람에게 귀히 여김을 받게 된다는 사실을 기억하라.

바울과 지혜의 영

바울은 배운 자 중의 배운 자였다. 그는 누구보다도 많은 학문적 훈련을 받은 사람이었다. 그러나 하나님의 종으로 부르심을 받은 사역자 바울은 철저히 성령의 지혜를 의지하며 살았다. 바울은 자신의 지식이 성령의 지혜 앞에서 초라한 초등학문과 배설물에 지나지 않는다는 것을 깨달았다.

에베소 성도들에게 보낸 서신에서 바울은 "우리 주 예수 그리스도의 하나님, 영광의 아버지께서 지혜와 계시의 영을 너희에게 주사 하나님을 알게 하시고 너희 마음의 눈을 밝히사 그의 부르심의 소망이 무엇이며 성도 안에서 그 기업의 영광의 풍성이 무엇이며 그의 힘의 위력으로 역사하심을 따라 믿는 우리에게 베푸신 능력의 지극히 크심이 어떠한 것을 너희로 알게 하시기를 구하노라"(엡 1:17-19)고 기도하였다.

그에게 있어 율법과 유대교 전승에 대한 날카로운 지식들은 더 이상 아무런 가치가 없는 일이 되어버렸다. 바울은 골로새서 1장에서 다음과 같이 말하였다.

> 이로써 우리도 듣던 날부터 너희를 위하여 기도하기를 그치지 아니하고 구하노니 너희로 하여금 모든 신령한 지혜와 총명에 하나님의 뜻을 아는 것으로 채우게 하시고 주께 합당하게 행하여 범사에 기쁘시게 하고 모든 선한 일에 열매를 맺게 하시며 하나님을 아는 것에 자라게 하시고 그 영광의 힘을 따라 모든 능력으로 능하게 하시며 기쁨으로 모든 견딤과 오래 참음에 이르게 하시고(골 1:9-11)

그는 분명 하나님의 성령으로 말미암는 '신령한 지혜와 총명'의 결정적 중요성을 자각했던 사람이었다. 본문에 사용된 '채우다'는 말은 '지속적으로 채워지게 하다'라는 의미를 갖는다. 이것은 일회적으로 한 번 채워지게 하는 것과는 근본적으로 다른 것이다. 이것이 하나님의 지혜를 향한 바울의 기도의 풋대였다. 그저 한두 방울만큼 지혜를 맛보고 끝나는 것이 아니라, 차고 넘치도록 부어주시기를 원하는 것이 바울의 소원이었다.

한편으로 성령의 지혜에는 '창조의 정신'을 새롭게 하는 능력이 있다. 당신이 만약 이 지혜의 영 안에 거하게 되면 당신의 인생에는 반드시 예전에 알지 못했던 신령한 창조의 열매들이 맺히게 된다. 이것은 당신의 능력으로 인한 것이 아니라, 하나님의 성령의 능력이 역사하시는 결과이다.

거듭 말하지만 위의 골로새서 본문이 말하는 핵심은 '넘쳐나는 강물처럼 충만한 성령의 지혜 안에 거하라'는 것이다. 이 지혜 안에 거하게 될 때 우리는 하나님을 기쁘시게 하는 자들이 될 것이다. 또한 하나님의 지혜로 행하는 일들이 반드시 이루어질 것임을 아는 믿음이 생겨날 것이다. 당신은 하나님께서 보여주시는 일들을 더욱 원하게 될 것이고, 보이지 않는 것을 보게 될 것이다. 나는 예전에 이렇게 고백했었다. "주님, 주님만을 기쁘시게 하는 일이 무엇인가요? 정말 모든 선한 일에 주님의 열매가 맺히게 되기를 제가 얼마나 소망하는지 모릅니다!" 이것이 바울의 기도이자 고백이었다. "주님, 저의 영혼을 사로잡아 주의 성령의 지혜로 가득하게 하소서."

성령의 임재하심은 필연적으로 하늘의 열매를 맺게 된다. 이것이 하나님의 지혜의 영의 중요한 특징이다.

지혜의 영으로 축복을 입은 사업

나는 전기전력에 관련된 회사를 운영했었다. 복잡한 전기회로나 공학이론에 대해 아는 바가 거의 없었음에도 말이다. 사실 나는 고등학교 졸업장도 가지고 있지 못한 사람이다. 고등학교를 중퇴한 후 나는 육군에 입대하여 2년간 복무했다. 제대 후에는 전문직을 갖기 위해 동네 공립도서관에서 조금씩 공부를 하기 시작했다. 얼마 후 4년이나 걸려야 취득할 수 있는 기술사 자격증을 9개월 만에 얻었고, 이 자격증으로 전기관련 업체를 하나 차렸다. 전기와 관련된 업무 경험이 전무했음에도 불구하고 나는 그 어떤 일보다 재미를 느끼며 일을 했다. 당시 어디서 나오는 것인지도 모르는 지혜가 나를 돕고 있다는 생각이 들었다.

그러던 어느 날, 한 목장으로부터 작업 청탁이 들어왔다. 자동으로 소떼들에게 음식을 공급하는 전자제어 장치가 고장이 났다는 것이었다. 고장이 날 때마다 일을 맡기던 업자가 있었으나, 그날따라 매우 심한 눈보라 때문에 작업이 불가능하다는 말을 들었다고 했다. 수리가 가능하겠느냐는 질문을 받았을 때, 마음속으로 '아이고, 이건 내가 못 하는 건데'라는 생각이 찾아왔다. 그동안 주로 주택의 전기시설이나 전력선 정비 등만을 소규모로 고쳐왔던 나에게 큰 목장의 전자급식 제어장치를 고친다는 것은 거의 불가능한 일이었다.

이 제어장치는 일종의 컴퓨터 시스템과 같은 것이었는데, 당시의 전자기술의 한계로 그 기계는 매우 컸다. 아예 문을 열고 컴퓨터 내부로 들어갈 수 있을 정도였으니 말이다. 네 개의 큰 전력공급 장치가 있었고, 각 장치에는 수백 개의 전선들이 연결되어 있었다. 나는 결국 작업을 수락했다. 그 후 3일 동안 나는 거의 한시도 쉬지 않고 일을 했다. 그래서인지 사흘이 지난 후, 내 몸은 거의 기력이 다 쇠진된 듯했다. 그러나 여전히 해결책을 찾지 못한 상태였다. 목장 주인에게 집에 가서 잠깐 쉬었다 오겠다는 말을 하고 나는 집으로 돌아와 침대에 몸을 뉘었다. 등이 침대 시트에 닿자마자 깊은 잠에 빠져들었던 것 같다.

그날 밤 나는 꿈속에서 문제의 원인을 찾아냈다. 꿈속에서 나는 실제 기계를 고치고 있었는데, 그것은 현실과 거리가 먼 꿈이 아니라 직전에 끝냈던 작업이 그대로 연장된 것이었다. 주님은 내게 전기접촉이 좋지 않은 회로의 접합력을 높이기 위해 탄성이 더 좋은 압축 스프링을 사용하라고 말씀해 주셨다. 꿈속에서 그대로 시행하자 기계는 언제 고장이 났었냐는 듯이 활발하게 가동되기 시작했다. 아침이 되어 자리에서 일어나자마자 나는 작업장으로 달려갔다. 그리고 꿈에서 본 스프링을 삽입해 넣어 전기접착력을 높였다. 아니나 다를까 결과는 대성공이었다. 그날 나는 목장의 모든 사람들 앞에서 영웅이 되었다.

그것은 주님의 지혜의 영께서 나에게 베푸신 은혜의 결과였다. 주님의 지혜를 얻기 전까지 나는 정말 어떻게 해야 하는지 아무런 방도를 찾지 못하고 있었다. 그저 3일 동안 기계 내부를 여기저기 건드린 것이 내가 한 일의 전부였다. 그 일을 계기로 하나님의 성령의 지혜는 결코 추상적인 영적 세계의 지혜에만 국한되지 않는다는 것을 깨달았다. 주님의 지혜는 이 땅을 살아가는 하나님의 자녀들의 모든 삶의 세밀한 영역에도 적용된다는 것을 배웠다. 이날 이후 나의 사업은 급속도로 명성을 얻기 시작했고, 얼마 가지 않아 직원들의 숫자도 몇 배로 늘어났다!

이 소식을 들은 인근 전기관련 회사의 총수가 나에게 전화를 걸어오기도 했다. "어떻게 이 복잡한 문제를 해결했어요? 아니 키이스 씨는 전기전자와 관련된 전문직 훈련을 받은 것도 아니잖아요?" 궁금함을 견딜 수 없다는 듯한 그의 질문이 계속되었다. 나는 간단히 대답했다. "맞아요. 저는 그런 전문훈련을 받은 사람이 아니죠. 아무도 저에게 이번 수리에 필요한 기술정보를 자문해 주지 않았어요. 어떻게 수리가 가능했는지 아세요? 하나님의 놀라운 지혜가 저에게 모든 방법을 가르쳐 주셨습니다."

아마도 그는 이 대답을 듣고 꽤나 당황스러웠을 것이다 생각했다. 하지만 그것은 분명한 사실이었고, 나는 이것 말고는 다른 대답을 할 수 없었다. 그날 이후에도 하나님은 여러 모양과 방법으로 나에게 회사 경영과 장비 수리 등에 대한 수많은 지혜를 부어 주셨다. 이것은 매우 구체적인 계시의 말씀들이었다. 회사는 새로운 전기상품을 개발하였고, 물건은 말 그대로 불티나게 팔려 나갔다. 신상품 중에는 상수도원으로 사용하는 우물을 관리하는 전기장치가 있었는데, 이것은 당시까지 아무도 생각하지 못했던 신개념의 전기용품이었다. 이 제품은 어느 날 얻게 된 작은 아이디어를 종이에 메모하면서 시작되었다. 각 제품당 약 5백 불의 생산비가 소요되었고, 복잡한 설치과정에 필요한 용역비를 포함하여 주문당 약 3천 불에 팔려나갔다. 직원들은 밀려드는 주문량을 감당하지 못할 만큼 바쁘게 일하기 시작했고, 이 제품은 현재 미국 전역에서 사용되고 있다. 회사는 지점을 만들어야 했고, 전국에 흩어진 큰 공장업주들이 각종 전기시스템 수리를 의뢰하기 시작했다. 말 그대로 눈코 뜰 새 없을 만큼 사업이 번창하게 되었다. 이 모든 것이 나의 지식으로는 결코 불가능한 일들이었다는 것을 그 누구보다도 내 자신은 잘 알고 있다.

예상치 못한 큰 사업 성공으로 나는 지역에서 제법 알려진 사람이 되었다. 하나님은 그리스도인들이 이 세상에 유익한 영향을 미치는 인생이 되기를 바라신다. 평범함 속에 세상과 큰 구별 없이 하루하루를 살아가는 것이 아니라 무엇을 하더라도 이웃들에게 선한 유익을 끼치고, 나아가 그것을 통해 사람들의 관심을 하나님께로 돌리기를 원하신다. 또한 하나님은 이 땅에 세워진 그분의 교회들이 하나님이 어떤 분이신지를 증명하고 드러내기를 원하신다.

하나님은 교회와 사업계에 하나님 나라의 기준들을 정립하시기 위해, 아울러 예술과 음악 분야에서 다시금 리더가 되도록 교회를 회복시키기 원하신다. 어떤 크리스천은 하나님과의 다양한 예언적 만남과 경험을 통해 이미 이러한 창조적인 분야에 대한 계시를 받았다. 그들은 창조적인 지혜와 계시를 실제로 성취하기 위해 발전시키고 노력하고 있으며, 앞으로 몇년간 그들이 열매를 거두는 것을 보게 될 것이다. 나는 연료와 열에너지, 전기 분야, 또한 개발과 창조가 필요한 영역에서도 동일한 역사들이 일어날 것이라고 본다.

내가 믿기로는 앞으로 의학 분야에서도 크리스천들이 하나님이 주시는 지혜의 영으로 큰 진보와 돌파가 될 만한 업적을 남기게 될 것이다. 신명기 8장 18절에서 하나님께서 우리에게 부를 창조할 수 있는 기름부으심을 주시겠다고 약속하셨다.

하나님으로부터 오는 초자연적인 능력은 언약의 말씀을 취하여 부를 창출할 수 있는 능력이다. 하나님께서는 다가올 전 세계적 대추수를 위하여 크리스천의 손에 수백만 달러의 재정을 풀어주기 원하신다.

주님은 교회가 보이지 않는 것들이 풀어지도록 바라보게 해주는 하나님의 지혜의 영 안에서 인도되길 원하신다. 또한 앞으로 교회가 사업계와 비즈니스 분야에서 꼬리가 아닌 선두주자가 되어 그 부르심을 성취하는 것에 모두가 주목하게 될 것이다. 이 강력한 지혜의 영의 강물이 흘러가 예술, 영화, 음악, 방송, 컴퓨터 분야가 변화하도록 준비하라.

주님은 내가 이것을 처음으로 경험하기 전까지 이러한 정보들을 가르치고 나누는 것들을 허락하지 않으셨다. 이것은 어떤 지식에 대한 가르침과 전달 이상의 것이며, 내 마음에 확실한 믿음으로 다가온다.

나는 많은 크리스천들이 실제로 자신이 알고 경험한 것보다, 훨씬 더 위대한 지혜의 영역에서 구체적이고도 실제적으로 경험하게 될 것이라고 믿는다. 세상 사람들은 지혜의 영이 임한 사람들을 보며 놀라게 될 것이고, 오직 하나님께서 그 영광을 받으실 것이다. 나는 이 글을 읽는 당신에게도 하나님께서 동일한 일을 행하시길 기도한다.

기도
Pray

주님, 신명기 8장 18절의 말씀대로 하나님의 크신 지혜의 기름부으심을 주님의 자녀들에게 부으시는 것을 인하여 감사드립니다. 또한 이를 통하여 마지막 시대를 사는 모든 이들이 그리스도를 바라보게 하실 것으로 인하여 감사드립니다. 성령님, 주님의 지혜의 영을 찬미합니다. 그리고 우리에게 이 영을 부으실 것을 인하여 감사합니다. 야고보 사도가 말한 대로 저희가 주님의 지혜를 구할 때, 꾸짖지 아니하시고 후히 주실 것이라 하신 말씀에 감사드립니다.

주님의 이름으로 구하는 모든 것을 주리라 하신 말씀을 생각하며 큰 확신 가운데 이 모든 지혜의 복이 지금 이 책을 읽는 모든 형제, 자매들에게, 그리고 이 땅 가운데 세워진 모든 교회 가운데 부어지게 하소서. 저희에게 성령님의 지혜의 영을 터진 봇물 같은 충만함으로 넘치게 부어 주소서. 그리하여 저희 각 사람의 생활 속에서 주님의 영광이 드러나게 하소서. 예수님의 영광이 증거되게 하소서. 예수 그리스도의 이름으로 기도합니다. 아멘.

Chapter 11
Surrender to the Spirit

총명의 영

이번 장에서 말하는 '총명'(Understanding)이란, 여기저기 흩어져 있는 진리나 사실들을 한 곳으로 모아 하나의 '전체'로서 이해하고 깨닫는 것을 말한다. 하나님께서 우리에게 계시하시는 하늘의 청사진은 바로 하늘의 뜻을 총명하게 '이해'하는 것에서 시작할 수 있다. 성령께서 우리에게 '지혜'를 부으시면, 우리는 그것을 '이해'해야만 한다.

하나님의 영을 그에게 충만하게 하여 지혜와 총명과 지식으로 여러 가지 일을 하게 하시되 금과 은과 놋으로 제작하는 기술을 고안하게 하시며 보석을 깎아 물리며 나무를 새기는 여러 가지 정교한 일을 하게 하셨고 또 그와 단 지파 아히사막의 아들 오홀리압을 감동시키사 가르치게 하시며 지혜로운 마음을 그들에게 충만하게 하사 여러 가지 일을 하게 하시되 조각하는 일과 세공하는 일과 청색 자색 홍색실과 가는 베실로 수 놓는 일과 짜는 일과 그 외에 여러 가지 일을 하게 하시고 정교한 일을 고안하게 하셨느니라(출 35:31-35)

오랜 애굽의 노예 생활을 뒤로 하고 광야 생활을 시작한 이스라엘에게 있어 성막 내부의 식양에 대한 하나님의 말씀들은 실로 그 누구도 경험하지 못한 '새로운 일'이었다. 모든 자세한 양식을 모세에게 지시하신 하나님께서는 그 일을 이루기 위해 필요한 '지혜의 영'을 장인들에게 부으셨다. 이것만이 성막과 그 안에 놓일 모든 예배의 도구들을 만들 수 있는 창조적 지혜의 근원이 될 수 있었다. 아무도 경험이 없었기에, 과연 어떤 모습의 건축물이 될 것인가에 대해 아무런 예상을 할 수 없었을 것이다. 이러한 상황을 아셨기에 하나님은 성막건축을 위해 선택된 이들에게 '총명'의 영을 부으셨다.

총명의 영은 하달된 하나님의 청사진에 들어간 구체적인 내용들을 이해하는 섬세한 지각력을 말한다. 지혜와 총명의 영은 한 쌍을 이루는 동일한 부류의 영으로서, 일곱 등잔대의 좌우측에 대칭으로 놓여진다. 지혜와 총명의 영이 함께 결합할 때에만, 우리는 여호와의 말씀을 구현할 수 있는 단계로 들어가게 된다. 하나님은 결코 우리 스스로의 요령과 힘으로 그분의 일을 이루라고 하시지 않았다. 기억하라. 말씀을 듣고 흥분하는 것만으로는 결코 말씀을 이룰 수 있는 '능력'을 얻을 수 없다. 여호와의 말씀을 '이해'할 수 있는 '총명의 영'이 추가적으로 있어야 하는 것이다.

다니엘은 하나님 나라의 일을 그 누구보다도 특별한 열심으로 추구했던 사람이었다. 그는 예레미야 선지자를 통해 선포된 예언의 말씀들을 읽은 후, 기도와 금식 가운데에서 하나님의 임재를 간절히 구하였다.

그 때에 나 다니엘이 세 이레 동안을 슬퍼하며 세 이레가 차기까지 좋은 떡을 먹지 아니하며 고기와 포도주를 입에 대지 아니하며 또 기름을 바르지 아니하니라

(단 10:2-3)

나는 이 혼탁한 어둠의 시대에도, 다니엘이 가졌던 충성의 영으로 하늘의 뜻과 영광을 구하며 살아가는 골방의 기도자와 순종자들이 있다고 확신한다. "하나님, 주님의 음성을 듣고 주님의 영광을 만나 뵈어야 할 때가 왔습니다. 주님의 음성을 친히 듣고 싶습니다. 그리하여 제가 들은 말씀이 진정 주님의 입에서 나온 생명의 말씀임을 확신할 수 있도록 저의 마음을 붙잡아 주옵소서." 당신에게 이러한 간절한 기도가 있는가? 이에 대하여 주님께서 다음과 같은 지혜의 말씀으로 답하고 계신다. "내 아들아 네가 만일 나의 말을 받으며 나의 계명을 네게 간직하며"(잠 2:1).

다니엘은 친히 하나님의 음성을 들었다. 그러나 그는 거기서 멈추지 않았다. 많은 사람들이 하나님의 말씀을 받는 것이 사실이다. 그러나 생명의 말씀을 '받는 것'을 기뻐하는 것만으로는 결코 요단강을 건너 새로운 믿음의 영역으로 들어갈 수 없다는 것을 명심하라. 말씀을 받은 성도는 그 말씀을 스스로의 힘으로 결코 이룰 수 없다는 것을 깨달아야 한다. '지혜'의 말씀을 이해하고 깨닫게 하는 '총명'의 영만이, 우리로 하여금 우리 '안으로' 임한 말씀이 우리 밖(외부)에서 이루어지게 할 수 있다.

다니엘은 이러한 하나님 말씀 앞에 자신의 마음을 확정하였고, 그 결과 천사의 방문을 받게 되었다. 다니엘은 10장 6절에서 몸은 황옥 같고 얼굴은 번갯빛처럼 빛나는 본인이 만난 천사에 대해서 묘사하고 있다.

> 한 손이 있어 나를 어루만지기로 내가 떨었더니 그가 내 무릎과 손바닥이 땅에 닿게 일으키고 내게 이르되 큰 은총을 받은 사람 다니엘아 내가 네게 이르는 말을 깨닫고 일어서라 내가 네게 보내심을 받았느니라 하더라 그가 내게 이 말을 한 후에 내가 떨며 일어서니 그가 내게 이르되 다니엘아 두려워하지 말라 네가 깨달으려 하여 네 하나님 앞에 스스로 겸비하게 하기로 결심하던 첫날부터 네 말이 응답받았으므

로 내가 네 말로 말미암아 왔느니라 그런데 바사 왕국의 군주가 이십일 일 동안 나를 막았으므로 내가 거기 바사 왕국의 왕들과 함께 머물러 있더니 가장 높은 군주 중 하나인 미가엘이 와서 나를 도와주므로 이제 내가 마지막 날에 네 백성이 당할 일을 네게 깨닫게 하러 왔노라 이는 이 환상이 오래 후의 일임이라 하더라(단 10:10-14)

천사는 단순하게 다니엘을 방문하러 온 것이 아니라, 하나님과 영적 세계를 보다 깊게 이해할 수 있는 능력인 총명의 영을 주어, 그가 총명의 영 안에서 동행하도록 하기 위함이었다. 다니엘은 천사의 방문만을 원했던 것이 아니라, 하나님의 말씀에 대한 깨달음을 얻기를 갈망했고, 그 부르심에 대한 명확한 음성을 듣고자 했다. 주님은 그런 다니엘에게 총명의 영을 풀어주기 시작하셨다.

나는 하나님께서 과거의 방문과 임파테이션, 그리고 새로운 영역으로 들어가는 영적 전이를 포함한 영적인 경험들을 통해서, 총명과 지혜의 영을 우리에게 풀어주고 계신다고 믿는다. 내가 원하는 것은 단지 하나님의 예언적인 말씀을 아는 것이 아니다. 나는 그 말씀과 함께 동행하기 원한다! "지혜와 권능이 하나님께 있고 계략과 명철도 그에게 속하였나니"(욥 12:13).

"그의 위에 여호와의 영 곧 지혜와 총명의 영이요 모략과 재능의 영이요 지식과 여호와를 경외하는 영이 강림하시리니"(사 11:2)라는 말씀처럼, 하나님을 알게 되는 총명의 영이란, 작은 물줄기가 아닌 흘러넘치는 강과 같다.

당신의 삶이 진정 하늘에서 이룬 바 된 거룩한 영적 청사진을 이루는 통로가 되기를 바라는가? 그렇다면 다음의 잠언 말씀을 수십 번이라도 더 읽고, 그 말씀의 깊은 뜻을 이해하기를 바란다. "너는 마음을 다하여 여호와를 신뢰하고 네 명철을 의지하지 말라 너는 범사에 그를 인정하라 그리하면 네 길을 지도하시리라"(잠 3:5-6).

당신은 삶 가운데 있는 나무와 짚들을 태우고, 주님께 자신을 순전한 정금같이 드리기 원하는가? 오늘부터 이렇게 선포하기를 바란다. "주님, 이제는 온 힘을 다하여 당신께 나아가려 합니다. 제 삶에 지혜와 총명을 부어 주십시오. 저의 모든 삶과 행동이 주님을 향한 영광에서 영광으로 배가하도록 인도하여 주소서."

한편 하나님의 지혜와 총명은 우리로 하여금 진리를 가르치는 일을 가능하게 한다. "또 그와 단 지파 아히사막의 아들 오홀리압을 감동시키사 가르치게 하시며"(출 35:34). 진리를 가르치는 일이 인간의 능력이 아닌 오직 '성령'의 사역임을 믿는가? 최고의 가르침이 바로 성령의 기름부으심 안에 있음을 기억하라. 이 때문에 성령의 가르치심을 받는 일은 결코 지루한 일이 아니다. 또한 하나님께서 주시는 '총명의 영'은 우리를 향한 하나님의 뜻을 명확하게 알게 하신다.

> 이로써 우리도 듣던 날부터 너희를 위하여 기도하기를 그치지 아니하고 구하노니 너희로 하여금 모든 신령한 지혜와 총명에 하나님의 뜻을 아는 것으로 채우게 하시고 주께 합당하게 행하여 범사에 기쁘시게 하고 모든 선한 일에 열매를 맺게 하시며 하나님을 아는 것에 자라게 하시고 그 영광의 힘을 따라 모든 능력으로 능하게 하시며 기쁨으로 모든 견딤과 오래 참음에 이르게 하시고(골 1:9-11)

바울은 골로새 성도들이 어떤 지식이나 정보가 아닌, 오직 지혜와 총명을 받도록 간구했다. 바울의 메시지는 우리가 무언가를 얻고자 더듬거리지 않고, 오직 하나님을 아는 우리의 지식이 자라기를 바라는 소망이었다. 이것은 하나님 안에서 우리에게 주어진 권위이며, 그분을 향한 확신에 찬 자신감이다. 초대교회 사도들은 이 세상이 지어지기도 전부터 있었던 하나님의 영원하신 '계획'을 친히 '깨달음'으로써 담대하게 복음의 말씀을 선포하기를 소망했다. 사도들은 그저 '성경에 기록된 말씀'을 선포하는 것에서 안주하지 않았다. 그들은 자신의 입으로 나오는 진리의 말씀이 진정 무엇을 가리키는 것인지를 알고자 했다.

'담대함'은 곧 '자신감'이다. 성령의 지혜와 총명의 영을 만난 사람들은 바로 이 담대함의 영으로 말미암아 아버지를 기쁘시게 하는 자들이다. 아버지의 진리를 담대히 말하는 아들만큼 아버지의 마음을 기쁘게 하는 것은 없을 것이다.

하나님의 총명의 영을 만난 자는 또한 속사람의 변화를 경험하는 자들이다. 에베소서 1장 8절에서 바울은 에베소 성도들의 마음의 눈이 밝히 열림으로 '지혜와 총명'의 영을 만날 수 있게 되기를 바란다는 놀라운 기도를 드렸다. 이 기도의 영적 의미를 당신은 아는가? 곧 '깨어 있어 하나님의 소망을 이해하고, 그 부르심의 의미를 밝히 알며, 하나님께서 마련해 두신 유업의 깊이를 이해하기 원한다'는 기도의 의미를 말이다. 이 기도의 의미를 아는 자마다 하늘에서 임하는 자신감과 거룩한 담대함을 소유하게 될 것이다(엡 1:16-19).

이사야 선지자는 가장 높은 곳에서 성령이 부어지면, 안전한 거처에서 조용히 확신을 가지고 안식하게 될 것이라고 말하였다.

> 마침내 위에서부터 영을 우리에게 부어 주시리니 광야가 아름다운 밭이 되며 아름다운 밭을 숲으로 여기게 되리라 그 때에 정의가 광야에 거하며 공의가 아름다운 밭에 거하리니 공의의 열매는 화평이요 공의의 결과는 영원한 평안과 안전이라 내 백성이 화평한 집과 안전한 거처와 조용히 쉬는 곳에 있으려니와(사 32:15-18)

몇 해 전, 한 집회에 참석했을 때의 일이다. 너무나 자신 있게 하나님의 말씀을 전하는 강사의 모습을 보면서 속으로 '저건 지나친 자기확신이 아닐까? 너무 자신만만하잖아?'라는 생각이 들었다. 1초도 지나지 않아 성령께서 나의 마음을 책망하는 말씀을 하셨다. "너는 저 모습을 교만이라고 말하고 싶은 것이냐? 저 모습이야말로 내가 기뻐하는 담대한 모습이라! 네가 겸손이라 말하는 대부분의 것들은 사실 진리에 대한 불확신과 불신에서 나오는 것임을 깨달으라!" 나의 마음은 크게 놀라지 않을 수 없었다.

하나님은 우리가 담대함과 자신감 속에서 살아가기 원하신다. 우리는 모든 자원을 사용할 수 있도록, 최고의 정보를 가지고 계신 하나님과 최상으로 직접 연결되어 있다. 우리에게 진리를 부으시는 하나님은 '말씀 한 마디'로 '온 세상'을 뒤바꾸어 놓을 수 있는 분이시다. 이러한 진리가 우리에게 자신감을 주어야 한다. 하나님이 우리를 위하실 때, 무엇이 우리를 대적할 수 있단 말인가?

성령께서 새롭게 시작하실 시대 안으로 들어갈 우리는 결코 '소경'처럼 방황하지 않을 것이다. 하나님이 주시는 '총명의 영'으로 말미암아 우리는 이전에 알지 못하던 놀라운 영적 전략과 확실한 진리를 배우게 될 것이다. 이 총명의 영은 모든 두려움을 파쇄할 것이다.

성령의 지혜와 총명이 주는 충만함을 나타내시며 동행하셨던 분이 바로 예수님이시다. 불과 열두 살의 나이에 예수님은 성전을 섬기던 바리새인과 사두개인들의 입이 다물어지지 않을 만큼의 놀라운 지혜의 말씀들을 하셨다. 예수님의 말을 들은 사람마다 그 지혜에 크게 놀랐고, 어디서 이 지혜를 얻었는지를 궁금해했다. 문자 그대로 예수님은 모든 사람들의 마음을 혼절케 할만한 광대한 지혜와 총명의 삶을 사셨다.

이 세상의 한복판에서 하나님의 자녀로 부르심을 받은 우리의 할 일은,

모든 이들이 바라볼 수 있는 '등불'이 되는 것이다. 이 진리의 사역은 결코 우리의 능력이 아니라, 성령 안에 있는 '총명의 영'을 통해서만 가능한 일이다. "지혜를 얻은 자와 명철을 얻은 자는 복이 있나니"(잠 3:13).

나는 교회가 성령의 지혜와 총명의 신선한 기름부으심 안에서 성장하고, 하나님의 두나미스(dunamis) 권능 안에서 살아가도록 성령께서 교회 안에 권능을 부어 주실 때가 임박하였다고 믿는다(두나미스란 헬라어로 강력한 권능을 의미하며, 권능의 영에 관해서는 13장에서 보다 자세하게 다룰 것이다). 하나님은 당신에게 광명을 비추실 것이며, 당신이 빛을 발하도록 하실 것이다. 욥은 자신에게 임한 하나님의 광명 때문에 칠흑 같은 어둠의 고난을 견딜 수 있었다고 말하였다. "그 때에는 그의 등불이 내 머리에 비치었고 내가 그의 빛을 힘입어 암흑에서도 걸어다녔느니라"(욥 29:3). 흑암이 더욱 깊어만 가는 이 세상에서 하나님의 진리를 받은 자녀들은 '빛'의 삶으로 부름을 받았다.

교회 안에 임한 이 빛으로 인해 모든 세상이 도움의 손길을 간청할 때가 올 것이다. 다니엘에게 바사국의 왕실이 간절히 영적 자문을 구했던 것처럼, 이 세상의 정치인들과 정부가 교회에 찾아와 도움을 청할 때가 곧 다가올 것이다.

우리는 하나님께서 어떻게 세상을 창조하셨는지에 대한 지식이 너무나 부족하다. 그러나 한 가지 분명한 것은, 하나님의 입에서 나오는 '말씀'이 바로 이 세상을 지은 창조 능력의 근원이라는 것을 믿음을 통해 알게 된다는 것이다. 하나님의 창조는 '무에서 유를 지어내는' 능력의 사건이었다. 비록 우리의 눈으로 보이지는 않지만 하나님의 능력과 영광은 결코 무의미한 추상적 개념이 아니다. 하나님의 관점에서만이 모든 것이 확실해지며, 우리는 믿음을 통해서만 알게 된다. 이러한 영적인 깨달음은 우리가 하나님을 따라갈 때에 안전하다는 것을 알게 해준다. 우리는 다음에 무엇이 다가올지 알지 못하더라도, 하나님은 알고 계신다. 지혜와 총명의 영은 우리의 영혼에 생명을 가져다 준다.

> 내 아들아 완전한 지혜와 근신을 지키고 이것들이 네 눈 앞에서 떠나지 말게 하라 그리하면 그것이 네 영혼의 생명이 되며 네 목에 장식이 되리니(잠 3:21-22)

성령의 총명의 영 없이는 그 누구도 하나님이 일하시는 목적과 방법을 깨달을 자가 없다. "이에 그들의 마음을 열어 성경을 깨닫게 하시고"(눅 24:45). 하나님의 긍휼로 이 세상을 섬길 수 있는 능력 또한 주님의 비밀한 말씀들을 이해하게 하는 총명의 영 안에 들어 있다. 예수님만이 하나님의 말씀 속에 감추인 모든 비밀한 일들을 빛으로 드러내신다. 예수님은 하나님의 말씀 속의 진정한 의미들을 드러내고, 그 베일을 벗기고, 우리로 하여금 깨닫게 하는 분이시다.

주님 안에서 하나님의 감추인 영적 보물들이 당신에게 계시될 것이다. 이로 말미암아 하나님의 운행하시는 방법과 과정과 목적들을 깨닫게 될 것이다. '총명'이란 조각조각 흩어진 말씀들을 하나의 전체로 엮어주는 성령의 능력이다. 이 총명은 성경의 모든 말씀들을 빛으로 비추어 내는 하나님의 임재이다. 몇 시간이고 앉아서 성경을 읽었건만, 자리에서 일어난 후 얼마 지나지 않아 읽었던 말씀들이 하나도 기억 속에 남지 않는 것은 왜인가? 그것은 바로 성령의 '총명'의 영의 도우심 없이는 하나님의 말씀을 깨달을 수 없기 때문이다.

이런 점에서 시편 119편 27절의 기도만큼 우리에게 합당한 기도는 없다. "나에게 주의 법도들의 길을 깨닫게 하여 주소서 그리하시면 내가 주의 기이한 일들을 작은 소리로 읊조리리이다." 우리가 매일의 삶에 말씀을 적용하기 전에, 또한 다른 사람들에게 전하기 전에 필요한 것은, 그분의 지혜를 하나님의 총명의 영을 가지고 깨닫는 것이다.

오늘날 실로 적잖은 그리스도인들이 넘어지고 쓰러지는 삶의 아픔들을 겪는다. 이 모든 아픔의 이유는 하나님과 그분의 말씀에 대한 우리의 영적 무지 때문이다. 또한 우리 안에 감춰진 인간적인 동기와 잘못된 의존성, 우선순위에 대한 오해 때문이다. 호세아를 통하여 말씀하셨듯이, 총명의 영은 우리 안에 왜곡된 모든 것들을 드러내시고 우리가 그것들을 다루도록 하실 것이다. "깨닫지 못하는 백성은 패망하리라"(호 4:14).

오직 성령의 '총명의 영'만이 우리로 하여금 하나님 나라에 속한 일들을 분별하고 추구하게 한다. 믿음으로 받은 말씀을 실제로 우리의 삶 속에서 '품고 이뤄지게' 하는 것은 오직 성령의 능력이다. 총명의 영은 우리가 하나님 나라에 대한 신비 안으로 보다 깊이 들어가도록 능력을 더해준다. 우리가 총명의 영을 받을 때, 하나님의 말씀의 신비가 30배, 60배, 100배로 임하는 것을 보게 되는 것이다. "좋은 땅에 뿌렸다는 것은 말씀을 듣고 깨닫는 자니 결실하여 어떤 것은 백 배, 어떤 것은 육십 배, 어떤 것은 삼십 배가 되느니라 하시더라"(마 13:23). 성령의 총명의 영과 관련하여 아래에 인용하는 성구들을 참고하기 바란다.

> 보혜사 곧 아버지께서 내 이름으로 보내실 성령 그가 너희에게 모든 것을 가르치고 내가 너희에게 말한 모든 것을 생각나게 하리라(요 14:26)

> 또 아는 것은 하나님의 아들이 이르러 우리에게 지각을 주사 우리로 참된 자를 알게 하신 것과 또한 우리가 참된 자 곧 그의 아들 예수 그리스도 안에 있는 것이니 그는 참 하나님이시요 영생이시라(요일 5:20)

너희 마음의 눈을 밝히사 그의 부르심의 소망이 무엇이며 성도 안에서 그 기업의 영광의 풍성함이 무엇이며(엡 1:18)

이는 그들로 마음에 위안을 받고 사랑 안에서 연합하여 확실한 이해의 모든 풍성함과 하나님의 비밀인 그리스도를 깨닫게 하려 함이니(골 2:2)

내 말하는 것을 생각해 보라 주께서 범사에 네게 총명을 주시리라(딤후 2:7)

기도 Pray

성령님! 지금 저에게 오셔서 당신의 총명의 영을 부어 주소서. 넘쳐나는 강물같이 충만하게 주님의 총명을 부어 주소서. 저의 마음과 생각이 주님의 마음과 생각과 하나 되게 하셔서 제게 주신 말씀의 뜻을 깨닫게 하소서. 총명의 영이신 성령님, 진리를 명확히 보고 들을 수 있는 축복을 저에게 주소서. 지혜와 총명의 강물이 폭포수처럼 넘치게 하소서. 총명의 영이 제 안에 내주하여 운행하시길 기도합니다. 살아있는 생명의 강물로 흘러넘치도록 기도합니다. 하나님의 역사하심에 그 어떤 제약도 있을 수 없음을 믿음으로 선포합니다. 예수 그리스도의 이름으로 기도합니다. 아멘.

Chapter 12
Surrender to the Spirit

모략의 영

나는 하나님께서 주시는 모략(지혜와 전략)을 진정으로 사랑한다. 주님의 모략을 얻기 위해 매일같이 나는 전심을 기울이며 주님 앞으로 나아간다. 내가 이렇게 하는 이유는 주님의 마음속에 있는 그분의 의도와 뜻, 혹은 생각을 진정으로 알고 싶어서이다. 그것만이 하늘의 분별력을 통해 하루하루 나에게 예비하신 계획들을 온전히 성취할 수 있는 유일한 방법이기 때문이다. 주님의 모략 없이는 사역이나 가정경영 등 그 어떤 삶의 영역에서도 단 한 걸음도 움직이지 않으리라는 것이 나의 각오이다.

> 기록된 바 하나님이 자기를 사랑하는 자들을 위하여 예비하신 모든 것은 눈으로 보지 못하고 귀로 듣지 못하고 사람의 마음으로 생각하지도 못하였다 함과 같으니라 오직 하나님이 성령으로 이것을 우리에게 보이셨으니 성령은 모든 것 곧 하나님의 깊은 것까지도 통달하시느니라 (고전 2:9-10)

모략의 영은 모든 현실적 제약을 뚫고 우리로 하여금 확정된 마음과 결단을 갖게 한다. 나는 결코 나 자신의 요령과 능력을 의지하여 하루를 살고 싶지 않다. 오직 하나님의 모략의 말씀만을 푯대로 하여 살고 싶다. 하나님의 모략의 소중함을 상기시키기 위한 말씀으로서 이사야서 55장 8-9절보다 더 귀한 말씀은 없을 것이다. "이는 내 생각이 너희의 생각과 다르며 내 길은 너희의 길과 다름이니라 여호와의 말씀이니라 이는 하늘이 땅보다 높음 같이 내 길은 너희의 길보다 높으며 내 생각은 너희의 생각보다 높음이니라."

또 잠언 11장 14절도 빼놓을 수 없는 귀중한 말씀이다. "지략이 없으면 백성이 망하여도 지략이 많으면 평안을 누리느니라." 인생을 살면서 실수와 넘어짐을 경험하고 싶은 사람이 어디 있겠는가? 넘어지지 않고 싶은 사람마다 하나님의 모략의 말씀을 따라가야 한다는 것이 이 말씀의 핵심이다. 하나님의 모략의 영, 곧 성령 안에서 살아가는 사람은 반드시 하나님이 지시하실 땅을 바라볼 수 있다. 하나님 아버지의 모략이 우리의 옹졸하고 편협한 생각을 훨씬 뛰어 넘는다는 사실만큼 감사한 일은 없다.

모략의 강

하나님은 우리가 더욱 깊은 하나님의 모략을 알기 바라신다. 더 이상 얕은 개울물을 마시지 말라는 것이다. 충만한 하나님의 모략을 그 누구보다도 깊이 맛보았던 사람이 바로 욥이다.

나는 지난 세월과 하나님이 나를 보호하시던 때가 다시 오기를 원하노라 그 때에는 그의 등불이 내 머리에 비치었고 내가 그의 빛을 힘입어 암흑에서도 걸어다녔느니라 내가 원기 왕성하던 날과 같이 지내기를 원하노라 그 때에는 하나님이 내 장막에 기름을 발라 주셨도다 그 때에는 전능자가 아직도 나와 함께 계셨으며 나의 젊은이들이 나를 둘러 있었으며 젖으로 내 발자취를 씻으며 바위가 나를 위하여 기름 시내를 쏟아냈으며(욥 29:2-6)

욥은 자신의 장막에 기름을 발라 주시는 하나님의 '친밀한 도우심'을 체험한 자였다. 하나님의 영광을 생각할 때마다 욥은 자신에게 주어진 축복의 근원이 누구인지를 기억할 수 있었다. 어둠이 가득한 암흑을 걸어 다닐 수 있었던 것도 하나님의 빛의 도우심 때문이었음을 그는 경험하였다. "주의 말씀은 내 발에 등이요 내 길에 빛이니이다"(시 119:105).

하나님의 은총의 등불이 당신의 머리 위에 아름답게 비추어지는 삶을 살고 싶지 않은가? 그렇다면 욥기 29장의 말씀의 역사가 당신의 삶에도 임하도록 기도하라. 모략의 성령께서 그분의 기름을 시냇물같이 부어주실 것을 기도하라. 강물 같은 성령의 임재는 결코 찔끔찔끔 한 모금씩 마시는 얕은 개울물과 같지 않다. 성령의 기름으로만 가득한 모략의 강물을 상상하여 보라.

모략(counsel)이라는 말에는 '비밀스럽게 임하는 지혜의 말'이라는 의미가 있다. 하나님은 그분이 거하시는 장막, 곧 믿는 자의 삶 속에 하늘에 속한 지혜와 책략의 말씀을 은밀히 부어주기 원하신다. 하나님의 '깊은 생각, 비밀한 생각'들이 한량없이 부어지는 것만큼이나 놀라운 일은 없을 것이다. 시편 기자가 말했듯이, 하나님은 그분을 사모하는 이들과의 깊고 친밀한 사귐을 통해 그분의 모든 비밀한 경륜들을 들려주시는 분이다. "여호와의 친밀하심이 그를 경외하는 자들에게 있음이여 그의 언약을 그들에게 보이시리로다"(시 25:14).

예수님은 친히 거듭난 모든 자들을 그분의 '친구'라고 하셨다. "이제부터는 너희를 종이라 하지 아니하리니 종은 주인이 하는 것을 알지 못함이라 너희를 친구라 하였노니 내가 내 아버지께 들은 것을 다 너희에게 알게 하였음이라"(요 15:15). 그리고 예수님은 성령님이 다가올 것에 대해서 우리에게 알려줄 것이라고 말씀하셨다. 요한복음 15장 15절은 지금 우리 모두에게 열려 있는 말씀이다. 성령님이 계시해주시는 하나님의 깊은 것들은 우리가 예수님과의 친밀한 관계의 새 영역 안으로 들어가게 해줄 것이다.

주님을 영접한 지 6개월쯤 지난 후, 나는 우연히 욥기 29장에 기록된 '성령의 기름의 강'에 대한 말씀에 깊이 감동되었다. 너무나 흥분한 나머지 나는 담임목사님께 찾아가 이렇게 말하였다. "목사님, 욥이 누렸던 것처럼 나에게도 바위가 성령의 기름 시내를 쏟아내는 일이 있었으면 좋겠습니다. 정말 엄청난 일이 벌어질 것만 같습니다!" 오늘날 나에게 임하신 하나님의 기름부으심은 바로 어린아이처럼 성경말씀을 있는 그대로 사모하며, 기도하였던 것에 대한 응답이라는 생각을 해본다.

절친한 친구인 바비 코너는 욥기 29장 6절의 "젖으로 내 발자취를 씻으며"라는 구절을 다음과 같이 해석한 적이 있다. 그는 욥의 발자취를 씻은 젖(KJV에서는 butter로, NIV에서는 cream이라고 번역됨)이 바로 하나님의 '말씀'을 가리킨다고 말하였다. 즉, 하나님의 말씀이 우리의 더러운 발을 씻어주며, 진리 안에서 행할 수 있는 발로 바꾸어 준다는 것이다. 하나님의 말씀이 마치 버터나 기름처럼 우리 발을 뒤덮을 때, 우리의 발은 성령의 기름이 가득한 강물로 미끄러지듯이 흘러들어간다고 그는 덧붙였다. 참으로 멋진 해석이라는 생각이 든다.

펜실베니아의 미드빌이라는 도시에서 집회를 인도했던 어느 날이었다. 사단숭배에 몸담고 있었던 사람과 폭력배 두목이었던 사람이 집회에 찾아왔다. 정말 거칠기 이를 데 없는 이들이 무슨 연고로 집회에 왔는지는 알 길이 없었다. 하지만 그날 밤, 성령께서 강한 능력으로 이 두 사람을 사로잡으셨다. 그 영광의 권능에 붙들린 두 사람은 바닥으로 고꾸라져 버렸다. "이게 도대체 어떻게 된 일이야?" 두 사람은 불신이 가득 찬 눈빛으로 내게 소리쳐 물었다. 나는 성령의 기름부음이 그들에게 임한 것이라고 말했다.

그 순간 그들은 자리에서 펄쩍펄쩍 뛰면서 몸에 지니고 있었던 모든 부적 같은 장신구들을 팽개쳐 버리기 시작했다. "예수님, 예수님을 원합니다. 예수님을 만나게 도와주세요!" 두 사람이 큰 소리로 외쳐댔다. 참으로 놀라운 순간이었다.

지금 막 거듭난 사람이든, 오랫동안 믿음의 삶을 살아온 사람이든지 관계없이 하나님의 성령의 기름부으심에는 사람이 상상치 못할 놀라운 능력이 내재되어 있다. 기름은 본질적으로 미끄러운 것이다. 이 미끄러움 때문에 기름 위에 선 사람은 더 이상 스스로 자신의 삶을 제어하고 통제하지 못하게 된다. 다시 말해 성령의 기름 시내에 발을 담근 사람은 하염없이 미끄러져 기름 강물에 몸을 내어맡기게 된다는 것이다.

예수 그리스도를 거부하던 입술은 자기도 모르게 "예수님을 만나게 해주세요"라고 소리칠 것이며, 자신의 의지로 인생을 살던 성도는 미끄러운 기름 강물을 따라 기꺼이 몸을 내어맡기는 사람으로 변화된다는 말이다. 당신은 진정 이 성령의 기름 시내로 들어가기를 소망하는가?

하나님의 모략을 다른 이들에게 전파한다는 것

하나님의 모략의 말씀들을 하나님을 믿지 않는 이들에게 전파하는 일은 우리에게 주어진 또 다른 특권 중 하나이다. 이 시대의 많은 사람들이 인생의 문제를 해결받기 위하여 실로 수많은 노력들을 기울이는 것을 본다.

적잖은 사람들이 불투명한 현실과 미래가 주는 불안감을 이기지 못한 나머지, 악하고 잘못된 방법들에 의존한다. 무당과 심령술사나 점술사 등이 그 예이다. 하나님은 그분의 몸 된 교회로 하여금 이 흑암의 때를 밝힐 수 있는 빛의 사명을 맡겨 주셨다. 이 빛 안에서, 삶과 죽음의 문제로 고통하고 방황하는 사람들에게 진리를 전파하라는 것이다.

어두운 이 시대를 하나님의 모략의 말씀으로 살아갈 수 있는, 새로운 영적 세대를 키워내라는 하나님의 부르심 앞에, 교회는 진정 전심으로 반응해야 할 것이다. 하나님이 우리에게 계시하기 원하시는 모략의 말씀 안으로 들어갈 때가 다가왔다.

이 모략의 말씀이야말로 사람들을 하나님께로 되돌아오도록 복음을 전파하는 최고의 수단이라고 나는 확신한다. 어둠 속에서 방황하는 한 영혼 한 영혼에게 가장 필요한 하나님의 지혜와 책략의 말씀을 전하는 일만큼이나 중요하고 효과적인 일이 어디 있을까? 매일 사역의 현장 속에서 살아가는 사람으로서 나는 이 모략의 말씀사역이 얼마나 시급하고 필요한 일인지를 절실히 깨닫는다.

이 시급성을 잘 아시는 성령님은 나에게 그 어느 때보다도 더욱 생동감 넘치는 방식으로 모략의 말씀을 부어주신다. 생전 처음 보는 사람임에도 불구하고 나에게는 제어할 수 없는 성령의 강한 모략의 말씀이 부어질 때가 있다. 텍사스 휴스턴에서 있었던 일이다. 묵고 있었던 호텔방에서 나는 집회에 필요한 여러 말씀들을 정리하고 있었다. 그런데 전혀 예측하지 못한 순간에 성령께서 다음과 같이 구체적인 말씀을 나에게 주셨다. "잠시 너의 일을 멈추어라. 할 말이 있으니 잘 듣고 그대로 시행하라!"고 하셨다. 잠시 후 얼마 동안 성령님은 생전 처음 듣는 한 자매의 이름을 말씀하시며 그녀의 건강상의 문제들을 조목조목 나열하여 주셨다. 이 모략의 말씀을 선포함으로써 집회에 찾아온 모든 이들에게 하나님의 권능이 드러나게 될 것이라고 하셨다.

다음 날, 강대상에 오르자마자 나는 "마리아라는 이름을 가진 여자분 계시면 앞으로 나오시기 바랍니다"라고 말했다. 놀랍게도 한 명의 여인이 앞으로 걸어 나왔다. 계속하여 나는 말했다. "어젯밤 주님께서 당신의 이름을 구체적으로 나에게 말씀하셨습니다. 당신 몸의 한 부분이 서서히 마비되어 가고 있다고 하셨습니다. 이 때문에 두려움이 당신의 마음을 심히 괴롭히고 있다고 말씀하셨습니다." 이 말을 하자마자 여인의 눈에서 눈물이 흐르기 시작했다.

주님이 친히 들려주신 말씀들을 기억하니 담대한 마음이 샘솟았다. "마리아, 이 아픔을 나에게 알려 주신 분이 하나님이시니 오늘 이 자리에서 당신을 친히 고쳐 주실 것이라고 믿습니다." 나의 말이 끝난 지 불과 십 여초도 지나지 않아 마리아라는 여인이 큰 소리로 외치기 시작했다. "움직여요, 단 한 번도 이렇게 다리를 움직여본 일이 없었어요!"라고 외치며 그녀는 자유롭게 다리를 이리저리 움직이고 있었다.

즉각적인 치유였다. 갑자기 집회장소 전체가 기적의 하나님을 향하여 술렁이기 시작했다. 그날 밤 하나님의 치유를 경험한 사람은 실로 그 수를 헤아리기 어려울 정도였다. 치유를 경험한 사람들에게 손을 들어보라고 했을 때, 수많은 손들이 하나님을 향하여 '할렐루야'를 외치고 있었다. 실로 하나님의 모략의 능력이 얼마나 크고 놀라운 것인지 생생하게 경험한 날이었다.

깊은 기도의 삶을 사는 이들은 기도가 응답되기도 전에 어떤 일들이 일어날 것이라는 하나님의 모략의 말씀을 들을 수 있다. 이들은 누군가를 위해 천국에서 풀어진 정확한 말씀을 전달할 수도 있다. 하나님께서 당신의 미래를 열 수 있는 예언의 말씀을 다른 사람을 통해서 주시는 시기가 있다. 하나님은 우리가 모략의 영이 운행하는 영적 세계에서 살아가기 원하신다.

우리는 모략의 영을 통해 하나님 아버지의 생각을 알 수 있고, 또한 우리의 사역, 아이들, 가족에 대한 마음을 알게 되는 것이다. 이러한 모략의 강은 하나님 마음속의 비밀들을 계시하고, 사람들이 그분의 마음 안으로 들어가 그분 앞에 무릎 꿇게 한다. 우리에게는 하나님의 모략의 영으로 다음 세대를 일으켜야 하는 부르심이 있다.

하나님은 당신을 통하여 한 사람의 미래에 속한 일들을 계시하실 수 있다. 하나님의 모략은 각 사람을 향해 만세 전부터 예비되어진 하나님의 목적과 뜻을 보게 하는 영적 통로가 된다. 하나님은 우리의 지혜와 계획으로는 결코 하늘의 일들을 완수할 수 없다는 것을 잘 알고 계신다. "여호와께서 나라들의 계획을 폐하시며 민족들의 사상을 무효하게 하시도다 여호와의 계획은 영원히 서고 그의 생각은 대대에 이르리로다"(시 33:10-11).

하나님의 생각과 뜻이 우리의 생각과는 다르다는 말씀만큼 우리를 전율케 하는 것은 없다(사 55:8-9). 사역자로서 나의 가장 큰 소망은 사역의 현장에 나아가기 전에 하나님이 친히 행하실 일에 관한 말씀을 듣는 것이다. 주님의 모략의 말씀은 때로는 너무나 강하여, 집회장소로 나가기도 전에 그 날 만날 사람들의 구체적인 필요들을 하나하나 언급하기까지 하신다. 이것은 참으로 놀라운 일이거니와, 동시에 주님을 섬기는 일에 너무나 필요한 요소가 아닐 수 없다. 나는 이러한 깊은 기름부으심 안에서 행하는 주님의 종이 되고 싶다. 주님의 모략의 말씀이 내 삶의 끝날까지 계속되기를 간절히 소망한다.

이와 동일한 모략의 영이 모든 믿는 자들에게 동일하게 약속된 것임을 믿기에, 나는 여러 독자들도 이 은혜를 사모하게 되기를 바란다. 또한 하나님께서 당신에게 부으신 모략의 말씀들을 수많은 '잃은 생명'들에게 나누어 주는 삶을 살게 되기를 바란다. 당신을 통해 하나님의 모략의 말씀을 전해 받은 이들이 또 다른 생명의 통로가 될 줄을 누가 알겠는가?

얼마 전 아내와 함께 운전을 하다가 스타벅스 커피숍에 들렀던 적이 있다. 우리는 가게 안으로 들어가는 대신 자동차에 앉아 창구주문을 했다. 주문을 받는 한 중년남자의 얼굴을 보는 순간, 성령님께서 모략의 말씀을 급히 부으셨다. 말씀은 그 남자의 딸에 대한 내용이었다. 나는 주님께서 주신 말씀 그대로를 말해주었다. 내 말을 듣자마자 이 남자의 얼굴에는 놀란 기색이 완연했다. 뒤이어 선 주문차량들이 많아 더 이상의 대화는 불가능했기에, 우리 부부는 커피를 받아들고 커피숍을 떠났다. 며칠 후, 우리는 다시 이 커피숍을 찾게 되었다. 특별한 이유 없이 그냥 커피 생각이 나서 우연히 들른 것이다. 놀랍게도 며칠 전 보았던 그 남자가 주문대에서 우리를 맞이했다. 우리를 보자마자 그가 다급히 물었다. "도대체 누구시길래 우리 딸의 사정을 그렇게 소상히 말할 수 있습니까?" 그렇게 대화가 시작되어 나는 주님께서 그의 딸을 사랑하심으로 그녀에게 필요한 말씀을 주셨다고 말해 주었다. 그날 나는 그에게 예수님의 십자가를 전했고, 좁은 커피숍 의자에서 그는 구원의 주님을 영접했다!

성령의 모략을 기대하라!

그리스도의 몸 된 교회에 그분의 심령에 숨겨진 깊은 뜻이 드러나는 예언들이 흘러나오는 때가 되었다. 하나님께서는 우리 삶을 향한 그분의 생각과 마음을 우리가 알도록 모략의 영으로 역사하기를 소원하신다.

시편 기자는 "보배로우신 주의 생각이 어찌 그리 많은지요"라고 말하며 바다의 모래보다 더 많은 주님의 생각을 찬미하였다. 아침에 자리에서 깰 때에도 여전히 주님의 생각과 함께 있다고 말한 이 시편의 감격이 당신에게도 있기를 원하는가? 우리를 향한 주님의 수많은 생각을 언제나 알 수 있게 하는 모략의 강물을 원하는가? 얕고 쉽게 말라버리는 시냇물을 뒤로 하고 깊고 충만한 주님의 모략의 강물을 마시고 싶지 않은가?

> 하나님이여 주의 생각이 내게 어찌 그리 보배로우신지요 그 수가 어찌 그리 많은지요 내가 세려고 할지라도 그 수가 모래보다 많도소이다 내가 깰 때에도 여전히 주와 함께 있나이다(시 139:17-18)

성령 안에서 우리는 하나님의 마음속에 있는 창조자의 생각에 접근할 수 있다. 그러나 하나님의 뜻과 생각을 듣는 것만으로는 결코 충분치 않다. 예수님의 뜻을 전달받는 것이 결코 믿음의 여정의 최종 목표점일 수는 없다는 말이다. 우리는 말씀을 선포하고 계신 하나님을 친히 뵈어야 한다. 그리고 말씀 속에 살아계신 예수님을 직접 만나야만 한다. 이것만이 말씀을 제대로 먹는 것이며, 나아가 말씀 그대로를 성취할 수 있는 영적 비결이다.

성경은 우리 각 사람의 인생의 모든 날들이, 우리가 태어나기도 전에 모두 주의 책에 다 기록되었다고 말하고 있다. "내 형질이 이루어지기 전에 주의 눈이 보셨으며 나를 위하여 정한 날이 하루도 되기 전에 주의 책에 다 기록이 되었나이다"(시 139:16). 또 우리는 하나님께서 친히 만드신 자들이며, 예수 그리스도 안에서 하나님의 선하신 일을 하도록 지음을 받은 자들이라고 성경은 말한다(엡 2:10, 요 14:12 참고).

또 사람이 마음의 소원을 따라 인생의 길을 계획한다고 해도 그 길을 인도하시는 분은 하나님이시라고 성경은 말한다. "여호와의 계획은 영원히 서고 그의 생각은 대대에 이르리로다"(시 33:11). "사람이 마음으로 자기의 길을 계획할지라도 그의 걸음을 인도하시는 이는 여호와시니라"(잠 16:9).

성령의 모략의 영은 당신으로 하여금 하나님이 예비하신 모든 계획을 알게 하는 하나님의 나침반이며, 우리 인생의 구체적 실천 매뉴얼임을 믿으라. 하나님의 모략의 말씀만이 인생의 구체적인 방향을 지시하신다. 하나님만이 결국 모든 인생의 여정이심을 깨달았던 다윗의 마음속에 얼마나 큰 감사와 넉넉한 안위함이 있었는지 생각해 보라. "주의 교훈으로 나를 인도하시고 후에는 영광으로 나를 영접하시리니"(시 73:24). 이러한 다윗의 확신은 결코 저절로 주어진 것이 아니었다. 그는 여호와의 말씀을 그 누구보다도 간절히 바라는 사람이었다. "나 곧 내 영혼은 여호와를 기다리며 나는 주의 말씀을 바라는도다 파수꾼이 아침을 기다림보다 내 영혼이 주를 더 기다리나니 참으로 파수꾼이 아침을 기다림보다 더하도다 이스라엘아 여호와를 바랄지어다 여호와께서는 인자하심과 풍성한 속량이 있음이라"(시 130:5-7).

참으로 아름다운 믿음의 고백이다. "나는 정말 간절하게 하나님의 말씀이 임하기를 기다립니다. 피곤을 이기지 못한 파수꾼이 아침 해가 떠올라 잠자리에서 휴식을 취하기를 바라는 것보다도 더 간절하게 나는 주님의 말씀을 기다립니다. 다음 날 해가 뜰 때까지 기다리지 못할 애타는 심정으로 여호와의 말씀을 기다립니다." 이런 간절한 마음으로 주님의 말씀을 기다리며 기도의 자리를 지켜본 적이 있는가? 하나님께서 이런 다윗의 심령을 어찌 축복하지 않으실 수 있었을까 생각해 본다.

나는 매일 아침 잠자리에서 일어날 때마다 이런 생각한다. '하나님, 오늘이 다시 한 번 예수의 날이 되게 하소서. 더욱 예수님을 알게 하소서. 이 목마른 나의 영혼을 예수님의 생수로 채워 주소서. 어제 내린 만나로 오늘을 살지 않게 하시고, 오직 당신의 입에서 나오는 모든 말씀으로 하루를 살게 하옵소서. 주님, 오늘을 위한 당신의 말씀이 제겐 필요합니다. 주님의 모략의 말씀을 지금 부어 주옵소서.'

> 너를 낮추시며 너를 주리게 하시며 또 너도 알지 못하며 네 조상들도 알지 못하던 만나를 네게 먹이신 것은 사람이 떡으로만 사는 것이 아니요 여호와의 입에서 나오는 모든 말씀으로 사는 줄을 네가 알게 하려 하심이니라(신 8:3)

솔직히 말하면 하나님의 말씀을 읽고 공부하는 것은 나에게도 큰 과제이다. 하나님의 말씀을 먹는 일은 결코 쉬운 일이 아니다. 그러나 하나님께서 레마의 말씀을 주실 때, 당신은 하나님과 대면하게 된다. 레마는 헬라어로 '하는 것' 또는 '되는 것'을 의미한다. 레마의 말씀을 통해서 우리는 미래를 알 수도 있다. 그것은 능력과 기름부으심이 담긴 말씀이다. 우리는 레마의 말씀으로 살아가며 성장하게 된다.

느헤미야는 다음과 같이 고백하였다. "또 주의 선한 영을 주사 그들을 가르치시며 주의 만나가 그들의 입에서 끊어지지 않게 하시고 그들의 목마름을 인하여 그들에게 물을 주어"(느 9:20). 본문에 사용된 '가르치다'라는 말은 '부요하게 하다, 번영케 하다, 지혜롭게 인도하다'라는 의미를 갖는다. 느헤미야의 고백을 통하여 우리는 다시 한 번, 성령께서 우리를 가르치시는 하나님의 영이심을 알게 된다. 곧 기록된 성경의 말씀이 우리 영에 '레마'로 작용하게 하시는 것이 바로 성령님의 사역의 핵심인 것이다.

하나님의 말씀을 레마로 경험하는 체험은 다른 어떤 영적 체험보다도 강한 '능력'을 우리에게 가져다준다. 이 모략의 말씀 속에 진정한 영적 부요함과 지혜가 녹아져 있다. 나는 보물의 모양을 흉내낸 모형을 손에 쥐고 좋아하는 사람이 아니라, 정말 순금덩어리 같은 진리를 만나는 사람이 되고 싶다.

신앙생활을 시작한 지 오래 되지 않아, 나에게는 이런 생명의 비밀을 멀리서 바라보거나 단지 지식적으로 적당히 동의하는 것만으로는 만족할 수 없겠다는 소망이 불같이 찾아왔다. 그것은 진정 성령님의 역사였다. 나는 언제든지 말씀 속에서 인간의 지식과 이성적 동의를 넘어서는 영적 실재를 보고 만지고 경험하기를 원했다. 이 축복은 결코 초대교회의 몇몇 사도들에게만 제한된 것이 아니다. 복음사역자, 혹은 성직자들에게만 한정된 것도 아니다. 놀라운 기름 시냇물의 한가운데로 들어가는 것은, 바로 당신과 가족들과 직장과 이웃들을 위해 예비하신 하나님의 선물인 것이다!

하나님의 모략 안에서 살아가기

하나님은 당신을 향한 계획과 목적 그리고 부르심의 소명에 대해 미리 예정해 두셨다. "하나님의 권능과 뜻대로 이루려고 예정하신 그것을 행하려고 이 성에 모였나이다"(행 4:28). 하나님은 그분의 비밀한 뜻들을 완성하시고, 그 마음속에 예정하신 감추인 일들을 이루는 분이시다. 하나님의 인도하심과 목적이 바로 우리의 예정된 소명을 결정해준다. 이것이 바로 우리에게 진정한 평화를 주며, 하나님의 손 아래서 우리의 소명의 길이 나타나는 것을 의미하기도 한다. 그러나 우리는 모략의 영을 반드시 기다려야 하고, 우리의 영혼 안에 성령이 주시는 모략의 영을 의지하는 법을 경험하게 될 것이다.

> 그러나 그들은 그가 행하신 일을 곧 잊어버리며 그의 가르침을 기다리지 아니하고 광야에서 욕심을 크게 내며 사막에서 하나님을 시험하였도다 그러므로 여호와께서는 그들이 요구한 것을 그들에게 주셨을지라도 그들의 영혼은 쇠약하게 하셨도다
> (시 106:13-15)

정착과 안정을 얻기에 조급하였던 이스라엘은, 결국 하나님만을 신뢰해야만 살 수 있다는 그들의 영적 정체성을 망각하였다. 광야의 불순종을 40년이나 반복해야 했던 이스라엘이 저지른 가장 큰 실수는 바로 하나님의 지혜와 인도하심, 공급하심을 기다리지 않은 것이다.

오늘날 수많은 하나님의 백성들이 '쇠약한 영' 안에 머물며 살아가는 것은 참으로 가슴 아픈 일이다. 하나님의 백성들이 쇠약하게 되는 것은 하나님의 모략의 말씀을 기다리는 법을 배우지 못했기 때문이다. 이들은 하나님의 말씀을 이해하지도, 이해한 말씀을 굳건히 붙들지도 못하는 사람들이다.

우리를 향한 하나님의 계획과 목적, 그리고 우리를 양육하시는 하나님의 원리는 결코 변하지 않는다. 성경은 하나님의 말씀을 듣고 그 인도하심을 받는 사람은 반드시 '지혜롭게' 될 것이라고 하였다. "너는 권고를 들으며 훈계를 받으라 그리하면 네가 필경은 지혜롭게 되리라 사람의 마음에는 많은 계획이 있어도 오직 여호와의 뜻만이 완전히 서리라"(잠 19:20-21).

오직 하나님의 말씀만이 시험의 때에 우리를 굳건히 세우고 지탱해준다. 하나님의 모든 목적은 그분의 정확한 시간에 성취될 것이다.

주님의 지혜를 갈망한 열두 제자들

육신으로 이 땅에 오셨던 예수님을 친히 선생님으로 모셨다는 사실을 생각하면, 열두 제자들만큼이나 특별한 영적 훈련을 받은 사람들은 없을 것이다. 3년이라는 짧지 않은 기간 동안, 단 하루의 예외도 없이 그들은 한량없는 성령의 기름부음을 받으신 예수님과 동행하였다. 그들은 예수님의 말씀을 들었고, 그분이 행하시는 모든 기사와 이적들을 두 눈으로 친히 목격했다.

그런 제자들에게 예수님은 다음과 같은 말씀을 하셨다. "내가 진실로 진실로 너희에게 이르노니 나를 믿는 자는 내가 하는 일을 그도 할 것이요 또한 그보다 큰 일도 하리니 이는 내가 아버지께로 감이라"(요 14:12). 이 말씀에서 무엇보다도 중요한 것은, 제자들이 예수님이 하신 일보다 더 큰 일을 할 수 있는 이유를 말씀하셨다는 것이다. 성령은 우리로 하여금 예수님이 가신 모든 발걸음을 뒤따라갈 수 있게 하는 권능을 부어주신다. 사도행전 2, 3장은 바로 요한복음 14장 12절에 기록된 예수님의 예언의 말씀이 어떻게 실행되었는지를 보여주는 생생한 기록이다. 사도행전 4장 29-31절에서 우리는 사도들과 많은 믿는 이들이 한 자리에 모여 담대하게 복음을 전파하게 해달라고 기도하는 모습을 본다. 그 결과 땅이 진동하고 기도에 참여한 모든 이들이 성령의 충만을 받았다고 성경은 말한다.

> 주여 이제도 그들의 위협함을 굽어보시옵고 또 종들로 하여금 담대히 하나님의 말씀을 전하게 하여 주시오며 손을 내밀어 병을 낫게 하시옵고 표적과 기사가 거룩한 종 예수의 이름으로 이루어지게 하옵소서 하더라(행 4:29-30)

이것은 주님을 배반하고 떠났던 제자들의 이전 모습과는 전혀 다른 모습이다. 3년 반 동안 예수님을 따랐던 제자들이었지만, 성령의 충만을 받기 전까지 그들은 주님의 십자가의 죽으심과 부활의 의미를 온전히 이해하지 못했다. 이러한 영적 한계 때문에 부활하신 예수님을 보았던 베드로와 여러 사도들은 디베랴 바닷가의 고기잡이로 되돌아가야 했다.

그러나 제자들은 결국 예수 그리스도 안에 하나님의 모든 모략의 능력이 감추어져 있다는 사실을 깨닫게 되었다. 이들의 기도가 끝났을 때, 하나님은 실로 크고 놀라운 하늘의 모략을 부으셨고, 신선한 성령의 모략의 영이 제자들의 모임 가운데로 부어졌다.

> 빌기를 다하매 모인 곳이 진동하더니 무리가 다 성령이 충만하여 담대히 하나님의 말씀을 전하니라(행 4:31)

어떻게 이러한 가시적인 변화들이 가능했을까? 그것은 오직 '성령의 권능' 때문이었다. 그들에게 있어 목숨의 위협을 뛰어넘어 그리스도의 복음을 담대히 전파하는 일이란 꿈에도 생각지 못할 일이었다. 그러던 사도들이 제사장들의 위협을 이기고 담대히 주의 말씀을 선포하게 해달라는 기도의 사람들로 변화된 것이다.

그리스도의 복음을 증거하는 일로 부르심을 받은 자는 반드시 '성령의 권능'을 받아야만 한다. 이것이 없이 사도행전은 기록될 수 없었으며, 앞으로도 그런 일은 없을 것이다. 오직 성령 안에 있는 지혜와 책략만이 우리에게 담대함과 진리를 확신하는 자신감을 심어줄 수 있다. 오직 성령의 모략으로 충만함을 받은 사람들만이 하늘의 포효함으로 어둠의 세력을 거세게 꾸짖을 수 있는 것이다.

밤새 디베랴 바닷가에서의 그물질로 지칠 대로 지친 제자들에게 예수님은 놀라운 모략의 말씀으로 다가가셨다(요 21:1-14). 저 멀리 바닷가에서 누군가가 "그물을 배 오른편으로 던지라"고 말하는 소리가 제자들에게 들렸다. 밤새도록 수없이 그물질을 했던 어부들에게 무슨 새삼스러운 말인가? 제자들은 머뭇거리며 오른편으로 그물을 던졌고, 그 결과 그물을 들 수 없을 만큼 많은 고기가 잡혔다. 그 순간 단 한 마리의 고기도 잡지 못했던 안타까움이, 단번에 엄청난 수확의 기쁨으로 바뀌게 되었다.

여기에 바로 우리를 향한 귀한 교훈의 말씀이 있다. 그것은 바로 '오직 하나님의 모략만이 우리에게 열매를 가져다준다'는 것이다. 기묘한 지혜의 원천이신 예수 그리스도의 말씀을 그대로 따르는 인생에는 언제나 예외 없이 '넘치는 열매'가 맺힌다는 것을 기억하라.

이 새벽녘에 예수님을 가장 먼저 알아본 사람은 흥미롭게도 바로 사도 요한이었다. 요한은 예수님이 잡히시던 날 저녁 마지막 식사자리에서 주님의 품에 기대어 있었다. 그는 누구보다도 주님의 마음과 생각을 구했던 사람이었다. "예수의 제자 중 하나 곧 그가 사랑하시는 자가 예수의 품에 의지하여 누웠는지라"(요 13:23). 하늘의 모략을 구하는 것은 바로 예수님의 마음과 생각을 구하는 것을 말한다.

누구에게나 열려 있는 하나님의 모략

하나님의 모략은 모든 믿는 자들에게 활짝 열려 있다. 이것은 가끔 한 번씩 주어지는 것이 아니며, 매일의 삶 속에서 순간순간마다 우리에게 부어질 수 있다. 성도의 삶의 미래는 결국 모든 지혜의 샘물이신 하나님을 어떻게 따르고 있는가에 의해 결정된다. 하나님의 모략의 영이신 성령님은 우리로 하여금 예수께서 하신 모든 지혜의 말씀들을 생각나게 하시고, 우리를 모든 진리 가운데로 인도하시는 분이다. 나아가 성령은 우리에게 오직 아버지로부터 들은 말씀만을 전하여 주시며, 장래의 일들까지도 일러 주시는 분이다.

> 그러나 진리의 성령이 오시면 그가 너희를 모든 진리 가운데로 인도하시리니 그가 스스로 말하지 않고 오직 들은 것을 말하며 장래 일을 너희에게 알리시리라
>
> (요 16:13)

사도행전 20장 27절에서 바울은 교회의 여러 장로들에게 "이는 내가 꺼리지 않고 하나님의 뜻을 다 여러분에게 전하였음이라"고 말하였다. 바울의 말을 풀어서 말하면 다음과 같을 것이다. "나는 진정 지혜와 책략의 성령님으로부터 받은 모든 뜻을 여러분께 전달하였습니다. 이 뜻은 곧 기묘자요 모사이신 예수님의 모든 말씀들을 우리에게 생각나게 하는 말씀입니다. 하나님 아버지께서는 당신의 모든 뜻을 이 예수님의 말씀 속에 부어 주셨습니다. 그러므로 내가 전달한 성령님의 말씀들을 온전히 붙잡으십시오. 그것이 생명의 길입니다."

Chapter 13
Surrender to the Spirit

권능의 영

성령의 모략의 영과 한 쌍을 이루는 것은 바로 권능(strength, 재능)의 영이다. 모략의 영은 권능의 영을 임하게 한다.

권능의 영이란 말 그대로 하나님의 능력(vigor)과 힘(strength)을 말한다. 성령의 권능을 경험하는 사람은 바울의 고백과 같이 "그리스도 예수 안에서 내가 모든 것을 할 수 있느니라"(빌 4:13)는 믿음의 고백을 하게 될 것이다. 그는 아침마다 더욱 새롭고 신선한 권능을 덧입고 일어나는 자이며, 그 영광스런 하늘의 권능 안에서 '이기는 자'(overcomer)로 살아가는 사람이다.

하나님의 자녀는 모두 이 권능의 성령 안에 뿌리박은 힘 있는 삶을 살아갈 수 있다. 인생을 살면서 만나는 고난의 광풍이 아무리 심해도 그것을 넉넉히 이기는 삶을 살 수 있는 것이다. 하나님은 결코 우리가 크고 작은 삶의 고난 앞에 휘청거리며 살기를 원치 않으신다. 오히려 아버지의 이름으로 모든 아픔과 어려움을 정면으로 맞서며 승리하기를 원하신다.

앞서 말한 바와 같이, 하나님의 권능(might)은 하나님의 모략(counsel)과 영적으로 매우 밀접한 관련이 있다. 하나님의 모략과 권능 간의 상관성은 이사야서 9장 6절에서 찾아볼 수 있다. 이 본문에서 이사야는 예수님을 기묘자(Wonderful Counselor)이면서 전능하신 하나님(Mighty God)이라고 소개하고 있다. 예수님을 소개한 이 두 이름을 통해 우리는 모략(기묘)과 권능 간에 매우 밀접한 상관관계가 있음을 알 수 있다.

하나님의 모략과 권능 간의 관계를 떠올릴 때마다 나는 가나안 정복의 소명을 받았던 갈렙과 여호수아를 생각한다. 이 두 사람은 하나님의 모략과 권능을 그 누구보다도 구체적으로 경험한 사람이었다. 가나안 정복을 눈앞에 두고 하나님은 갈렙과 여호수아에게 다음과 같은 말씀을 전해 주셨다. "내가 너희에게 가나안 땅 전체를 주리라 그 안에 속한 것은 하나도 남김없이 네게 주리라." 이 말씀을 겸손히 믿음으로 받아들인 갈렙과 여호수아는 거인같이 장대한 아낙 자손들을 보았음에도 불구하고 "우리가 곧 올라가서 그 땅을 취하자 능히 이기리라"(민 13:30)고 이스라엘 회중에게 선포하였다.

하나님은 갈렙과 여호수아에게 그분의 권능의 영을 충만히 부으셨다. 이 권능 때문에 이들은 하나님이 부르신 가나안 정복의 소명을 담대히 성취할 수 있었다. 성령의 모략의 영을 통해 부어진 하늘의 뜻이 '권능의 영'을 통해 성취된 것이다. 반면 여호수아와 갈렙을 따라 믿음에 동참하지 않았던 정탐꾼들은 가나안에 거주하던 거인들을 두려움으로 바라보았다. 모략의 말씀을 만나지 못한 사람은 하나님의 권능을 얻지 못함으로 두려움 속에 거하게 되며, 이 때문에 하나님 나라를 위한 거룩한 싸움을 싸울 수 없다.

성령의 권능을 간구한 바울의 기도

그의 영광의 풍성함을 따라 그의 성령으로 말미암아 너희 속사람을 능력으로 강건하게 하시오며 믿음으로 말미암아 그리스도께서 너희 마음에 계시게 하시옵고 너희가 사랑 가운데서 뿌리가 박히고 터가 굳어져서 능히 모든 성도와 함께 지식에 넘치는 그리스도의 사랑을 알고 그 너비와 길이와 높이와 깊이가 어떠함을 깨달아 하나님의 모든 충만하신 것으로 너희에게 충만하게 하시기를 구하노라 우리 가운데서 역사하시는 능력대로 우리가 구하거나 생각하는 모든 것에 더 넘치도록 능히 하실 이에게 교회 안에서와 그리스도 예수 안에서 영광이 대대로 영원무궁하기를 원하노라 아멘(엡 3:16-21)

이 놀라운 기도를 통하여 우리는 몇 가지 중요한 사실을 배우게 된다. 바울은 "풍성하신 하나님의 영광을 따라 하나님께서 너희 속사람 안에 계신 성령의 능력으로 강건하게 하시기를 바란다"고 기도하였다. 그리하여 성도의 마음속에 예수 그리스도께서 충만하게 되시기를 기도하였다. 바울의 궁극적 소망은 에베소 교인들이 그리스도 예수의 장성한 분량에 속한 '성숙과 권능'을 누리는 것이었다. 이것은 실로 놀라운 기도문이다. 피조물인 인간으로서 예수 그리스도의 성숙과 권능의 분량을 누리게 되는 것만큼이나 우리를 가슴 뛰게 하는 일이 어디 있을까?

바울은 나아가 "하나님의 모든 충만한 것이 너희의 충만이 되기를 기도한다"고 말하였다. 당신은 진정 하나님의 모든 충만함이 당신의 삶의 전부가 되기를 원하는가? 본문에 기록된 충만함(fullness)이란 '무엇으로 가득 채워져서 몸 전체가 묵직하게 되다'라는 의미를 갖는다. 눈부신 영광과 그것이 주는 영적 강건함으로 충만하게 되는 것은 결코 일회적 사건으로 그칠 일이 아니다. 오히려 이것은 정상적인 성도의 매일매일의 삶의 실상이 되어야 한다. 이러한 성도의 삶에서는 반드시 그리스도의 향기가 뿜어져 나오게 되어 있다.

다시 에베소서의 본문을 상고하여 보자. 바울은 친히 하나님께서 주 예수 그리스도의 강건함을 허락하여 주시기를 기도하였다. 여기서 '허락하시다'라는 말은 '상급 혹은 선물로 주다, 필요한 무언가를 공급하여 주다'라는 어원적 의미를 갖는다. 바울은 막연하게 강건하면 좋겠다라고 한 것이 아니라, 하나님께서 그분의 강건함을 부요함을 따라 성도들에게 선물과 은사로 공급하여 주시기를 간청한 것이다.

당신은 진정 하나님의 부요하심을 아는 사람인가? 하나님의 나라의 일을 행함에 있어 당신은 진정 영적 풍요로움 안에 거하기를 원하는가? 바울의 기도를 풀어서 말하면 다음과 같을 것이다. "성도 여러분, 나는 하늘에 계신 아버지께 간구합니다. 하나님께서 친히 당신의 영광의 풍성한 것들을 구체적으로 우리에게 나누어 주시고 공급하여 주시기를 말입니다."

하나님의 영광이란 무엇인가? 영광은 하나님의 본질이다. 그 묵직한 영광의 무게야말로 하나님의 실재이다. 사람의 말로는 도무지 형언할 수 없을 것만 같은 이 놀라운 영광의 충만함 속으로 들어가 매일의 삶을 능력과 강건함으로 살아내고 싶지 않은가?

크라토스의 권능

"그의 영광의 풍성함을 따라 그의 성령으로 말미암아 너희 속사람을 능력으로 강건하게 하시오며"(엡 3:16).

위의 말씀에 사용된 '강건'(strength)이라는 단어는 헬라어 원어 'kratos'를 번역한 것이다. 크라토스는 '파워, 힘, 한 국가의 강력한 통치력'이라는 의미를 갖는다. 바울이 기도하였던 강건케 됨의 궁극적 목표점은 우리의 '속사람'(inner man)이었다. 그것은 유혹을 이겨내는 강건함을 의미하며, 당신 안에 하나님 나라의 통치권이 명백하게 나타나는 것을 말한다. 그렇다면 이것은 무엇을 말하는 것일까? 육신과 자연계의 영역에서 일어나는 것들이 당신의 삶을 주관하여 통치하지 못한다는 것을 뜻한다. 왜냐하면 예수님께서 하나님의 크라토스의 권능으로 당신이 속한 모든 영역들을 다스리시며 통치하고 계시기 때문이다. 따라서 우리는 하나님께 속한 것들 안에서 나아가게 된다.

에베소 성도들을 향한 바울의 기도는 다음과 같았다. "성도여, 나는 여러분들이 앞으로 다가올 모든 박해와 두려움과 염려를 넉넉히 이겨낼 수 있는 주님의 기름부음 안에서 행하기를 바랍니다. 이 넉넉한 강건함 안에서 어느 상황에 서든지 '보라, 우리 앞에 계신 그리스도 예수를!'이라고 고백할 수 있기를 바랍니다. 사람의 그 어떤 생각으로도 품을 수 없는 놀라운 하나님의 풍성하심이 믿음의 순례길 가운데 임하시기를 바랍니다. 이로써 여러분의 굳건한 믿음을 통하여 이 세상 속에 하나님의 영광의 강력이 증거될 수 있기를 기도합니다!"

예수 그리스도가 당신의 속사람을 통치하고 다스리실 때, 당신은 하나님의 모든 것 안에서 강건하게 서게 될 것이다.

이 '크라토스'라는 단어는 에베소서 6장 10-11절에서 다시 사용되었다. "끝으로 너희가 주 안에서와 그 힘의 능력으로 강건하여지고 마귀의 간계를 능히 대적하기 위하여 하나님의 전신 갑주를 입으라." 바울의 이 명령은 '현재적 명령'으로서 지금 주님의 권능으로 강건함을 입으라는 의미를 내포한다. 주님은 지금, 예수 그리스도의 몸에 속한 모든 것들을 위해서 강력한 단계의 기름부으심을 부어주고 계신다. 우리는 지역 전체를 근본적으로 변화시키는, 도시들에서 일어날 믿을 수 없는 일들을 바라보며 행하는 자들이 될 것이다. 이것이 바로 당신 안에 예수 그리스도가 통치하시는 크라토스의 권능으로 임하는 것이다. 우리의 겉사람이 쇠하여지더라도 우리의 속사람은 날로 그리스도 안에서 강건해진다(고후 4:16).

우리는 복음서를 통하여 예수님의 삶 속에 나타난 크라토스의 권능들을 볼 수 있다. 예수님이 기름부으심 가운데 사역하셨을 때, 당시의 종교적인 사람들은 예수님을 보며 분노하였고, 그들은 예수님을 죽이기 위해 돌로 치려 했다. 그러나 놀랍게도 예수님은 살기 어린 종교인들의 사이로 유유히 걸어 나가셨다. 그때 12명의 제자들은 무엇을 하고 있었을까? 그들은 도망가지는 않았지만, 예수님의 바로 뒤에 숨어서 걸어나갔다. 그 다수의 종교인들은 예수님의 몸에 손도 대지 못하였다. 예수님은 당시 종교인들의 행동에 대해서 분노하지 않으셨다. 그것은 예수님이 하나님의 뜻을 알고 계셨고, 예수님의 속사람 안에 하나님 나라의 통치권을 소유하고 계셨기 때문이다.

요한복음 18장 5-6절을 보면, 예수님을 체포하러 겟세마네에 온 로마 병정들이 나온다. 체포와 죽음을 눈앞에 두신 예수님께서는 조금도 뒤로 물러섬 없이 당당히 로마 군병들에게로 다가가셨다. 주님은 군인들을 향해 "내가 바로 그니라"고 말씀하셨다. 놀랍게도 이 말을 들은 군인들이 땅바닥에 쓰러졌다고 성경은 말한다. "내가 바로 너희가 잡으러 온 바로 그 예수니라"라는 말씀 한 마디에 그 건장한 로마군병들이 땅에 쓰러진 것이다. 왜냐하면 그들은 바로 그리스도 예수 안에 나타난 하나님 나라의 실제를 보았기 때문이다. 이것이 크라토스의 통치의 능력이 나타난 사건이다.

크라토스는 하나님 나라의 왕국과 주권적인 영역의 통치권이 지역과 도시에 핵폭발과 같이 임하게 되는 것에 비유할 수 있다. 사도행전 19장 8절에 보면, 바울이 에베소 성도들에게 모략의 영을 주고 있는 모습이 나온다. 바울은 하나님 나라에 대해 설교하며, 그들의 생각이 새롭게 되어 마음이 변화되도록 온 힘을 다했다. 성경은 바울의 가르치는 일이 2년여 동안 계속되었을 때에야 비로소 에베소 사람들 가운데 하나님의 말씀이 흥왕하여 나타났다고 한다(행 19:20). 이 말씀에 사용된 '흥왕케 되다'라는 헬라어 원어가 바로 크라토스다. 참으로 놀라운 하나님 나라의 강력이 에베소 지방에 임하게 되었다. 하나님은 실로 놀라운 능력을 바울에게 부으셨는데, 심지어 바울의 몸을 스친 손수건만으로도 사람의 병이 고쳐지는 역사가 일어났다. 바울은 하나님의 모략과 권능의 강권하심 가운데 설교했다. 하나님 나라의 권능에는 하나님 나라에 속하지 않은 모든 세력을 무릎 꿇게 하는 능력이 있다. 우리도 바울에게 임하였던 놀라운 성령의 강권하심의 능력이 우리의 삶과 사역을 주관하기를 사모한다. "주님, 원합니다. 권능의 능력으로 역사하소서!"

두나미스의 권능

크라토스(권능)라는 낱말은 에베소서 1장 19절에서도 사용되었다. "그의 힘의 위력으로 역사하심을 따라 믿는 우리에게 베푸신 능력의 지극히 크심이 어떠한 것을 너희로 알게 하시기를 구하노라."

헬라어에는 '권능, 힘, 위력'이라는 의미를 가리키는 단어가 4개가 있는데 '두나미스'(dunamis)라는 낱말이 그 중 하나이다. 흥미롭게도 에베소서 1장 19절에는 두나미스와 크라토스가 동시에 사용되었는데, 두나미스는 상반절의 '그의 힘의 위력'을 가리키는 단어로, 크라토스는 '우리에게 베푸신 능력' 곧 우리 안에서 다스리시는 하나님의 능력을 가리키는 단어로 사용되었다.

이 두 단어를 구분해서 사용한 바울의 의도를 반영하여 위의 본문을 풀어서 말하면 다음과 같을 것이다. "그의 힘의 위력(dunamis)으로 역사하심을 따라 믿는 우리에게 베푸신 능력(kratos)의 지극히 크심이 어떠한 것을 너희로 알게 하시기를 구하노라." 문맥을 통하여 '크라토스'가 믿는 자의 삶 속에 실제로 '부어진' 하나님의 권능을 가리키는 반면, '두나미스'는 '하나님의 권능' 그 자체를 가리킨다고 할 수 있다.

두나미스는 예수님과 제자들이 기적과 이사를 일으켰던 능력이고, 동시에 오늘날 우리 믿는 성도들이 동일하게 행하도록 능력을 부여해주는 것이다. 모략의 영은 권능의 영이 풀어지게 한다. 그리고 강물 같은 기적의 강은 예수님의 영광을 위해서 폭발적으로 넘쳐 흐르기 시작할 것이다.

골로새서 1장 11절에 "그 영광의 힘(kratos)을 좇아 모든 능력(dunamis)으로 능하게 하시며"라고 말씀하는데, 이것이 바로 두나미스와 크라토스의 권능이다.

마지막으로 두 어휘의 대조적인 사용이 돋보이는 구절은 에베소서 3장 16절의 말씀이다. "그의 영광의 풍성함을 따라 그의 성령으로 말미암아 너희 속사람을 능력(dunamis)으로 강건하게(kratos) 하시오며." 본문의 말씀에 나오는 것처럼, 하나님은 우리 안에 두나미스의 권능이 나타나도록 하기 위해서, 우리의 속사람에게 크라토스의 능력으로 강건하게 하실 것이다.

사람을 낚는 어부들아, 일어나라!

하나님은 당신의 강한 권능이 증가되기 원하신다. 이미 하나님이 당신에게 허락하신 것들을 신실하게 감사하라. 그분의 강한 권능의 영을 당신에게 부어주시기를 간구하라. 디모데후서 2장 1절은 우리가 하나님의 은혜 안에서 어떻게 강해지는지를 말씀해주신다. "내 아들아 그러므로 네가 그리스도 예수 안에 있는 은혜 속에서 강하고."

먼저 하나님의 은혜를 감사하며 나아가기 시작하라. 에베소서 3장 7절은 우리가 하나님의 능력이 역사하시는 대로 하나님의 은혜의 선물을 따라서 사역하기 때문에, 복음의 일꾼이 되었다고 한다.

이것이 바로 당신을 향한 하나님의 계획하신 바이다. 당신은 하나님의 강권하시는 능력으로 넘치게 살아갈 수 있으며, 패배하여 물러서지 않고 눈앞에 직면한 일들을 돌파하여 소망을 향해 나갈 것이다. 그리고 당신을 강건케 하시는 예수 그리스도를 통해서 모든 것을 할 수 있다. 그러므로 하나님의 권능과 강건하신 능력 가운데 더욱 강건해지라.

권능의 영은 당신을 구원의 시작부터, 옛 사람의 자아를 버리고 예수님 안에서 새 사람으로 변화되어 속사람이 성숙되는 총체적인 과정을 인도한다. 결국 그리스도의 장성한 분량으로 성장하여 그분과 동행하게 되도록, 권능의 영이 당신을 강권하신다.

어떻게 주님 안에서 강건해질 수 있을까? 그것은 바로 날마다 하나님이 주시는 권능의 영의 기름부으심 안에서 살아감을 통해서이다. 시편 92편 12-14절을 보면, 우리가 하나님의 집에 거하면, 늙어도 여전히 풍부한 결실을 맺으며 종려나무와 같이 번성할 것이라고 말씀하신다. 당신이 거듭난 그리스도인이라면, 하나님은 친히 당신의 아버지가 되시며, 그리스도가 권능의 영으로 인도하사 그분의 승리 가운데로 당신을 인도하실 것이다(고후 2:14 참고). 당신은 하나님의 군대로 승리의 함성을 선포하도록 부름 받았다! 적들이 당신이 외치는 승리의 함성을 들을 때, 뒤로 물러나게 될 것이다. 우리는 승리하는 자들이다!

권능의 천사

예언적 말씀 선포는 그 누구도 부인할 수 없는 성경적 타당성을 갖고 있다. 성경은 셀 수 없는 비전과 환상들로 가득 차 있다. 우리는 단지 이러한 영적인 경험들이 일어나도록 시도하는 것에만 그치지 말아야 한다. 하나님은 우리가 그분을 더욱 알기 위해 간구하며 경배드릴 때, 이러한 예언적 경험들을 허락하신다.

휴스턴 집회에서 만난 천사

몇 해 전 휴스턴 집회에서 있었던 일이다. 설교를 준비하느라 나는 숙소를 떠나지 않고 있었다. 그러던 어느 순간 나는 1장에서 나눈 바 있는 그 장대한 천사와 다시 대면하게 되었다. 숙소에 나타난 천사는 아무 말도 하지 않고 나의 모습을 묵묵히 바라보았다.

천사를 대면하였던 그날 밤 저녁집회는 어떤 때보다도 강력한 하나님의 권능이 임하였다. 설교 도중 나는 큰 목소리로 "유다의 사자가 다스리십니다. 우리는 주님의 포효하시는 음성을 온 세상에 선포할 것입니다"라고 외쳤다. 이 선포를 들은 많은 이들이 도처에서 큰 소리로 예수 그리스도의 이름을 외쳤다. 참으로 뜨거운 열기였다.

얼마쯤 후 나는 청중들에게 자리에 앉아 달라고 말하며 다시 설교를 계속하려 하였다. 그 순간 주님께서 "이제 설교는 여기서 멈추어라!"라고 말씀하셨다. 나 역시 짧게 "알겠습니다. 주님!"이라고 대답하였다.

그날 밤 설교의 제목은 성령의 모략과 권능 간의 밀접한 관계에 대한 말씀이었다. 설교를 멈추자, 놀랍게도 거의 모든 청중들이 앞으로 뛰어나오기 시작했다. 문자 그대로 강대상을 향하여 사람들이 뛰어오는 것이었다. 그 순간 전날 밤 보았던 장대한 체구의 천사가 서 있는 모습이 보였다.

그리고 놀라운 성령의 역사가 시작되었다. 하나님의 기름부으심은 너무나 강해서 멈추게 할 수가 없었다. 사람들 가운데로 걸어가기만 하는데도 주변에 서 있던 이들이 우르르 바닥으로 쓰러지기 시작했다. 그저 한두 명씩 쓰러진 것이 아니라, 어떤 때는 열 명씩 혹은 열다섯 명씩 쓰러질 때도 있었다. 성도들이 다칠 것을 염려한 나머지 나는 이내 강대상으로 되돌아와야만 했다. 짧은 시간에 일어난 일이었지만, 수백 명의 사람들이 예수님을 구주로 영접하였고, 수많은 병자들이 동시에 치유를 받았다.

권능은 믿음을 자라게 한다

바로 그날 집회에는 몇 분의 목사님들이 함께 있었는데, 이분들은 당시 건물에 큰 진동이 있었다고 했다. 그리고 그 순간에 하나님께 어떤 것을 구하여도 다 응답될 것 같은 강한 확신이 마음에 찾아왔다고 말했다.

성령께서 우리를 방문하셨다는 것을 확인하는 증거 중의 하나가, 바로 담대함과 확신하는 마음이다. 담대함은 우리로 하여금 그 어떤 불가능도 이루어낼 수 있다는 믿음을 심어준다. 이러한 영적인 영역에 들어간 사람마다 반드시 큰 믿음의 증가를 경험하게 된다. 이 믿음은 단순한 신념의 확장과는 달라서, 아무런 변화도 없는 상황 속에서도 이전에 알지 못했던 자신감과 열정을 갖게 한다. 모든 불가능을 가능하게 하시는 하나님의 영의 충만함이 우리에게 어떤 일도 해낼 수 있다는 자신감을 가져온다.

어떤 모임에서는 설교가 시작되자마자 강한 성령의 임재가 임한 적도 있었다. 설교가 시작된 지 몇 분도 채 지나지 않았을 때, 강사 한 분이 자리에서 벌떡 일어나 강대상으로 오르며 이렇게 외쳤다. "지금 이 자리에 말로 표현할 수 없는 하나님의 믿음이 역사 하고 있습니다!" 그것은 사실이었다. 그러나 주님의 임재는 단순히 우리의 믿음을 크게 하는 정도가 아니라, 어느 때라도 폭발할 것만 같은 강력한 '권능의 영'으로 다가왔다.

그 순간 마치 나의 키가 15미터 정도나 되는 장대한 사람처럼 느껴졌는데, 정말이지 무슨 일이든지 다 해낼 수 있을 것만 같은 생각이 들었다. 우리가 믿는 어떤 것이라도 강력하게 이루어지도록 왕의 통치권이 폭발적으로 임하는 순간이었다.

이 믿음의 역사가 가장 분명하게 증거된 사건이 바로 골리앗과 다윗의 대결이었다. 다윗은 골리앗의 큰 키와 조롱하는 목소리에 조금도 눌리지 않았다. 육신의 눈으로 볼 때, 다윗은 결코 골리앗을 쓰러뜨릴 수 없는 사람이었다. 누가 보아도 그 싸움의 결과는 뻔했다. 하지만 다윗의 영은 이미 크신 하나님의 성령의 권능에 사로잡혀 있었던 것이다. 다윗에게 있어 골리앗은 한낱 메뚜기 같은 존재일 뿐이었다. "골리앗, 네가 이스라엘을 위협한 자이냐? 네가 지금 누구를 대적하여 함부로 입을 놀리고 있느냐? 네가 이제 속히 하나님의 권능의 영이 임하시는 것을 보게 되리라!" 거센 외침으로 골리앗을 꾸짖는 믿음의 청년 다윗의 모습이 생생하게 보이는 것만 같다. 사무엘상 17장 전체를 반드시 읽고 묵상하길 권한다.

다윗의 믿음 앞에 거대한 체구의 골리앗은 단번에 땅으로 고꾸라졌고, 이를 바라본 블레셋 사람들의 간담은 서늘하게 되었으며, 결국 이스라엘 군사들의 손에 죽음을 맞이하게 되었다. 한 사람이 수천의 군사들의 힘을 압도한 이 엄청난 기적의 비밀은 바로 '믿음의 능력'이었다.

권능의 영은 곧 하나님이 하나님 되심을 나타내는 능력이다. 이사야 선지자는 다음과 같이 말하였다. "여호와께서 열방의 목전에서 그의 거룩한 팔을 나타내셨으므로 땅 끝까지도 모두 우리 하나님의 구원을 보았도다"(사 52:10). 천지를 지으신 하나님의 팔이 역사하는 광경을 믿음의 눈으로 바라보라. 하나님의 권능에 대하여 당신은 얼마나 알고 있는가?

그 어떤 인간의 언어도 하나님의 권능을 충분히 묘사할 수 없을 것이다. 우주에 놓인 온 천하 만물을 친히 붙들고 계신 하나님의 거룩한 팔을 생각하여 보라. 그 능력의 하나님이 우리의 죄악을 처리하시지 못하겠는가? 주님의 능력은 실로 무한한 것이다. 그렇기 때문에 주님의 권능의 광대함을 깨닫는 자마다 큰 믿음의 진보를 경험케 될 것이다. 그들은 하나님의 권능 안에서 자신이 모든 것을 행할 수 있는 사람이라는 것을 깨닫게 된다. 이 광대하신 하나님께서 매일의 삶 속에 권능이 역사되기를 바라신다. 그 어떤 불가능도 없으신 하나님의 크신 권능의 강물 속으로 들어가지 않겠는가?

모든 이를 위해 예비된 하나님의 권능

성령은 모든 성도들이 그분의 광대한 기름부음의 능력 안에서 살아가기를 바라신다. 성령의 권능만이 사람의 마음을 하나님께로 돌이킬 수 있다는 것을 바울은 그 누구보다도 잘 이해했던 사람이다.

> 내 말과 내 전도함이 설득력 있는 지혜의 말로 하지 아니하고 다만 성령의 나타나심과 능력으로 하여 너희 믿음이 사람의 지혜에 있지 아니하고 다만 하나님의 능력에 있게 하려 하였노라(고전 2:4-5)

예수 그리스도를 증거하기 원하는 우리 모두의 삶도 이러해야 한다. 주님은 생명의 복음이 교회 밖으로 나와 온누리로 전파되기를 바라신다. 중요한 것은 이 복음의 일을 위하여 하나님께서 결코 인간적인 지혜와 힘을 의지하지 않으신다는 것이다.

학교와 회사와 쇼핑센터, 길거리, 교도소 등 세상의 수많은 사람들이 모여 있는 곳으로 나아가 그분의 사랑을 선포하기 원하시는 하나님만이 참된 전도자이시다. 주님의 복음 전도에 대한 부르심 앞에서 우리가 해야 할 일은 오직 하나뿐이다. 그것은 바로 "주님, 내가 여기 있사오니 나를 보내소서. 말씀하신 바대로 저의 삶을 통하여 이루소서"라는 헌신의 고백이다.

하나님은 우리의 삶에 기름부으심이 날로 증가되길 원하신다. 그것은 사람의 능력이나 힘으로 되는 것이 아니라, 성령님 안에서 하나님을 온전히 신뢰할 때 이루어진다. 하나님께서는 이러한 하나님의 권능의 영이 운행하는 영계에서 우리가 살아가기 원하신다. 그리하여 모든 사람이 "저것은 정녕 하나님만이 하실 수 있는 일이지 않은가?"라고 말하는 것을 듣게 될 것이다. 당신의 삶과 사역, 비즈니스에 동일한 하나님의 권능의 영의 기름부으심이 임하도록 간구하라.

이 하나님의 권능이 당신의 삶 속에도 찾아오실 수 있기를 염원하는가? 진정 당신의 삶이 하나님의 권능에 붙들림으로, 성령의 권능이 역사하는 권능의 통로가 되기를 바라는가? 정말 간절히 바라는가? 나는 하나님의 권능을 사모하는 일에 대해서는 그 누구에게도 뒤지고 싶지 않다. 정말 불같이 타오르는 하나님의 권능을 향한 심령의 목마름은 날이 갈수록 깊어만 간다. 이러한 나의 간절함을 아시는 주님은 지금도 날마다 새로운 하늘의 사건과 기적들로 내가 섬기는 사역의 현장을 축복하신다.

하나님은 언제나 새 일을 행하심으로써 인간의 높아진 마음들을 낮추시는 분이다. 매일 아침마다 우리는 이렇게 기도해야 할 것이다. "주님, 주님의 말씀을 따라, 오늘 제 하루 동안 더욱 새로운 주님의 권능의 일들이 저의 삶 속에 임하기를 원합니다. 모든 것에 넘치도록 역사하시는 주님의 광대하심을 제가 친히 바라보게 하옵소서"(엡 3:20).

모세에게 영광을 허락하셨던 하나님은, 이 시대를 사는 그 어떤 사람을 통해서라도 동일한 권능을 행하기 원하신다. 모든 불가능을 가능하게 하시는 살아계신 하나님의 권능을 말뿐만 아니라, 실제의 삶 속에서 증거할 때가 되었다. 모든 그리스도인들이 바로 이 사명을 위하여 부르심을 입었다는 사실을 결코 소홀히 여기지 말라.

이제 불가능한 것이 가능하게 되리라고 믿음으로 바라보아야 할 때가 왔다. 당신이 하나님의 권능이 나타나는 사역에서 100명의 사람들을 만났다면, 어떻게 하면 수천의 사람들이 하나님의 권능을 경험하게 할 수 있는지를 왜 간구하지 않는가? 당신의 도시에 이러한 일이 시작되도록 하자. 십만 명이 모여 그분의 권능의 영을 맛보았는데, 왜 나라 전체가 변화되는 일을 믿지 않는가? 더욱 큰 일들을 믿음으로 왜 간구하지 않는가? 또한 하나님께서 당신의 기도에 응답하여, 권능의 영의 강물 같은 기름부으심을 부어 주실 때, 당신은 그 기름부으심으로 무엇을 할 것인가?

하나님은 당신의 삶이 확장되고 배가되는 성장을 가져오기 원하신다. 그리고 100배의 증가를 원하신다. 하나님은 당신의 삶을 통해서 당신 주변의 세계에 영향을 미치기 원하시며, 이러한 일들이 지금 당신이 이 책을 읽는 순간부터 일어나기 원하신다. 내가 하나님 안에서 계속되는 새로운 영적 세계로 진입할 때마다, 내 자신의 힘으로 만들어낼 수 없는 하나님의 임재와 영광 그리고 겸손함이 내게 임하는 것을 경험하였다. 그리하여 내 입술이 하나님의 그 깊은 사랑과 자비하심에 대해서 찬미하지 않을 수가 없게 된다. 지금 이 순간 나는 하나님께서 권능의 영의 강물 같은 기름부으심을 당신에게 열어 주사, 하나님 나라의 강력함을 경험하도록 기도한다.

하나님의 권능은 우리를 향해 계획하신 하나님의 뜻을 이루어가는 영적 자원이다(사 46:10-11, 시 18:32). 바울이 말하였듯이 우리의 승리는 겨우 패배를 면하는 것이 결코 아니다. "그러나 이 모든 일에 우리를 사랑하시는 이로 말미암아 우리가 넉넉히 이기느니라"(롬 8:37). 우리에게 넉넉히 세상을 이기게 하는 것은 우리의 능력이 아니라, 오직 하나님께서 그렇게 하실 것이라는 분명한 '믿음'이다. "무릇 하나님께로부터 난 자마다 세상을 이기느니라 세상을 이기는 승리는 이것이니 우리의 믿음이니라"(요일 5:4). 우리는 믿음을 통해서만 하나님의 뜻이 우리 삶에 성취되는 삶을 선택해야 하며, 그것은 하나님이 그 일을 이루시리라는 신뢰와 확신을 가지는 믿음으로만 가능하다. 그리하여 하나님의 권능이 우리 안에 임하여 믿음을 낳게 되는 것이다.

우리의 삶 속에 실제적으로 부어진 하나님의 권능, 곧 크라토스 안에서 우리는 육신의 겉사람이 사랑하고 즐거워하던 모든 육신적 습관들을 타파하고, 그 정욕을 십자가에 못 박을 수 있으며, 나아가 거룩하신 그리스도 예수로 옷 입어야 한다(갈 5:13, 16).

하나님의 권능이 우리 위에 임할 때, 곧 두나미스의 권능은 기적과 경이로운 일들을 일으키는 능력을 가져다준다. 주님께서 당신의 마음의 눈을 열어 권능의 영을 바라보고 당신을 통해서 나타나기를 간구하자.

하나님의 권능이란, 하나님께서 당신의 삶에 목적하신 일들이 완수되도록 해주는 하나님의 능력으로 강건함과 용기를 뜻하며, 곧 기름부으심이다. 스가랴 선지자의 선포와 같이 하나님의 일은 '결코 사람의 힘으로 되지 아니하며 능력으로 되지 아니하고 오직 하나님의 영으로 되는 것'(슥 4:6)이다. 우리의 삶을 향해 많은 꿈과 비전을 품고 계신 하나님. 그 부르심의 목적을 위하여 그분의 크신 권능을 한껏 부어주기 원하시는 하나님 안으로 들어가지 않겠는가?

여호와여 주께서 지으신 모든 것들이 주께 감사하며 주의 성도들이 주를 송축하리이다 그들이 주의 나라의 영광을 말하며 주의 업적을 일러서 주의 업적과 주의 나라의 위엄 있는 영광을 인생들에게 알게 하리이다 주의 나라는 영원한 나라이니 주의 통치는 대대에 이르리이다(시 145:10-13)

당신이 성령의 다스리심을 온전히 받으며, 그분의 권능 안에 거하기를 기도한다. 성령의 권능의 영 안에 거하는 당신의 삶을 통해, 하나님 나라와 능력이 증거되는 것을 경험하게 될 것이다. 창조자의 권능 앞으로 나아와 그 권능이 실제 우리 삶이 되게 하라고 하나님께서 말씀하신다. 하나님은 하늘의 권능이 우리 삶 속에 강물같이 역사되게 하시며, 그 권능을 본 사람들 모두가 하나님 나라의 큰 영광을 깨닫게 되기를 바라신다.

이것이 바로 성령의 권능이 영이 우리에게로 임하시는 궁극적인 목표다. 당신의 삶을 통해 하나님 나라와 그 통치권이 선포되는 것을 보게 되리라. 그것이 바로 강력한 권능의 영의 나타나심이다. 하나님의 뜻이 하늘에서 이루어짐과 같이 땅에서도 이루어지리라!

Chapter 14
Surrender to the Spirit

여호와를 아는 지식의 영

목회자로 헌신하기 전에 있었던 일이다. 여느 때와 마찬가지로 새벽 5시에 일어나 회사로 출근하려던 참이었다. 운전석에 몸을 싣고 시동을 걸었다. 그때 트럭계기판에 오일이 부족하다는 신호가 들어왔다. 차에서 내려 엔진뚜껑을 열고 오일을 주입하려는 순간, 손으로 직접 만질 수 있을 것만 같은 주님의 강한 임재가 느껴졌다. 거룩한 두려움이 내 영혼 전체로 엄습하였다.

그때 부드럽고도 친절한 음성이 쌀쌀한 새벽 공기를 가르며 임하였다. "뒤를 돌아보아라." 그것은 의심할 바 없는 하나님의 음성이었다. 피부가 오싹해지고 머리털 전체가 꼿꼿하게 서는 것만 같았다. '주님의 모습을 드디어 뵙는 건가?' 하는 생각에 서서히 몸을 돌려 뒤를 바라보았다. 그 순간 나의 눈에 형언할 수 없이 아름다운 밤하늘이 녹아져 들어왔다. 그것은 거대한 비단 같은 새벽하늘에 수놓아진 수천 수만 개의 별빛이었다. 정말 놀라우리만치 아름다운 광경이었다.

고개를 한껏 뒤로 젖혀 하늘에 박힌 별들을 바라보는 순간, 한없이 밝은 별 하나가 동쪽에서 서쪽 하늘을 향해 빠르게 미끄러지며 움직이는 것이 보였다. 시야에서 사라질 때까지 한참 동안 그 별을 쳐다보았다. 그때 온 우주를 지으신 하나님의 광대하심이 나의 온 영혼 속으로 부어지기 시작했다. 너무나 크셔서 인간의 생각과 마음으로는 도저히 상상할 수 없는 크신 하나님, 그 하나님에 대한 생각이 가슴 속에 가득하게 되었다.

어쩌면 이 광대한 새벽하늘을 바라보게 하심으로써 더욱 깊은 하나님의 진리를 부어주시려는 것은 아닌가 하는 생각이 들었다. 새벽 잠기운이 온데간데 없이 사라지자 나의 영혼은 그 어떤 순간보다도 맑고 투명해졌다. 주님이 나를 찾아오셨다는 감격을 한껏 품은 채 사무실로 급히 운전을 했다. 그리고 미끄러지듯이 책상 의자에 손을 모으고 무릎을 꿇었다. 이유를 알 수 없는 간절한 눈물이 흐르기 시작했다.

주님을 영접한 후 6개월 동안 하루도 빠지지 않고 새벽 기도를 드렸던 첫 사랑의 심령이 회복되기 시작했다. 그리고 다음과 같은 고백의 기도가 내 입에서 흘러나왔다. "주님, 이제 저의 모든 삶을 주님께 헌신합니다. 남아있는 저의 전 생애동안 주님만을 섬기겠습니다. 가진 것 모두 주님께 내어드립니다."

주님을 영접하면서 조금씩 자라나기 시작했던 감사의 마음을 모아 나는 주님의 일만을 행하는 주의 종이 되겠노라는 헌신의 결심을 하였다. 결국 이 새벽의 부르심이 전기 사업자로서의 삶을 정리하고 주님의 종으로 나를 헌신케 했다.

헌신의 기도를 드리는 순간, 사무실 건물 전체가 주님의 영광으로 가득해졌다. 나의 영혼이 송두리째 하늘의 영광을 찬미하는 듯했다. 그 순간 하나님께 속한 무언가가 선물로 주어졌다는 생각이 들었다. 그것은 바로 예전에 알지 못했던 '하나님의 깊은 것'에 대한 거룩한 지식이었다. 창조자 하나님의 가장 깊은 곳까지 알게 하는 지식의 영(Spirit of knowledge)을 나에게 부어주신 것이었다. 이것이 바로 이사야서 11장 2절이 말하는 지식의 영이었다.

성령의 지식의 영 가운데서 행하는 사람은 말 그대로 하나님을 알게 되며 그분과의 깊고 깊은 사귐 가운데로 들어가게 된다. 그날 이후, 나는 하루도 거르지 않고 깊은 기도의 자리로 나아갔다. 정말 광대하신 주님을 계신 그대로 뵙고 싶었다. 너무나 목이 말랐다. 만나는 사람마다 하나님에 대하여 물어 보았다. 어떤 날은 정말 손이 발이 되도록 하나님께 간절한 심정으로 기도를 드리기도 했다. 도서관에 있는 기독교 관련 서적은 거의 모두 한 번씩 읽어보았고, 심지어 목사인 형에게 부탁하여 하나님에 관하여 내가 읽을 수 있는 책이나 자료는 모두 빌려 달라고도 했다. 깊이 파면 팔수록 나의 목마름은 더욱 깊어만 갔다. 주님을 알면 알수록 더욱 많은 것을 알고 싶어졌다. 감사하게도 주님은 언제나 나의 목마름과 궁금증들을 아름답게 채워 주셨다.

지식의 영이란 무엇인가?

나는 누구보다도 성령의 지식의 영을 사랑한다. 하나님의 일곱 영 중 하나인 이 지식의 영의 가장 중요한 기능은 지금까지 우리가 상상하지도 못했던 하나님의 성품들을 통찰할 수 있게 해준다는 것이다. 또한 지식의 영은 우리로 하여금 삶의 모든 순간들을 하나님의 관점으로 바라보게 해준다. 이것은 결코 인간의 이성의 기능을 통하여 도달할 수 있는 것이 아니다. 책을 읽고, 공부를 하고, 토론을 해서는 결코 깨달을 수 없는 하나님에 대한 통찰이 바로 지식의 영을 통해서 가능해진다. 이것이 결국 모든 믿는 자들이 소망하는 바가 아니던가?

> 믿음으로 말미암아 그리스도께서 너희 마음에 계시게 하시옵고 너희가 사랑 가운데서 뿌리가 박히고 터가 굳어져서 능히 모든 성도와 함께 지식에 넘치는 그리스도의 사랑을 알고 그 너비와 길이와 높이와 깊이가 어떠함을 깨달아 하나님의 모든 충만하신 것으로 너희에게 충만하게 하시기를 구하노라(엡 3:17-19)

하나님에 대한 놀라운 지식의 말을 하는 사람을 가까이에서 만나본 적이 있는가? 그 사람의 몇 마디 말들이 당신의 마음을 온통 사로잡았던 적은 없는가? 마치 자석의 반대극끼리 철컥하고 붙어버리는 것처럼, 몇 시간이고 하나님에 대한 지식의 말들을 더 청해 듣고 싶은 사람을 만난 적이 있는가? '아, 이 사람은 정말 하나님을 경험한 사람이구나. 논변이나 이성이 아니라 정말 살아계신 하나님을 깨달은 사람이구나!' 하는 감동의 찬사가 저절로 흘러나오게 되는 그런 사람을 만난 적이 있는가?

이런 사람들은 세상이 알 수 없는 방식으로 하나님의 영광을 주변 사람들에게 발산한다. 그들은 '아, 나도 저 사람이 만난 하나님을 만나고 싶다!' 라는 영혼의 소망을 우리에게 한껏 던져준다. 단 15분만 이야기를 나누어도 몇 년 동안 받았던 것보다 더 큰 영적 감동과 도전을 주는 사람들. 이들은 정녕 하나님을 알게 하는 성령의 '지식의 영' 안에서 살아가는 사람들이다.

여호와의 성산인 시내 산 꼭대기로 올라간 모세, 그는 정녕 그 누구보다도 성령의 지식의 영을 간절히 사모했던 사람이었다. 산 아래로 내려온 모세의 얼굴에는 모든 사람이 두려워할 만한 하나님의 영광의 광채가 가득했다. 이스라엘 백성들은 모세를 따르고 신뢰했는데, 이유는 모세가 하나님을 아는 지식으로 그분과 연합하였기 때문이다.

진리를 깨닫는다는 것

지식의 영은 우리에게 하나님의 임재를 직관적으로 통찰하게 한다. 그리고 모든 일들을 지각(perceive)하고, 분별(discern)하며, 밝히 아는(know) 하나님의 성령의 지식을 우리에게 가져다준다. 하나님께 속한 지식은 오직 성령의 '계시'를 통해서만 깨달을 수 있으며, 인간 중심의 노력으로는 결코 접근할 수 없다. 하나님은 사람이 책을 읽고, 토론을 하고, 쟁론을 벌인다고 해서 이해되고 분석되시는 분이 아니다.

'누군가에 관하여 아는 것과 누군가를 친히 아는 것' 사이에는 엄청난 차이가 있다. 예를 들어 많은 사람들이 미국의 대통령에 관한 정보를 가지고 있지만, 정작 그와의 사귐과 친분을 통해 깊은 우정과 삶을 나누고 있는 사람은 극히 소수이다. 이와 같은 원리가 하나님과의 관계에서도 적용될 수 있다. 거대한 바위의 쪼개어진 틈으로 직접 들어가 바위 속의 세계를 경험하는 것과 바위 주변만을 더듬으며 바위에 대한 많은 상념들을 늘어놓는 것은 결코 같은 일일 수 없다. 아가서는 우리를 향한 하나님의 열정적인 사랑을 잘 보여준다. "바위 틈 낭떠러지 은밀한 곳에 있는 나의 비둘기야 내가 네 얼굴을 보게 하라 네 소리를 듣게 하라 네 소리는 부드럽고 네 얼굴은 아름답구나"(아 2:14).

거룩한 지식이란 하나님께서 친히 우리에게 자신을 계시하실 때, 그분에 대해서 알게 되는 초자연적인 능력이다. 지식의 영은 하나님을 만날 때, 하나님의 깊은 것을 알게 하는 거룩한 계시들을 우리에게 허락하시는 것이다.

이러한 하나님의 지식을 가지고 우리는 새로운 관점으로 매일의 삶을 바라볼 수 있게 된다. 이번 장에서는 하나님을 깊이 알고 그분의 방법들을 알기 위한 내용들을 전한다. 이것은 실제로 우리가 하나님의 깊은 것들을 깨닫고, 보다 깊은 곳으로 우리를 부르시는 소명의 자리로 인도함을 받는 것이다. 지식의 영이 당신의 삶을 통해서 강권하시는 강물같이 흘러넘칠 때, 당신은 보다 심오한 깊은 곳으로부터 능력 가운데 영원히 변화될 것이다. 당신은 하나님의 광대하심의 깊은 곳과 여호와를 알게 되는 지식의 강으로 헤엄치게 될 것이다. 주님이 당신의 삶을 주관하여 넘쳐 흘러갈수록, 다른 사람들이 당신에게 하나님에 관하여 묻게 되는 일들이 빈번해질 것이다. 이것이 바로 당신에게 임한 여호와를 아는 지식의 영의 충만함의 실제이다.

하나님의 임재

어느 집회에서 강사로서 말씀을 전하던 중 찬양시간이 되어 모두가 함께 찬양을 드리고 있었다. 그런데 갑자기 깊이가 한량없는 하나님의 영광이 모임장소에 임하기 시작했다. 강대상으로 다시 올라가 나는 요한계시록 4장 8절의 말씀을 봉독했다. "거룩하다 거룩하다 거룩하다 주 하나님 곧 전능하신 이여 전에도 계셨고 이제도 계시고 장차 오실 이시라."

그 순간 주님의 거룩하신 임재가 강력하게 회중 가운데로 임하였다. 그것은 마치 거대한 댐의 수문이 열리고 더할 나위 없이 강한 물줄기를 내뿜는 것과 같았다. 온 대기가 전기입자에 감전된 것 같은 순간이었다. 거대한 하나님의 성령의 임재가 성전 안에 가득했다. 회중으로 다가오시는 하나님의 거룩한 발걸음 소리가 들리는 것만 같았다.

찬양팀 형제들이 한 명씩 바닥으로 쓰러지기 시작했다. 그들은 모두 주님의 임재 앞에서 흐느끼기 시작했다. 그 와중에도 끝까지 악기를 연주했던 사람은 친한 친구인 데니스였다. 그는 최선을 다해 건반연주를 계속 하려고 온 힘을 다해 버텼다. 하지만 결국 얼마 가지 못해 데니스도 바닥에 쓰러지고야 말았다.

청중을 향하여 시선을 돌리니 많은 사람들이 여기저기서 울고 있는 모습이 보였다. 어떤 이는 바닥에 쓰러져 있었고, 어떤 이는 겸손히 무릎을 꿇고 기도하고 있었다. 머쓱한 모습으로 서 있는 사람은 오직 나 한 사람뿐이었다. 하지만 나 역시 주님의 강한 임재를 견딜 수 없었고, 마룻바닥에 털썩 엎드러지고 말았다.

큰 집회장소의 대기 전체가 하나님을 증거하는 성령의 지식의 영으로 충만해 있었다. 마치 주님의 손을 붙잡을 수 있을 만큼 강한 임재였다. 그날 밤 수많은 사람들이 살아계신 하나님을 친히 뵙는 역사가 나타났다. 죄로 인하여 찢긴 심령이 된 많은 이들의 마음을 새롭게 하시는 주님의 긍휼이 가득한 밤이었다.

거듭난 지 얼마 되지 않았던 나에게 이와 비슷한 일이 찾아왔었다. 초신자였지만 주님의 은혜 안에서 나는 성령님의 운행하심에 대한 크고 작은 체험들을 계속하고 있었다. 그러던 어느 날, 나는 섬기던 교회의 중고등부 학생들을 상대로 하여 짤막한 신앙간증을 해달라는 부탁을 받게 되었다. 무슨 말씀을 나눌까 고민하던 차에 나는 우연히 사도행전 2장을 묵상하게 되었다. 급한 바람같이 제자들 위로 강림하셨던 성령에 대한 기록을 읽는 순간 나의 마음속에 간절한 기도가 임하기 시작했다. 그 말씀을 붙잡고 몇 시간 동안 쉬지 않고 기도를 드렸다. "주님, 오늘 밤 이 사도행전 2장의 기록과 같이 급하고 강한 바람으로 우리 가운데 찾아와 주십시오. 사도들에게 그렇게 하셨던 것처럼, 오늘 모임에 찾아올 모든 아이들에게 주님의 권능을 보여 주십시오."

이웃이라야 모두가 가족처럼 알고 지내는 작은 텍사스 마을에 '미스터 밀러'가 신앙간증을 한다는 소문이 쫙 퍼졌다. 이 소식을 들은 많은 아이들이 하나둘씩 교회로 모여들기 시작했다. 그날 밤 주님은 나의 간절한 기도에 정말 놀랍게 응답해 주셨다. 아마 내가 사는 날 동안은 그날의 기억을 결코 잊지 못할 것이다.

간증자에 대한 간략한 소개가 끝나고 마이크가 있는 강대상으로 나갔을 때 무슨 말부터 시작해야 할지 막막했다. 겨우 말문을 열기 시작했다. 놀랍게도 간증을 시작하자마자, 술렁이던 예배장소의 분위기가 변화되기 시작했다. 한 아이가 갑자기 강대상 앞으로 걸어 나오기 시작했다. 나에게 무슨 화라도 난 것일까 하는 걱정스런 생각이 들었다. 바로 내 앞까지 나온 아이는 온 몸을 던지 듯 나에게로 안겼다. 머리를 내 어깨에 얹은 채 주체할 수 없는 눈물을 하염없이 흘리기 시작했다. "아저씨가 만난 그 하나님을 저도 만나게 해주세요." 형언치 못할 사랑과 긍휼의 마음이 샘솟기 시작했다. 함께 눈물을 흘리지 않고는 견딜 수 없게 되었다. 그렇게 몇 분을 자리에 털썩 앉아 아이와 함께 울었다. 간증을 나누어야 한다는 것도 까맣게 잊은 채 말이다.

마음을 가다듬고 다시 마이크를 잡고 자리에서 일어났다. 그 순간 더욱 놀랄 만한 일이 일어났다. 그 자리에 참석한 33명의 학생들이 모두 자리에서 일어나 있었던 것이다. 아이들의 얼굴은 이미 눈물로 뒤범벅 되어 있었다. 이들의 표정 속에는 하나님을 만나고 싶다는 열망으로 가득했다. 이 작은 모임에서의 경험은 이후 나의 삶에 엄청난 영적 영향력을 끼친 계기가 되었다. 작은 텍사스 시골마을의 예배당에서 일어난 일이었지만, 그것은 분명 하나님의 성령께서 강림하신 결과였다. 여호와를 알게 하는 성령의 지식의 영이 친히 우리에게 찾아오셨고, 그분 안에서 우리는 살아계신 하나님을 친히 뵈었던 것이다.

하나님의 얼굴을 친히 대하는 영적 계시의 순간이야말로 모든 성도의 간절한 소망이 아닐 수 없다. 이 하나님의 임재가 찾아오는 곳마다 사람들은 "우리가 어떻게 해야 구원을 얻을 수 있겠습니까?"라는 부르짖음으로 나아올 것이다. 지나온 순간순간마다 하나님은 손을 들고 기도하는 것이 전부였던 나의 사역의 현장을 놀랍게 축복해 주셨다. 간절히 구할 때마다 거절하지 않으시고 은혜로 채워주시는 하나님은 얼마나 좋으신 분이신지 모르겠다.

넉넉히 이기는 삶

성령의 지식의 영이 교회 가운데 부어질 때, 우리는 하나님의 생각과 마음, 뜻과 계획을 깨닫게 된다. 곧 우리는 하나님의 관점과 방법으로 생각하고 바라보게 되고, 그리스도의 마음과 생각 안으로 들어가게 된다. 그리고 날마다 성령 안에서 승리하는 자로 살아가는 법을 배우게 된다. 요한복음 17장 15절에서 예수님은 세상에서 우리들을 데려가려고 오신 것이 아니라고 말씀하셨다. 예수님은 우리를 안전한 가운데 보전하기 위함이라고 말씀하시면서 기뻐하라고 하셨다. 왜냐하면 예수님이 이 세상을 이긴 것같이 우리도 세상을 이긴 승리자라고 기도하셨기 때문이다.

하나님이 오늘날 찾으시는 사람은 바로 이런 사람이다. 순간마다 성령 안에서 빛의 승리를 거두는 사람, 아버지의 진리로 어둠의 유혹을 제압하는 성령의 사람들을 찾으시는 것이다. '넉넉히 이기는 자'만이 아버지를 기쁘시게 하는 믿음의 사람들이기 때문이다. 이런 승리자의 삶을 당신도 살고 싶은가? "이것을 너희에게 이르는 것은 너희로 내 안에서 평안을 누리게 하려 함이라 세상에서는 너희가 환난을 당하나 담대하라 내가 세상을 이기었노라"(요 16:33).

예수 그리스도를 높이시는 성령

성령님의 가장 큰 소망은 하나님 아버지의 진리와 예수 그리스도를 높이시고, 그 사랑을 이 땅 위에 증거하시는 것이다. 성령의 지식의 영이 부어지면 우리는 하나님의 광대하심을 통찰할 수 있다. 당신은 영적 변화를 향한 타는듯한 목마름을 가진 사람인가? 그렇다면 성령께 당신 안에 그리스도의 영광을 더욱 크게 보여 주실 것을 구하라.

우리의 신앙의 가장 큰 목표이자 소망은 하나님을 더욱 친밀히 아는 것이다. 이보다 더 귀한 일이 어디 있겠는가? 다니엘은 "오직 자기의 하나님을 아는 백성은 강하여 용맹을 떨치리라"(단 11:32)고 말하였다. 그렇다. 우리의 소망은 오직 하나님을 아는 자들이 되는 것이며, 이 진리의 지식 안에서 새로운 영적 용맹을 회복하는 것이다. 지금 주님은 당신의 교회를 향하여 그 어떤 때보다도 풍성한 지식의 성령을 붓고 계신다. 온 마음의 소망, 온 영혼의 에너지를 다하여 기도하라. "주님, 더욱 주님을 알기 원합니다." 성령의 지식의 영을 만남으로 인생의 변화를 경험하였던 베드로는 다음과 같이 기록하였다.

> 하나님과 우리 주 예수를 앎으로 은혜와 평강이 너희에게 더욱 많을지어다 그의 신기한 능력으로 생명과 경건에 속한 모든 것을 우리에게 주셨으니 이는 자기의 영광과 덕으로써 우리를 부르신 이를 앎으로 말미암음이라 이로써 그 보배롭고 지극히 큰 약속을 우리에게 주사 이 약속으로 말미암아 너희가 정욕 때문에 세상에서 썩어질 것을 피하여 신성한 성품에 참여하는 자가 되게 하려 하셨느니라(벧후 1:2-4)

수많은 실수를 반복한 베드로는 결국 성령을 통하여 하나님과 우리 주 예수 그리스도를 아는 사람으로 바뀌게 되었다. 하나님을 아는 것은 결국 그리스도를 체험한 살아있는 믿음으로만 가능한 일이다. 아무리 많은 성경 지식을 가졌다 해도 그것이 우리와 하나님을 하나 되게 할 수 없다. 오직 우리 안에 거하시는 성령만이 우리를 하나님의 임재와 영광 앞으로 데려갈 수 있는 분이시다. 말씀이 당신의 삶 속에서 또렷한 '빛'으로, '진리'로 드러나고 증거될 때까지 쉬지 말고 말씀을 고백하고 기억하고 적용하라. 말씀 안에 지속적으로 거할 때, 그 말씀은 결국 당신에게 그리스도를 계시할 것이다. 그리고 그 순간 모든 일을 행할 수 있게 하시는 그리스도의 영광의 강력을 아는 사람이 될 것이다.

하나님의 지식으로 옷 입기

우리는 성령의 지식의 영을 통해 하나님 알기를 매일같이 힘써야 한다. 주님을 만나는 것이 결코 일회적 사건에서 그치지 않게 해야 한다. 나는 모든 독자들이 하나님을 아는 지식의 충만함으로 옷 입은 사람이 되기를 바란다.

찰스 피니는 바로 하나님을 아는 지식으로 옷 입은 대표적인 사람이었다. 그는 하나님을 그 누구보다도 깊이 경험한 사람이었으며, 이 때문에 그의 삶에는 하나님의 영광의 권능이 강하게 역사하였다. 그가 어떤 장소에 나타나기만 해도 많은 사람들은 초자연적인 방식으로 성령을 경험했다. 빌리 그래함은 어떤가? 누구나 이해할 수 있는 쉬운 메시지를 전하고 있음에도 불구하고 그의 전도집회에는 언제나 회심하는 사람들로 가득하였다. 바로 하나님을 아는 지식으로 옷 입은 사람이 말씀을 전했기 때문이다.

친구 중에 20년이 훨씬 넘게 교회생활을 했던 사람이 있다. 찬양인도자이기도 했던 그가 어느 날 빌리 그래함의 전도집회에 우연히 참석하게 되었다고 한다. 불신자들을 초청하는 순서가 되었을 때, 내 친구는 운동장 가득히 강한 하나님의 임재가 임하는 것을 느낄 수 있었다고 한다. 그 영광이 얼마나 컸는지 심지어 자기 자신도 회심자들의 대열에 끼어 앞으로 나가야 할 것만 같았다는 말을 했다.

조나단 에드워즈도 하나님을 아는 지식으로 충만했던 사람이다. 가냘프게 보이는 철사안경을 낀 조나단 에드워즈의 일상생활에는 두드러진 영적 카리스마가 없었다고 한다. 하지만 그가 설교강단에 올라 하나님의 불 같은 말씀들을 입으로 증거할 때는 언제나 강한 성령의 능력이 드러났다. 사람들이 의자에서 쓰러졌고, 사시나무 떨듯이 온 몸을 떨기도 했다. 그 무엇보다도 중요한 것은 많은 사람들이 예수 그리스도의 십자가 구원의 메시지에 아멘으로 화답했다는 것이다. 그의 유명한 설교인 '진노의 하나님의 손에 놓인 죄인들'(Sinners in the Hands of an Angry God)은 당시 뉴잉글랜드 전체에 영적 대각성을 가져온 계기가 되었다. 이 설교문을 읽어 본 사람 중에 혹시 "뭐 특별한 내용은 없던데요?"라고 항변할 사람이 있을지도 모르겠다. 그러나 이 설교문을 읽어 내려가는 조나단 에드워즈에게 역사하신 성령님은 불같은 하늘의 영광으로 청중들의 영혼을 사로잡으셨다. 이것이 바로 성령의 지식의 영이 일하신 결과이다! 우리는 진정 시내 산 정상을 향하여 한 걸음씩 나아갔던 모세의 마음을 회복해야 할 것이다. "주님, 주님이 계시지 않는 곳으로는 한 걸음도 움직이고 싶지 않습니다. 이전에 경험하지 못한 하나님을 오늘 새롭게 알게 하옵소서. 주님을 더욱 깊이, 더욱 친밀히 뵙고 싶습니다." 이러한 모세의 기도가 당신에게 있는가?

> 내가 참으로 주의 목전에 은총을 입었사오면 원하건대 주의 길을 내게 보이사 내게 주를 알리시고 나로 주의 목전에 은총을 입게 하시며 이 족속을 주의 백성으로 여

기소서(욜 33:13)

하나님과 동역하는 삶

그 누구보다도 성령의 음성에 민감했던 분은 바로 예수님이시다. 예수님은 열두 살 때부터 성령의 충만 안에서 하늘에 속한 진리의 말씀을 선포하셨다. 예루살렘 성전에 서 계셨던 예수님은 당시의 대율법사들을 놀라게 하는 지혜의 말을 하셨다. "내가 내 아버지 집에 있어야 될 줄을 알지 못하셨나이까"(눅 2:49). 하나님 아버지의 일에 대한 예수님의 애정과 헌신은 훗날 공생애 중에 하신 다음의 말씀을 통해 더욱 분명히 알 수 있다. "예수께서 그들에게 이르시되 내 아버지께서 이제까지 일하시니 나도 일한다 하시매"(요 5:17).

예수님의 말씀을 다시 풀어 말하면 다음과 같을 것이다. "내 아버지께서 지금 그분의 일들을 친히 행하고 계심을 나는 아노라. 지금까지 쉬지 않고 일하시는 아버지를 내가 아는데 어찌 아버지의 일을 돕지 않을 수 있는가? 그러니 나도 아버지의 일을 위한 동역자로 기꺼이 나의 삶을 내어 드리고자 한다."

예수님은 진정 하나님 아버지의 일을 돕기를 소망하셨다. 예수님은 결코 그분의 자의를 따라, 그분의 원하시는 일을 행하려고 이 땅에 오신 분이 아니다. 예수님의 말과 삶은 철저히 아버지가 하고 계신 것을 그대로 이루기 위한 통로였다. 다음에 인용하는 말씀들을 깊이 묵상해 보기 바란다.

그러므로 예수께서 그들에게 이르시되 내가 진실로 진실로 너희에게 이르노니 아들이 아버지께서 하시는 일을 보지 않고는 아무 것도 스스로 할 수 없나니 아버지께서 행하시는 그것을 아들도 그와 같이 행하느니라 아버지께서 아들을 사랑하사 자기가 행하시는 것을 다 아들에게 보이시고 또 그보다 더 큰 일을 보이사 너희로 놀랍게 여기게 하시리라(요 5:19-20)

예수님은 과연 어떻게 아버지의 하시는 일들을 '보실 수' 있었을까? 그 비밀은 바로 성령님이셨다. 이것은 영적인 지각, 즉 진리의 깨달음을 성령님께서 우리에게 공급하시는 것이다.

하나님이 우리를 부르신 것은 하나님의 행하시는 일들을 아는 자가 아니라 쉬지 않고 일하시는 하나님을 구체적으로 경험케 하시기 위함이다. 여호와를 아는 지식의 영은 하나님의 깊은 것과 비밀들을 우리로 알게 하시는 초자연적인 능력이다.

하나님의 깊은 마음을 알기 원하는가? 하나님을 온전하게 추구하라. 그리고 하나님과 성령 가운데 동역하라. 여호와를 아는 지식을 위해 기도하라. 그러면 여호와를 이해하고 그분의 마음을 깨닫게 된다. 하나님의 현존하는 깊은 임재 안으로 들어가도록 기도하라.

바울은 하나님만을 얻기를 원하는 그의 간절한 소망을 위하여 누구보다도 치열한 삶을 살았던 사람이다.

그러나 무엇이든지 내게 유익하던 것을 내가 그리스도를 위하여 다 해로 여길뿐더러 또한 모든 것을 해로 여김은 내 주 그리스도 예수를 아는 지식이 가장 고상하기 때문이라 내가 그를 위하여 모든 것을 잃어버리고 배설물로 여김은 그리스도를 얻고 그 안에서 발견되려 함이니 내가 가진 의는 율법에서 난 것이 아니요 오직 그리스도를 믿음으로 말미암은 것이니 곧 믿음으로 하나님께로부터 난 의라 내가 그리스도와 그 부활의 권능과 그 고난에 참여함을 알고자 하여 그의 죽으심을 본받아(빌 3:7-10)

이 얼마나 놀라운 고백인가? "나는 정녕 그리스도가 아닌 그 어떤 것도 배설물처럼 여기노라"고 외치는 바울의 심장소리를 듣는 것만 같다. 이것이 바로 하나님을 따르기로 작정하는 사람의 태도이다. 하나님을 아는 지식을 발견하고자 하는 바울의 고백이다.

예수 그리스도의 계시

사도 바울은 자신이 받은 복음의 진리가 혈과 육이 아닌, 예수 그리스도를 아는 지식의 계시로부터 얻게 되었다고 말하였다.

> 형제들이여, 내가 여러분에게 전한 복음은 사람들에게서 나온 것이 아니라는 것을 알기 바랍니다. 그것은 내가 사람에게서 얻은 것도 아니고, 사람에게서 배운 것도 아닙니다. 그것은 예수 그리스도께서 내게 보여 주신 것입니다. 여러분은 내가 어떻게 살아왔는가를 들었을 것입니다. 나는 유대교에 속한 사람이었습니다. 나는 하나님의 교회를 몹시 박해했을 뿐 아니라, 아예 없애 버리려고까지 계획했습니다. 나는 나와 나이가 비슷한 다른 유대인들보다 더 열심히 유대교를 믿었습니다. 또한 그 누구보다도 조상들의 전통을 지키는 데 열심이었습니다. 그러나 내가 태어나기 전부터 하나님께서는 나를 따로 세우셔서 은혜로 나를 부르셨습니다. 그래서 나에게 하나님의 아들에 관한 복음을 이방인에게 전하게 하시고, 하나님께서 그 아들을 내게 보이셨습니다. 하나님께서 나를 부르셨을 때에 나는 어떤 혈육을 통해서도 가르침이나 도움을 받지 않았습니다(갈 1:11-16, 쉬운 성경)

그리스도 예수의 직접적인 계시를 통하여 받은 복음의 진리를 경험하였던 바울은 이 진리의 경험에 근거한 담대함으로 모든 성도들에게 그리스도의 복음을 분별하게 되기를 간절히 기도하였다. 아래에 인용한 바울의 고백을 통하여 더욱더 하나님 알기를 소망하는 우리가 되기를 기도한다.

> 그 소식을 들은 날부터 우리는 여러분을 위해 계속 기도하고 있습니다. 우리는 여러분이 하나님의 뜻을 분별하게 되기를 기도하고, 또한 하나님께서 영적인 지혜와 총명을 내려 주시기를 기도합니다(골 1:9, 쉬운 성경)

> 우리 주 예수 그리스도의 하나님, 영광의 아버지께서 지혜와 계시의 영을 여러분에게 주셔서 하나님을 더 잘 알게 하시며, 여러분의 마음을 밝혀 우리에게 주시려고 예비해 두신 것을 깨닫도록 기도합니다(엡 1:17-18, 쉬운 성경)

은혜와 평강

"하나님과 우리 주 예수를 앎으로 은혜와 평강이 너희에게 더욱 많을지어다"(벧후 1:2). 이것은 베드로 사도의 축복의 말이다. 이 짧은 인사에는 실로 놀라운 영적 진리가 숨어 있다. 우리가 그토록 소망하는 '은혜와 평화'는 오직 '하나님을 아는 지식'으로써 가능하다는 것이다. 지식의 영의 도움으로 우리의 영과 마음이 하나님과 깊게 연합하게 되는 것이다. 우리의 속사람은 하나님과의 연합으로 신의 성품에 참예하는 자가 되는 것이다. 우리가 하나님의 말씀 안에서 양육되고 성장하기 위해서 그분의 순전한 지식의 영을 받는 것이 필요하다. 지식의 영은 정결하고 순전한 마음으로 날마다 하나님과 동행하도록 강권하신다. 그리하여 우리는 영광의 소망이신 예수 그리스도의 장성한 분량까지 성숙하게 될 것이다.

거대한 체구의 천사를 만났던 간증을 기억하는가? 양팔에 적혀 있었던 천사의 이름을 기억하는가? 그것은 바로 '성숙과 권능'이었다. 하나님의 거룩한 능력으로만 우리는 신의 성품에 참예하는 자들이 될 수 있다. 그리고 하나님을 아는 지식의 영의 도우심으로 우리가 그리스도의 성숙한 분량에 이를 수 있다. 내가 다시 강조하는 것은, 그것이 하나님을 머리로만 아는 지식을 의미하는 것이 아니라는 점이다. 여호와를 아는 지식의 영은 우리의 자아를 깨뜨리고, 우리를 근본적으로 변화시키며, 종국적으로 우리가 그리스도의 마음을 품도록 보다 깊은 하나님의 인도하심으로 이끌어 준다.

> 능히 모든 성도와 함께 지식에 넘치는 그리스도의 사랑을 알고 그 너비와 길이와 높이와 깊이가 어떠함을 깨달아 하나님의 모든 충만하신 것으로 너희에게 충만하게 하시기를 구하노라(엡 3:18-19)

성령께서 더욱 깊고 깊은 하나님의 사랑의 비밀함 안으로 들어오라고 명하고 계신다. 오직 성령의 지식의 영을 통해서만 도달할 수 있는 하나님의 지혜 안으로 들어오라고 초청하신다. 더 이상 무용한 인간의 지식과 이성에 대한 의뢰를 멈추라고 말씀하고 계신다. 하나님의 가슴 속에 감추어진 광대한 진리의 세계, 그 속에 거하시는 성령께서 이 진리의 충만함 가운데로 들어오라고 손짓하고 계신다.

성령님께로 나아가라. 성령님과의 만남은 사람의 말과 지혜로는 도저히 보여줄 수 없는 하늘의 권능을 당신에게 보여줄 것이다. 그리고 다른 사람들에게 하나님의 임재로 가득 찬 여호와를 아는 지식을 전달하는 통로로 당신을 변화시킬 것이다. 우리 입술의 말들은 하나님을 아는 넘치는 지식의 강물로부터 흘러나와 초자연적인 실재가 될 것이다.

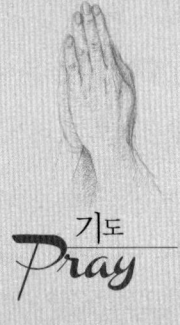

기도 / Pray

성령님, 저의 삶 속에 하나님을 알게 하는 지식의 영을 강물과 같이 충만하게 부어 주소서. 그리하여 이전에 알지 못했던 새로운 하나님을 경험하게 하소서. 가슴 벅찬 기대감과 기쁨을 안고 하나님이 행하시는 일에 동역자로 쓰임 받을 것을 기대하고 찬양합니다. 지식의 성령께서 밝혀주시는 진리의 등불이 저의 마음 가장 깊은 곳까지 비추도록 허락하여 주시기 원합니다. 주님을 따르고자 하는 거룩한 열정의 불이 꺼지지 않게 하소서. 하나님의 모든 충만하심이 저의 삶 속에 넘치도록 하여 주소서. 저의 삶을 통하여 진리이신 예수님을 주로 시인하는 일과 살아계신 하나님을 영접하는 생명의 역사가 시작되게 하소서. "물이 바다를 덮음 같이 여호와를 아는 지식이 세상에 충만할 것임이니라." 예수님의 이름으로 기도합니다. 아멘.

Chapter 15
Surrender to the Spirit

여호와를 경외하는 영

온 땅은 여호와를 두려워하며 세상의 모든 거민들은 그를 경외할지어다(시 33:8)

하나님의 일곱 영의 마지막 순서로 '여호와를 경외하는 영'을 살펴보고자 한다. 놀랍게도 하나님에 대해 알아갈수록 그분에 대한 자신감 대신 도저히 측량할 수 없는 거룩한 경외감을 느끼게 된다. 이와 함께 하나님의 영광 안에서 그분을 경험하고 알아가는 우리의 영적인 민감함이 증가하게 된다.

하나님 아버지와의 깊은 사랑과 교제 안에 거하는 사람은 모든 상황을 아버지의 시각으로 바라볼 수 있는 하늘의 마음을 소유하게 된다.

하나님의 임재 안에서 맛보는 경외감

여호와를 경외한다는 것의 의미는 무엇인가? 그것은 온 우주의 창조자, 모든 것을 초월하시는 광대하신 능력의 하나님 앞에 선 인간에게 찾아오는 거룩한 두려움이다. 이 거룩한 두려움은 우리로 하여금 한 순간의 예외도 없이 하나님이 우리와 함께 동행하신다는 사실을 깨닫게 한다.

나아가 하나님을 경외하는 사람은 주의 자비를 받는 사람이다. 하나님의 천사 앞에 섰던 마리아가 바로 그런 사람이었다. "긍휼하심이 두려워하는 자에게 대대로 이르는도다"(눅 1:50). 사도 바울은 하나님을 향한 두려움 안에서 정결한 삶으로 부르신 소명을 온전히 이루라고 도전하였다(고후 7:1). 나아가 바울은 이미 주신 구원을 성숙의 온전함으로 이루어가자고 격려하였다. 언제나 이웃 앞에서 자신을 낮은 자로 여기는 참된 겸손, 그것은 하나님의 영광을 진정 두려워할 줄 아는 사람의 또 다른 특징이다. "그리스도를 경외함으로 피차 복종하라"(엡 5:21).

그렇다. 하나님께 대한 진정한 감사와 존경, 찬양과 경배, 사랑과 순종은 오직 하나님의 크심을 경험한 사람들만의 열매이다. 진정 하나님을 경외하지 않는다면 순종과 감사, 참된 예배와 찬양이 온전한 것이라고 보기 힘들다. 성경은 하나님의 능력과 사랑과 선하심과 용서하심이 우리 안에 하나님을 향한 거룩한 두려움을 가져다준다고 말한다(시 67:7, 삼상 12:24, 시 130:4 참고).

이사야 11장 3절의 말씀대로 예수님은 성부 하나님을 향한 거룩한 경외감을 가지고 이 땅을 사셨다. 하나님의 크신 은혜로 나는 여호와의 크고 두려운 영광의 임재를 경험한 적이 있다. 이것은 2장에서 소개한 뉴멕시코 주의 앨버퀘키에서 일어난 사건이었다. 당시 나는 뉴멕시코 주의 앨버퀘키에서 두 달째 성령집회를 섬기고 있었다. 뉴에이지 운동이 창궐한 이 황량한 땅에서의 사역이란 말 그대로 '전쟁' 그 자체였다. 그러면서도 하나님은 놀라운 영적 부흥의 사건들을 주셨고, 우리는 조금씩 하나님의 광대하심을 느끼기 시작하고 있었다.

며칠 동안 금식과 기도를 거듭하며 주님의 임재를 구하던 어느 날이었다. 그날은 마침 집회의 마지막 날이기도 했다. 숙소에서 말씀을 준비하던 중 나는 영혼을 꼼짝도 못하게 압도하는 강한 하나님의 임재를 느끼기 시작했다. 이전의 어떤 체험과도 비교할 수 없는 강한 영광이었다. 무릎이 저절로 꿇어졌다. 머리를 최대한 낮추고 무릎에 얼굴을 묻은 채 간절한 기도를 드리기 시작했다.

이날 주님의 방문은 결코 평범하지 않았고, 전혀 예상치 못한 것이었다. 방안 공기가 완전히 바뀌어 버린 듯했다. 감히 얼굴조차 들을 수 없었다. 천사들과의 만남을 경험했던 나는 내 앞에 서 계신 분이 천사의 영광과는 비교도 할 수 없는 분이라는 것을 직감하였다. 그 순간 형언할 수 없이 깊은 음성이 들려왔다.

"나를 바라보라!"

"오, 주님. 그럴 수 없습니다. 얼굴을 도저히 들 수가 없습니다. 주님의 영광 앞에서 지금 당장이라도 죽을 것만 같습니다."

내가 떨리는 목소리로 대답하였다.

"키이스, 고개를 들어 나를 바라보라!"

더 이상 다른 방법이 없었다. 최대한 천천히 머리를 들어 앞을 바라보았다. 순간 모든 호흡이 정지되는 것만 같았다. 나는 호흡이 가빠지는 것을 느낄 수 있었다. 금방이라도 고꾸라져 죽을 것만 같았다. 주님으로부터 나오는 장엄한 영광과 거룩함은 내가 견딜 수 있는 것이 아니었다. 나는 더 이상 눈을 뜰 수 없어 곧장 머리를 다시 숙여야 했다. 그토록 부르짖고 간구하던 기도응답의 순간이었건만, 나는 도저히 얼굴을 들고 주님의 모습을 볼 수 없었다.

이 엄청난 영적 경험을 독자들에게 어떤 말로 표현해야 할지 전혀 떠오르지 않는다. 그저 주님께서 친히 내 숙소로 찾아오셨다는 것 말고는 달리 할 말이 없다. 밧모섬에 있었던 사도 요한에게 임한 사건이 나에게도 찾아온 것이었다!

누가 내게 말하고 있는지 보려고 뒤돌아 보았을 때, 일곱 금촛대가 눈에 보였습니다. 그 촛대 사이에 '인자'라고 느껴지는 예수님 같은 분이 서 계셨습니다. 그분은 발끝까지 내려오는 긴 옷을 입고, 가슴에 금띠를 두르고 계셨습니다. 그분의 머리와 머리털은 양털처럼, 또한 눈처럼 희고, 두 눈은 불꽃처럼 빛났습니다. 그분의 발은 용광로에서 제련된 청동 같았고, 음성은 큰 물소리와도 같았습니다. 그분은 오른손에 일곱 별을 쥐고 계셨으며, 양쪽으로 날이 선 날카로운 칼이 그분의 입에서 나와 있었습니다. 나는 마치 강렬히 타오르는 태양을 보는 듯하였습니다. 그분을 보는 순간, 나는 죽은 사람처럼 그분의 발 앞에 쓰러졌습니다. 그러자 그분은 내게 오른손을 내밀며 말씀하셨습니다. "두려워하지 마라! 나는 처음과 마지막이다"(계 1:12-17절, 쉬운 성경 참조).

많은 물소리 같은 주님의 음성

요한은 주님의 음성을 '많은 물소리' 혹은 '큰 물소리', '격동하며 흘러나가는 물소리'라고 표현하였다. 나의 이름을 부르신 주님의 음성은 결코 자연적인 음성이 아니었다. "키이스, 키이스, 키이스, 키이스!" 나를 부르시는 주님의 음성이 반복될 때마다 그 소리는 더욱 깊어만 갔다. 그 깊은 소리를 어떻게 사람의 말로 표현할 수 있겠나 싶다.

놀랍게도 주님의 그 음성 안에는 이전에 단 한 번도 느껴보지 못했던 '사랑'이 폭포수처럼 흐르고 있었다. 믿을 수 없을 정도로 깊은 사랑의 음성이 내 영혼의 모든 구석까지 흘러내렸다. 주님의 불같은 사랑이 영혼 속으로 스며드는 바람에 몸의 모든 뼈가 다 녹아내릴 것만 같았다(앞으로도 나는 결코 주님의 음성 안에 깃들어 있었던 이 사랑의 깊이를 사람의 말로 적절히 표현할 수 없을 것이다). 주님의 한없는 사랑을 경험하는 이 순간 내가 할 수 있는 일은 오직 '찬양' 밖에 없었다. '주님, 어찌하여 나 같은 자를 이토록 사랑하십니까?' 나도 모르는 사이, 감사와 찬양이 내 입에 가득 고여 들었다.

> 보좌에서 음성이 나서 이르시되 하나님의 종들 곧 그를 경외하는 너희들아 작은 자나 큰 자나 다 우리 하나님께 찬송하라(계 19:5)

이 모든 일들이 있고 난 후, 흥분된 마음을 가누지 못한 채 아내에게 모든 일들을 소상히 나누어 주었다. 그 순간 내 눈에서 아내를 향한 뜨거운 사랑의 눈물이 하염없이 흐르고 있었다. "여보, 당신을 얼마나 사랑하는지 몰라. 당신을 향한 나의 사랑을 어떻게 전할 수 있을런지 모르겠어." 그렇게 아내의 손을 잡고 한참을 울고 또 울었다.

경외감과 사랑

이 사건 이후 나의 삶과 사역은 완전히 새로운 영적 지경으로 진입하게 되었다. 단순히 변화를 받았다는 말로는 도저히 그 깊이를 표현할 수 없을 것이다. 그동안 하나님에 대해 나름대로 알고 있다고 생각해왔던 모든 지식이나 상식, 혹은 경험들이 마치 휴지조각 같이 느껴졌다. 입을 다물 수 없을 만큼 광대하고 놀라운 하나님 사랑의 길이와 너비와 깊이와 높이 앞에 선 나에게 찾아온 것은 그분을 향한 지극한 감사와 겸손과 거룩한 두려움이었다. 그 일을 통해 나는 하나님의 영광을 경험하기 위해 사람이 해야 할 일은 오직 겸손밖에 없다는 것을 깨달았다. "여호와를 경외하는 것은 사람에게 지혜를 준다. 겸손하면 영예가 뒤따른다"(잠 15:33, 쉬운 성경).

이 사건 이후 가장 먼저 변화가 시작된 곳은 사람을 만나고 상대해야 하는 사역의 현장이었다. 하나님을 향한 경외감이 누구를 만나든지 내 마음속에 가득 고여 있었다. 모든 사람이 존귀하게 보였고, 측량할 수 없는 하나님의 사랑의 눈으로 모든 이들을 바라볼 수 있게 되었다. 예수님을 향해 샘솟는 무한한 사랑을 감출 방법이 없었다. 에베소 교회의 형제들을 향해 "이 하나님의 사랑 안으로 들어오라"고 말했던 바울의 간절한 간구의 마음이 바로 나의 마음이 된 것만 같았다.

> 믿음을 통해 그리스도께서 여러분의 마음 가운데 살아 계시기를 기도합니다. 또한 여러분의 삶이 사랑 안에서 강하여지고, 또 깊게 뿌리내려 모든 성도들이 그리스도의 크신 사랑을 깨닫게 되기를 기도합니다. 그분의 사랑이 얼마나 한없고 넓으며, 얼마나 깊고도 높은지를 진정으로 깨닫게 되기를 기도합니다. 그리스도의 사랑을 어느 누가 잴 수 있겠습니까? 그러나 그 사랑을 체험하여 하나님의 충만함이 여러분의 마음속에 채워지기를 기도합니다(엡 3:17-19, 쉬운 성경)

주님이 우리를 친히 찾아오시는 방문의 가장 큰 목적은 하나님의 불같은 사랑의 마음을 부어주시기 위함이다. 나는 이것이 진정 나를 찾아오신 주님의 소망이셨음을 안다. 이 거대한 사랑 안에서 예수 그리스도 우리의 주님을 향한 믿음은 엄청난 진보를 경험하게 될 것이다.

하나님의 영광을 사모하라

하나님을 알면 알수록 그분을 향한 거룩한 두려움은 커져만 간다. 하나님을 향한 지식과 경외감 안에서 살아간다는 것은 일종의 부담감이 아니라, 진정한 자유함을 누리는 것이다. 모든 것을 창조하시고 통치하시고 알고 계신 하나님은 모든 존귀와 영광을 받기에 합당하시다. 예수님은 처음과 나중이 되신다. "만군의 여호와 그를 너희가 거룩하다 하고 그를 너희가 두려워하며 무서워할 자로 삼으라"(사 8:13).

바로 이것이 앨버쿼키 집회 중에 경험한 것이었다. 하나님을 향한 진정한 두려움은 창조주와의 '친밀감'을 부어준다. 이 사랑 안에서 우리는 사람의 지식으로는 도저히 형용할 수 없는 하나님의 깊은 영광을 체험하게 된다. 하늘의 영광으로 가득한 주님의 사랑이 도시와 나라와 민족 전체를 감동하시는 환상을 생각하여 보라. 창궐한 죄악으로 신음하던 도시 전체가 단번에 하나님의 거룩한 땅으로 변화되는 이 엄청난 영적 사건을 꿈꾸어 보라. 사도행전 10장 34-35절에서 베드로는 다음과 같이 놀라운 비전의 말씀을 선포하였다.

> 나는 참으로 하나님께서는 사람을 외모로 차별하지 않는 분이시라는 것을 깨달았습니다. 하나님께서는 어느 나라 사람이든지 하나님을 경외하고 의로운 일을 하는 사람을 받아 주십니다(쉬운 성경)

> 주여 누가 주의 이름을 두려워하지 아니하며 영화롭게 하지 아니하오리이까 오직 주만 거룩하시니이다 주의 의로우신 일이 나타났으매 만국이 와서 주께 경배하리이다 하더라(계 15:4)

하나님의 진실한 백성은 바로 주를 향한 경외감 속에서 살아가는 사람들이다. 19세기 전반부에 온 미국에 거센 영적 대각성의 바람을 불고 온 찰스 피니를 기억하는가? 그는 실로 하나님의 영광스러운 임재를 알았던 사람이다. 그냥 알았다기보다는 그가 가는 곳마다 강력한 임재가 실재하였던 성령의 사람이었다. 그의 사역을 통해 주님을 영접한 사람이 무려 50만 명이나 된다고 하니 참으로 놀라운 일이다. 찰스 피니를 비롯하여 빌리 그래햄, 드와이트 무디 등과 같은 능력의 전도자들의 삶을 붙들고 있었던 것이 바로 하나님의 능력과 영광을 향한 이들의 거룩한 두려움이었다.

어느 날 찰스 피니는 도시의 한 의류공장을 방문하였다. 이 방문은 사역이나 집회와는 전혀 무관한 일이었다. 단지 유명한 의류공장을 견학하기 위한 것이었다. 그가 공장 내부로 들어섰을 때 의지에 앉아 재봉질을 하던 한 여인이 갑자기 바닥으로 쓰러졌다. 그녀는 통제할 수 없는 눈물을 흘리며 자신의 죄를 고백하였다. 이윽고 그 옆에 앉아있던 여인도 바닥에 주저앉아 실내가 떠나갈 정도로 자신의 죄를 고백하며 통곡하기 시작했다. "하나님 저를 구원해 주세요! 저를 죄에서 건져 주세요." 이렇게 시작된 성령의 역사는 결국 엄청난 열매를 맺고야 말았다. 공장은 무려 7일 동안 완전 폐쇄되었고, 큰 강당에 모든 직원들이 모여 앉아 며칠 동안 계속되는 찰스 피니의 설교를 들었다. 당시 거의 모든 직원들이 죄악을 회개하고 예수님을 영접하게 되었다. 그 중에는 물론 회사 사장도 포함되어 있었다(찰스 피니 《높은 곳으로부터 오는 능력》).

이것이 바로 여호와를 경외케 하는 성령님의 능력이다! 성령으로만 가능한 '여호와를 경외하는 영'은 모든 죄인으로 하여금 구원자이신 예수 그리스도의 참 영광을 깨닫게 하며, 그 앞으로 자복하고 나아오게 한다. "온 땅은 여호와를 두려워하며 세상의 모든 거민들은 그를 경외할지어다"(시 33:8).

하나님을 아는 지식과 지혜

지혜의 길로 이르기 위해 가장 먼저 통과해야 할 관문이 바로 하나님을 두려워하는 마음이라고 성경은 말하고 있다. "여호와를 경외하는 것이 지식의 근본이거늘 미련한 자는 지혜와 훈계를 멸시하느니라"(잠 1:7). 예수 그리스도의 광대함 앞에 겸손한 경외감으로 나아가는 사람은 진정한 영혼의 행복을 경험하는 사람이다. 나아가 '여호와를 경외하는 영' 안에 거하게 될 때, 우리는 진정 거룩한 삶을 살리라는 확고한 마음을 품고 주님을 섬기게 될 것이다.

너희 성도들아 여호와를 경외하라 그를 경외하는 자에게는 부족함이 없도다(시 34:9)

나 여호와가 말하노라 내 손이 이 모든 것을 지었으므로 그들이 생겼느니라 무릇 마음이 가난하고 심령에 통회하며 내 말을 듣고 떠는 자 그 사람은 내가 돌보려니와 (사 66:2)

이는 하늘이 땅에서 높음 같이 그를 경외하는 자에게 그의 인자하심이 크심이로다 동이 서에서 먼 것 같이 우리의 죄과를 우리에게서 멀리 옮기셨으며 아버지가 자식을 긍휼히 여김 같이 여호와께서는 자기를 경외하는 자를 긍휼히 여기시나니 (시 103:11-13)

하나님을 기쁘시게 하려는 마음

하나님을 경외하는 영은 하나님을 진정 존경하는 거룩한 마음이다.

> 그러므로 우리가 흔들리지 않는 나라를 받았은즉 은혜를 받자 이로 말미암아 경건
> 함과 두려움으로 하나님을 기쁘시게 섬길지니 우리 하나님은 소멸하는 불이심이라
> (히 12:28-29)

이것이 우리가 반드시 추구해야 하는 영역이다. 여호와를 경외하는 영은 우리 삶의 모든 것을 뛰어넘게 하사 우리를 하나님을 기쁘시게 하는 삶으로 인도한다.

> 그가 여호와를 경외함으로 즐거움을 삼을 것이며 그의 눈에 보이는 대로 심판하지
> 아니하며 그의 귀에 들리는 대로 판단하지 아니하며(사 11:3)

이 본문이야말로 하나님을 경외하는 영 안에서 살아가는 사람의 모습을 그 어떤 본문보다도 잘 설명한 말씀이다. 결코 자신의 눈과 귀로 보고 들리는 대로 사람을 판단하지 않는 '겸손'한 삶, 오직 우리를 사랑하며 섬기셨던 예수 그리스도의 눈으로만 세상과 사람들을 바라보며 사는 사람의 삶이 바로 이것이다. 예수님은 아버지가 하시는 것만 하셨고, 그분이 말씀하시는 것만 말씀하셨다. 예수님은 오직 하나님 아버지의 목적을 이루는 기쁨이 그분의 양식이라고 말씀하셨다.

예수님은 아버지와 깊은 연합 가운데 기쁨을 발견하셨다. "아버지께서 아들을 사랑하사 자기가 행하시는 것을 다 아들에게 보이시고 또 그보다 더 큰 일을 보이사 너희로 놀랍게 여기게 하시리라"(요 5:20). 예수님은 바로 여호와를 경외하는 영의 충만함 가운데 그분의 즐거움을 알게 되셨던 것이다.

성령의 모략의 영에 대해 다룬 12장을 보면, 예수님이 부활하신 후 제

자들에게 나타나셔서 그물을 내려 물고기를 잡으라고 하셨을 때 제자들이 기적을 경험하게 되는 내용이 있다. 이와 매우 유사한 기적들이 예수님의 사역 초기에 있었는데, 누가복음 5장 1-10절에 나온다.

예수님은 베드로에게 "더 깊은 데로 가서 그물을 내리라"고 명하셨다. 밤새 수고했는데도 불구하고 전혀 물고기를 잡지 못했던 베드로는 조금은 머뭇거리는 태도로 "과연 물고기가 잡힐지는 모르겠지만 선생님께서 그렇게 말씀하시니 일단 그 말씀에 의지하여 그대로 하겠습니다"라고 말하며 그물을 내렸다.

그런데 놀랍게도 그물이 찢어질 정도로 많은 물고기가 잡혔다. 너무 많은 물고기가 잡힌 나머지 다른 배 두 척에 나누어 담을 정도였으며, 심지어 배가 모두 물에 잠길 정도가 되었다. 예수님 안에 부어진 하나님 아버지의 권능과 영광이 드러나는 순간이었다. 바로 이때 성령의 감동하심을 통해 베드로는 그리스도의 신성을 영적으로 직감하였다. 그는 즉각 예수님의 무릎 앞에 꿇어 엎드림으로 자신에게 임한 하나님을 향한 두려움을 표현하였다. 말씀을 가르치는 선생님이기만 했던 예수님은 그 순간부터 베드로의 '주님'이 되셨다.

더욱 우리를 놀라게 하는 것은 자신의 죄인 됨을 깨닫고 고백하는 베드로의 모습이다. 죄인 된 자신의 영적 비참함을 깨닫게 된 베드로는 결국 "주님, 저는 죽을 수밖에 없는 죄인입니다. 어찌하여 죄인인 저에게 찾아오셨단 말입니까? 저는 결코 당신의 영광을 감당할 수 없습니다. 저를 떠나시옵소서"라고 고백할 수밖에 없었다. 여호와를 향한 거룩한 경외감이 베드로의 온 마음에 가득 찼고, 하나님을 알게 되는 지식이 임하게 되어 주님을 영으로 보게 되었다.

하나님을 영화롭게 하라

하나님께 대한 깊은 존경과 경외감을 가진 사람은 언제나 주님을 영화롭게 한다. 진정 주님의 영광의 깊이를 깨달은 자가 어찌 그 영광을 드높여 경배하지 않을 수 있겠는가?

> 주여 누가 주의 이름을 두려워하지 아니하며 영화롭게 하지 아니하오리이까 오직 주만 거룩하시니이다 주의 의로우신 일이 나타났으매 만국이 와서 주께 경배하리이다 하더라(계 15:4)

여호와를 경외하는 지식이 가득 찰 때, 그곳에 하나님을 향한 순종과 친밀함, 경배, 신뢰, 희생 그리고 사랑이 있다. 어린 양 예수님께서 이미 아셨던 것처럼, 하나님 아버지를 아는 것은 우리에게 그분의 뜻을 행하는 것만이 참된 양식이요, 기쁨임을 알게 해준다. 주님을 사랑하면 할수록 우리는 주님과 더욱 많은 시간을 나누게 될 것이며, 주님을 알면 알수록 우리는 하나님에 대하여 날마다 새로운 경외감을 갖게 될 것이다. 이 거룩한 두려움이 우리를 하늘의 지혜가 있는 승리의 길로 인도할 것이며, 모든 죄와 악을 넉넉히 이기게 할 것이다. "또 사람에게 말씀하셨도다 보라 주를 경외함이 지혜요 악을 떠남이 명철이니라"(욥 28:28).

두려워 말라

나는 전 세계에 여호와를 경외하는 영이 강하게 강타하는 것을 우리 세대에 보게 되리라고 믿는다. 하나님은 교회를 일터와 삶의 현장으로 부르실 것이며, 세상은 하나님의 능력을 도저히 부인할 수 없게 될 것 이다.

성령의 강림 이후, 예루살렘을 휩쓴 하늘의 기사와 이적과 표적들, 치유와 영적 해방의 사건들이 오늘을 사는 우리 교회 위로 다시 한 번 부어질 것이라고 나는 확신한다. 당시 많은 사람들이 사도들과 교회를 향하여 감히 덤벼들지 못했던 것처럼, 복음의 말과 능력을 보고 들은 모든 이들의 마음을 두렵고 떨리게 했던 성령의 역사가 이 땅을 다시 진동케 할 그날이 임박한 것이다.

무릎을 꿇고 엎드린 베드로에게(눅 5:8), 그리고 죽은 자처럼 주님의 발아래 엎드러진 사도 요한에게 친히 "두려워 말라"(계 1:17)고 하신 것처럼 주님은 우리에게 성령의 임하심을 두려워 말라고 말씀하신다. 주님의 천사가 찾아왔을 때 그 위엄을 이기지 못해 두려워 떨었던 다니엘을 기억하는가? 그 다니엘을 향해 '두려워 말라'고 하신 그 하나님께서 우리에게 같은 목소리로 말씀하고 계신다. "너희는 나를 두려워 말라." 우리는 마지막 날에 여호와를 경외하는 영으로 충만해질 것이며, 그분 앞에서 더 이상 놀라지 않을 것이다.

깊은 경외감에 사로잡힘

하나님을 향한 나의 경외감은 결코 이론이나 인간적 다짐에 근거한 것이 아니다. 그것은 나를 방문하신 주님의 영광을 친히 뵈었기 때문이다. 당신도 도저히 거부할 수 없는 하나님의 영광을 경험함으로써 진정 주님을 경외하는 사람이 되고자 하는가? 과거의 위대한 전도자와 부흥사들의 사역 속에도 이와 동일한 영적세계에서 하나님을 경외하는 신들이 사람들에게 부어졌다고 믿는다. 사람들은 주님께 자비를 간구하며 울부짖으면서 나아갔다.

주님께 천국을 열어달라고 간구하라. 하나님을 아는 지식의 강력한 기름부으심이 당신의 가정, 이웃, 공동체 그리고 도시에 풀어지도록 주님께 간청하라. 당신의 도시 전체, 불신자 가족과 친구에게 하나님을 경외하는 신이 강권적으로 임하여 "내가 무엇을 해야 구원을 얻을 수 있을까요"라고 고백하며 주님께 무릎 꿇고 돌아오는 믿음을 가지게 해달라고 기도하라. 하루에 도시 전체의 영혼들이 하나님을 아는 깊은 경외감에 사로잡혀 주님께 돌이키는 일이 일어나기를 지금도 나는 믿음으로 바라보며, 간구하고 있다.

여호와를 경외하도록 인도하는 법도

구약에서 다윗 왕은 여호와를 경외하는 법을 즐거워했다(시 19:9). 하나님께서 그분을 경외하고 말씀의 법에 복종하는 지식을 열어주실 때, 여호와를 경외하게 해주는 계명들을 기뻐하라. "여호와는 그를 경외하는 자 곧 그의 인자하심을 바라는 자를 살피사" (시 33:18). 하나님을 경외하라. 그분을 경외하는 지식들을 중심에 품고 간직하라. "여호와께 감사하라 그는 선하시며 그의 인자하심이 영원함이로다"(대상 16:34).

Chapter 16
Surrender to the Spirit

함께 기뻐하는
일곱 영

하나님 나라가 이 땅에 임하기 위해서 어떻게 살아야 하는지 질문한 적이 있는가? 우리가 영적인 순례를 시작하게 될 때, 하나님의 '크고 위대한 일'을 행하기 위해 부르신 소명을 깨닫는 사람들은 매우 적다. 우리가 이러한 소명을 받은 자들이 아니라면, 삶의 행보를 자유롭게 선택하게 된다. 동시에 우리는 영적인 성장도 추구하려고 한다. 그러나 어느 날 우리가 깨닫게 되는 것은 우리의 삶 전체를 하나님께 내어드리지 않으면, 더 이상 영적 성장을 이룰 수 없다는 것이다.

나라가 임하시오며

하나님 나라는 하나님의 다스리심(통치)을 받는 이 세상의 모든 사람과 상황을 포함하는 광대한 개념이다. 하나님 나라 안에서 살아가는 믿음의 사람들은 하나님이 보시는 관점으로 모든 것을 바라보아야 한다. "나라가 임하시오며 뜻이 하늘에서 이루어진 것 같이 땅에서도 이루어지이다"(마 6:10).

온전한 하나님 나라의 도래를 위해서, 우리는 계속 성장하고 성숙해야 한다. 또한 하나님 나라의 가족이 되지 못한 이들을 하나님 나라로 들어오라고 초청해야 한다. 우리가 그의 나라에 들어가게 될 때, 치유와 돌보심을 경험하고 영적·육적인 필요를 충만하게 공급받는다. 동시에 모든 미움과 증오를 정복하시는 하나님의 사랑을 배우며, 선으로 악을 이기게 된다.

이후 우리 믿는 성도들은 하나님 나라의 주인 된 자들로 하나님 나라의 성장이 이루어지도록 특별한 역할을 위임 받게 된다. 이것이 바로 하나님 안에서 우리를 부르신 소명이다. 우리가 하나님의 허락하심 아래 성장할수록 그분을 더욱 추구하게 되고, 우리의 부르신 소명을 바라보며 나아 갈수록 하나님이 주신 계시들이 보다 분명하게 보다 깊고, 넓은 지경으로 확장된다. 이것은 매우 점진적인 과정이기도 하다. 고린도전서 13장은 우리가 부분적으로 알던 것을 온전히 알게 된다고 말씀한다. 성령께서는 오직 하나님의 비밀하고 신령한 일들을 간절히 추구하는 자들에게만 보이시고 계시하여 주신다. 하나님은 그분의 교회와 자녀들이 하늘에 속한 넘치는 영적 풍성함을 알고 경험하기를 바라신다. 거듭난 한 사람 한 사람이 하나님이 예비하신 계획을 깨달아 가는 것이야말로 하나님의 가장 큰 소원 중의 하나이다.

예수님은 아버지께서 지금까지 쉬지 않고 일하시니 그분께서도 일하신다고 하셨다. 심지어 예수님은 "나의 양식은 나를 보내신 이의 뜻을 행하며 그의 일을 온전히 이루는 이것이니라"(요 4:34)고 하셨다. 하나님 아버지의 뜻을 행하시는 것이 주님을 배부르게 하고, 그분이 살 수 있는 에너지를 공급한다는 것이다. 이것은 "아버지의 일을 이루기 위하여 나도 아버지와 같이 온 마음을 다하여 고민하며, 삶을 내어드리기를 원한다"는 예수님의 고백이다. 나아가 예수님은 먼저 그 나라와 의를 구하면, 이 모든 것을 우리에게 더하여 주신다고 말씀하셨다.

우리는 진리로 어둠을 이기는 승리자들로서, 그리고 하나님 아버지의 일을 이루어내라는 '하늘의 파송'을 받은 자들로서 남아 있는 모든 삶과 호흡을 하나님께 내어드려야 한다. 이것이 구원받은 성도의 진정한 존재 이유이다. 예수님은 우리가 이 땅에서 하나님의 거룩한 소명을 이루게 하시기 위해서 십자가에 못 박히셨다. 그러나 우리는 여전히 우리 자신을 위한 것들을 붙잡고 있다.

우리는 이전에 알지 못했던 하나님을 알기 위해서 간절히 갈망해야 한다. 하나님의 깊은 것을 깨닫기 위해 하나님께 날마다 더 가까이 나아가야 한다.

우리를 향한 하나님의 목적

하나님은 우리의 영적인 삶에 대해 세 가지 목적을 가지고 계신다. 첫째, 하나님과의 친밀한 연합 가운데 그분을 사랑하는 것이다. 예수님이 우리의 가장 사랑하는 즐거움의 연인이시며, 주인 되신 주님이시며, 가장 친한 친구가 되시는 것이다. 그분이 우리 삶과 존재에 첫 번째 우선순위가 되어야 한다(고전 1:9, 잠 21:21, 계 2:1-4, 요 15:4-15).

둘째, 하나님과 온전하게 연합하여 하나가 되는 것이다. 이것은 우리가 하나님이 가장 우선적으로 말씀하시는 것들과 그분의 계획 그리고 그분이 목적하신 뜻을 위해 하나님의 때에 온전하게 순복하고자 하는 갈망이다. 이러한 갈망들은 하나님과의 친밀함을 통해서 얻어진다.

셋째, 우리가 예수님의 형상대로 닮아가는 것이다. 하나님의 성품과 거룩하심, 하나님을 향한 온전한 사랑과 헌신과 그리고 순전함, 사람들에게 베푸신 사랑과 헌신, 평화와 기쁨, 인내, 오래 참음, 선하심과 친절하심, 온유와 신실함, 신뢰와 자기 절제 등을 우리가 본받아 성장하는 것이다. 바울은 이 소망을 알았고 그 때문에 모든 것을 잃더라도 그리스도를 얻고자 했다. 그는 그 어떤 것보다도 예수 그리스도를 아는 지식만을 고상한 것으로 여긴다고 고백하였다.

> 그러나 무엇이든지 내게 유익하던 것을 내가 그리스도를 위하여 다 해로 여길뿐더러 또한 모든 것을 해로 여김은 내 주 그리스도 예수를 아는 지식이 가장 고상하기 때문이라 내가 그를 위하여 모든 것을 잃어버리고 배설물로 여김은 그리스도를 얻고
> (빌 3:7-8)

주님과의 친밀감

성경은 하나님께서 그분이 원하시는 바를 이루시기 위해 그 뜻을 '우리의 소원'으로 주신다고 말한다. "너희 안에서 행하시는 이는 하나님이시니 자기의 기쁘신 뜻을 위하여 너희에게 소원을 두고 행하게 하시나니"(빌 2:13).

인생을 살면서 가장 큰 행복과 기쁨과 보람을 느꼈던 순간은 언제인가? 그것은 바로 하나님이 부르신 소명을 따라 살고 있는 자신을 발견할 때이다. 우리는 하나님만을 추구하고, 우리를 향한 그분의 특별한 계획들을 분별하게 해달라고 간구해야 한다. 하나님은 우리의 삶에 대한 청사진을 즐거이 보여주실 것이다. 곧 하나님의 충만한 계시의 영인 성령님을 주사 하나님의 일곱 영의 축복이 임하여, 우리가 하나님의 계획을 성취하여 소명을 완수하도록 친히 도우실 것이다.

하나님께서 우리를 부르실 때는 항상 하나님의 거룩한 임재와 능력이

우리와 함께 동역한다. "성령이 이르시되 내가 불러 시키는 일을 위하여 바나바와 사울을 따로 세우라 하시니"(행 13:2). 'Called'(부르심을 받다)는 헬라어로 하나님의 임재가 가득한 곳에서 그분과 나누는 깊은 교제와 사랑을 의미한다. 동시에 하나님의 능력이 실현되고 나타나는 것이다. 하나님께서는 그분이 뜻하신 모든 역사가 이루어지도록 우리에게 성령의 충만함과 능력을 공급해 주실 것이다. 이때 우리가 하나님을 향해 드려야 할 것은 오직 믿음과 순종이다. 이러한 하나님의 공급하심에 대한 위대한 예표가 바로 모세이다. 모세가 하나님께 믿음과 순종으로 반응함으로 애굽의 종 되었던 이스라엘을 가나안으로 인도할 수 있었고, 하나님께서 사랑하는 백성들을 어떻게 인도하시며 때를 따라 공급하시는지에 대한 총체적인 그림을 볼 수 있다.

사랑의 불꽃

가장 위대하고 영향력이 깊은 사역은 우리가 골수를 녹이고도 남을 것 같은 예수님의 사랑 안에 얼마나 뿌리를 내려 깊이 잠겨 있느냐에 의해 전적으로 좌우된다. 우리는 이 책을 통해 권능과 회복, 능력과 담대함, 진리와 거룩, 지혜와 교제 등 성령께서 주시는 수많은 영적 유익들에 대해 살펴보았다. 그러나 성령께서 우리에게 다가오시는 최고의 목적은 바로 하나님의 사랑을 우리로 깨닫게 하시기 위함이다.

> 능히 모든 성도와 함께 지식에 넘치는 그리스도의 사랑을 알고 그 너비와 길이와 높이와 깊이가 어떠함을 깨달아 하나님의 모든 충만하신 것으로 너희에게 충만하게 하시기를 구하노라(엡 3:18-19)

하나님은 사랑이시다(요일 4:8). 하나님의 일곱 영이 우리 안에 충만하게 임재할 때, 우리는 바로 하나님의 사랑이 충만하게 흘러넘치는 경험을 하게 된다. 앞에서 살펴보았듯이, 성막 안을 밝히는 일곱 등잔불의 목적은 매우 다양하다. 하지만 이러한 많은 목적과 기능에도 불구하고 등잔불이 존재하는 궁극적인 이유는 '불꽃'을 밝히는 것이다. 신선한 감람나무 기름(곧 성령을 상징)의 공급이 멈추지 않는 한, 등잔불은 지속적으로 불꽃을 밝힐 수 있게 된다.

예수님은 우리를 세상의 빛이라고 부르시며 어둠이 가득한 세상을 환히 밝히는 하나님의 영광이라고 명하셨다. 제사장들이 성막 안으로 들어가 매일같이 등잔에 기름을 붓고 등잔불이 꺼지지 않게 하였듯이 우리도 성령님의 신선한 기름부으심 안으로 걸어 들어가야 한다.

기름을 붓고 심지를 정리하는 것은 매일같이 반복되어야 하는 일이다. 어제 부어진 기름으로 오늘 불을 밝힐 수는 없기에 우리는 매일같이 신선한 성령의 기름이 우리 삶 속에 부어져야만 한다. 기름의 공급이 중단되는 순간 일곱 등잔불은 꺼질 것이며, 하나님의 일곱 영의 유기적인 역사는 흔적도 없이 사라지게 될 것이다. 우리는 반드시 하나님 안에 깊게 뿌리 내려야 하고, 그 사랑의 너비와 길이와 높이와 깊이가 어떠한지 깨달아야 한다.

예수님은 요한복음 17장 21절에서 "아버지여, 아버지께서 내 안에, 내가 아버지 안에 있는 것 같이 그들도 다 하나가 되어 우리 안에 있게 하사"라고 기도하시며 우리가 사랑으로 하나 되기를 간절히 바라셨다. 우리의 사역은 하나님의 가장 깊으신 곳으로부터 인도함을 받아 흘러나와야 한다. 그 깊은 곳이 바로 우리를 향한 하나님의 사랑의 마음이다. 우리 안에 사는 이는 더 이상 내가 아니요, 오직 예수 그리스도가 되어야 한다. 우리는 더 이상 사역의 성공 여부나 규모와 크기에 따라서 좌지우지되어 사역을 하지 않게 될 것이다. 왜냐하면 우리를 대신하여 모든 질고를 지신 예수님이 오늘도 우리와 동행하시기 때문이다. 예수님이 우리 안에 계셔서 친히 운행하실수록, 우리의 존재가 명확해지는 것을 경험할 수 있다.

불세례

하나님은 당신의 성전인 우리의 삶 속에 불같은 성령세례를 부어주기 원하신다. 주님의 성령세례가 임할 때, 금과 은이 아닌 모든 헛된 것들은 소멸된다(고전 3:12-17). 진실한 사랑과 믿음으로 이루어지지 않은 우리 안의 풀과 나무, 짚들은 성령의 불을 견디지 못하고 불타 소멸되어 버린다. 짚과 나무, 풀처럼 불에 타서 없어질 것들은 우리가 하나님 안에서 누리는 안식을 훔쳐가는 원수이다. 우리가 하나님의 안식 안으로 깊이 들어갈수록, 인간의 철학이나 전통이 아닌 오직 즉각적인 성령의 인도하심에 따라 살아가게 된다.

진정 성령 충만한 하나님의 일곱 영으로 인도받는 삶을 갈망한다면, 먼저 우리 안에 쌓여 있는 헛된 짚과 같은 공력들이 드러나 불에 타 소멸되게 해달라고 간구해야 한다. 또한 하나님의 기름부으심과 기름부으심 받은 예수 그리스도를 더욱 알게 해달라고 성령께 간구해야 한다. 숫자 '7'은 완전함, 충만함 그리고 온전한 채우심을 의미한다.

우리는 우리를 온전하게 소멸할 성령님의 강력한 임재를 간구하고 소유해야 한다. 이는 우리로 하여금 하나님을 더욱 친밀하게 깨닫게 해준다. 하나님을 아는 것은 단지 하나님에 대해 피상적으로 알게 되는 것 이상을 의미하는데, 바로 우리와 하나님과의 거룩한 연합의 장소에서 친밀해지는 것이다. 먼저 우리는 하나님과의 친밀함을 방해하는 모든 것을 온전하게 태워 정리해야 한다. 그 결과로 우리는 예수님께 이렇게 고백할 수 있다. "주님,

다 이루었습니다."

보좌로부터 번개와 음성과 우렛소리가 나고 보좌 앞에 켠 등불 일곱이 있으니 이는 하나님의 일곱 영이라(계 4:5)

당신의 삶 안에 숨겨진 풀, 지푸라기, 나무들을 불태울 하나님의 일곱 영과 불세례를 말씀대로 믿고 간구하며 나아가라. 확신하건대, 우리 주님은 즐거이 당신을 정결케 하실 것이며, 다시 새롭게 창조하실 것이다.

만군의 여호와가 이르노라 보라 내가 내 사자를 보내리니 그가 내 앞에서 길을 준비할 것이요 또 너희가 구하는 바 주가 갑자기 그의 성전에 임하시리니 곧 너희가 사모하는 바 언약의 사자가 임하실 것이라 그가 임하시는 날을 누가 능히 당하며 그가 나타나는 때에 누가 능히 서리요 그는 금을 연단하는 자의 불과 표백하는 자의 잿물과 같을 것이라 그가 은을 연단하여 깨끗하게 하는 자 같이 앉아서 레위 자손을 깨끗하게 하되 금, 은 같이 그들을 연단하리니 그들이 공의로운 제물을 나 여호와께 바칠 것이라(말 3:1-3)

나는 너희로 회개하게 하기 위하여 물로 세례를 베풀거니와 내 뒤에 오시는 이는 나보다 능력이 많으시니 나는 그의 신을 들기도 감당하지 못하겠노라 그는 성령과 불로 너희에게 세례를 베푸실 것이요 손에 키를 들고 자기의 타작 마당을 정하게 하사 알곡은 모아 곳간에 들이고 쭉정이는 꺼지지 않는 불에 태우시리라(마 3:11-12)

성령은 반드시 말씀하신 대로 우리 안에 금(하나님의 거룩한 성품)과 은(구속하심)이 아닌, 곧 믿음과 순전한 사랑에서 나오지 않은 것들을 불로 소멸하실 것이다. 하나님은 무거운 짐진 자들과 어려운 상황 가운데 멍에를 지고 가는 자들에게 자유케 되는 성령의 불을 지금 부어주고 계신다(마 11:28-30 참고). 우리를 향한 예수님의 사랑의 기도가 여기 있다. "아버지께서 내 안에, 내가 아버지 안에 있는 것 같이 그들도 다 하나가 되어 우리 안에 있게 하사 세상으로 아버지께서 나를 보내신 것을 믿게 하옵소서"(요 17:21).

그리스도로 옷 입으라

몇 해 전, 환상 속에서 나는 보좌에 앉아 계신 예수님을 뵈었다. 주님은 온 땅의 여기저기를 두루 살피고 계셨다. 누군가 주님의 얼굴을 주목할 때마다 예수님은 큰 미소로 화답하셨다. 그때마다 주님은 아름다운 겉옷 한 벌을 취하여 흥건한 기름에 적신 후, 얼굴이 마주친 사람들에게 건네셨다. 수백 개의 겉옷이 여러 사람들에게 나누어지는 것이 보였다. 놀랍게도 사람들에게 건네진 옷은 순식간에 환한 불로 타오르기 시작했다. 이 불꽃은 사람들의 앞길을 환하게 밝혀 주었고, 얼마 동안 그들의 머리 위에 머물러 있었다. 시간이 조금 흐르자 불붙은 옷이 각 사람 속으로 신속히 빨려 들어가는 모습이 보였다. 그러자 각 사람들로부터 형언치 못할 영광의 광채가 새어 나왔다. 나는 이 광채가 이 땅 위로 부어진 예수님의 영광이라는 것을 직감하였다.

몇 달 전에도 주님께서 이와 비슷한 예언적 환상을 보여주셨다. 위에 소개한 환상과 비슷하게 보좌 위에 앉아 계신 주님의 모습이 보였다. 무엇보다도 돋보인 것은 주님이 입고 계신 아름다운 광채의 겉옷이었다. 그것은 옷이라기보다는 영광 혹은 빛이 물결처럼 흘러나오는 폭포수 같은 것이었다. 그 아름다움은 옷의 색깔 때문이 아니라, 옷에서 발산되는 신선한 생명의 광채로 인한 것이었다. 그 놀라운 광경을 어떻게 사람의 말로 표현할 수 있으랴. 주님이 말씀하기 시작하셨다. "나는 내 백성들을 묶고 있는 결박들을 풀고 있는 중이다." 이 말씀과 함께 환상도 끝났다. 이 환상과 말씀이 무엇을 뜻하는지 알 길이 없었다. 나는 지체하지 않고 기도하기 시작했다. 깊은 기도 안에 들어갔을 때, 성령께서 다음의 말씀을 생각나게 하셨다.

> 누가 철학과 헛된 속임수로 너희를 사로잡을까 주의하라 이것은 사람의 전통과 세상의 초등학문을 따름이요 그리스도를 따름이 아니니라 그리스도 안에는 신성의 모든 충만이 육체로 거하시고 너희도 그 안에서 충만하여졌으니 그는 모든 통치자와 권세의 머리시라(골 2:8-10)

바울이 본문에서 사용한 표현들은 매우 강렬한 것이다. "누가 너희를 속임수로 사로잡을까 주의하라." 세상의 초등학문을 그리스도의 영광이 아닌 인간의 이성에서 나오는 철학이나 이론을 말한다. 겉으로 보기에는 별 문제가 없어 보이는 인간의 철학이나 이론은 성도의 삶을 심각한 위기 가운데로 몰아갈 수 있다. 그런 초등학문은 속임수이며, 그리스도가 아닌 세상의 풍조를 따르는 것이므로 성도의 영혼을 사로잡아 다른 길로 가게 하기 때문이다.

환상 속에서 내가 보았던 겉옷은 예수 그리스도라는 이름의 옷을 상징하는 것이었다. 그렇다. 이 절박한 영적 위기의 때를 사는 우리는 정녕 예수 그리스도로 옷 입어야 한다. 우리는 우리의 영혼이 오직 그리스도로 옷 입고 있는지, 아니면 사람의 견해와 사상과 생각들로 옷 입고 있는지 살펴야 한다. "그리스도께서 우리를 자유롭게 하려고 자유를 주셨으니 그러므로 굳건하게 서서 다시는 종의 멍에를 메지 말라"(갈 5:1). 여기서 잠깐 우리를 향한 주님의 마음에 귀 기울여 보자.

> 수고하고 무거운 짐 진 자들아 다 내게로 오라 내가 너희를 쉬게 하리라 나는 마음이 온유하고 겸손하니 나의 멍에를 메고 내게 배우라 그리하면 너희 마음이 쉼을 얻으리니 이는 내 멍에는 쉽고 내 짐은 가벼움이라 하시니라(마 11:28-30)

이것이 바로 우리를 향한 하나님의 마음이다. 하나님은 우리가 모든 무거운 인생의 짐으로부터 자유함을 얻고, 기름부으심 받은 주님 안에서 그분의 충만한 기름부으심을 공급받아 살아가기 원하신다.

불꽃 같은 하나님의 열심

하나님의 일곱 영은 주님의 불같은 열심과 열정을 상징한다. "부지런하여 게으르지 말고 열심을 품고 주를 섬기라"(롬 12:11). 여기서 사용된 '열심'(fervent)은 '뜨거운 열정으로 살다, 불타는 정열로 가득하다'라는 의미가 있다. 이것은 뜨겁지도 않고 차지도 않으며, 냉담하게 식어버린 싸늘한 마음과는 전혀 다른 것이다. 우리 그리스도인에게는 이 불타는 정열이 바로 성령님이 공급하시는 최고의 영적인 불꽃이다. 우리가 성령의 기름부으심의 흐름을 소멸하게 되면, 하나님에 대한 열정도 상실하게 된다. 하나님의 열정이 그분의 사랑에 기반한 성령세례이며, 이를 통해 우리의 모든 열심들이 하나님과의 깊은 사랑의 열정 안으로 파고 들어가게 된다. 불같은 하나님의 열정적인 사랑은 우리의 뼈들을 불과 같이 태워버리신다. 하나님의 열정은 단지 종교적인 열심이나 인간의 행위로 말미암은 열정이 아니다. 그것은 바로 우리를 향한 사랑 그 자체이다.

하나님 나라는 오직 불같은 정열을 품은 사람들로 확장되고 증가된다. 열정의 불은 시대의 전통을 따라 성취지향적으로 살아온 우리의 모든 노력들을 불태워 버릴 것이며, 우리를 주님의 멍에를 지고 그 안에서 안식을 구하는 자들로 만들 것이다(히 4:9).

> 그 정사와 평강의 더함이 무궁하며 또 다윗의 왕좌와 그의 나라에 군림하여 그 나라를 굳게 세우고 지금 이후로 영원히 정의와 공의로 그것을 보존하실 것이라 만군의 여호와의 열심이 이를 이루시리라(사 9:7)

성령의 신선한 기름부음 안에 거하는 자는 진정 하나님의 거룩한 성품을 알게 되며 그 성품에 참여하게 될 것이다(롬 11:16-17, 슥 4:11, 시 92:10). 우리는 하나님의 일곱 영의 놀라운 역사가 우리 삶 속에 생생한 실재로 드러나는 것을 보게 될 것이며, 일곱 금등잔대에 환히 밝혀진 불을 보게 될 것이다. 나아가 성령의 기름부음은 우리 모두를 하나님의 열심 안에서 살게 하는 권능의 통로가 될 것이다.

다림줄을 놓다

스가랴 4장 9-10절의 말씀을 다시 한 번 묵상하자.

> 스룹바벨의 손이 이 성전의 기초를 놓았은즉 그의 손이 또한 그 일을 마치리라 하셨나니 만군의 여호와께서 나를 너희에게 보내신 줄을 네가 알리라 하셨느니라 작은 일의 날이라고 멸시하는 자가 누구냐 사람들이 스룹바벨의 손에 다림줄이 있음을 보고 기뻐하리라 이 일곱은 온 세상에 두루 다니는 여호와의 눈이라 하니라

(슥 4:9-10)

다림줄(plumb line)은 '측량줄'이라고도 불리는 건축도구의 하나로서 공 모양으로 생긴 납덩이가 끝에 달려 있다. 이 납덩이를 바닥으로 내려서 다림줄을 팽팽하게 만들면 그 줄을 통해 돌들이 땅 표면에서 수직방향으로 놓였는지, 아니면 기울어져 있는지를 검사할 수 있다.

하나님의 성령은 스룹바벨과 같이 하나님의 나라를 완성하기 위하여 손에 다림줄을 들고 나서는 교회를 보시며 기뻐하신다. 교회가 하늘의 청사진을 따라갈 때, 우리는 하나님의 일곱 영의 권능의 역사를 경험할 수 있게 된다. 이때 온 세상이 교회 안의 변화를 보고 놀라며 주목하게 될 것이다(요 17:23). 스룹바벨은 하나님의 통치를 뜻한다.

당신이 아주 미약하게 일을 시작하였더라도, 그것을 소홀하게 여기지 말라. 왜냐하면 당신이 스룹바벨과 같이 하나님 나라를 완성하는 자가 될 수 있기 때문이다. 다음 구절은 하나님 나라의 통치와 성취를 이루는 자에 대한 말씀이다. "그가 여호와를 경외함으로 즐거움을 삼을 것이며 그의 눈에 보이는 대로 심판하지 아니하며 그의 귀에 들리는 대로 판단치 아니하며"(사 11:3). 예수님도 동일한 하나님 나라의 영역에서 행하셨다. "내가 아무 것도 스스로 할 수 없노라 듣는 대로 심판하노니 나는 나의 원대로 하려 하지 않고 나를 보내신 이의 뜻대로 하려하므로 내 심판은 의로우니라"(요 5:30). 예수님은 하나님 아버지의 뜻만 순종하셨고, 이것이 의롭다고 하셨다. 우리도 하나님의 정의와 공의를 행함으로 이 세상에서 그분의 뜻을 이루어야 한다. 교회는 지금 가장 위대하고 중요한 시기에 직면해 있고, 우리는 이 땅에 하나님의 정의와 공의가 굳건하게 세워지는 것을 보게 될 것이다. 그러나 우리는 우리의 의지대로 정의와 공의를 세우는 자리에 서지 말아야 한다.

공의로 가난한 자를 심판하며 정직으로 세상의 겸손한 자를 판단할 것이며 그의 입의 막대기로 세상을 치며 그의 입술의 기운으로 악인을 죽일 것이며 공의로 그의 허리띠를 삼으며 성실로 그의 몸의 띠를 삼으리라 (사 11:4-5)

이 말씀은 육적인 가난 자체가 아닌 영적으로 궁핍한 사람들에 대한 경고이다. 예수님도 영적으로 갈급하고 가난한 자에게 복음을 전하려고 이 땅에 오셨다. 바로 하나님의 말씀은 가난한 자들을 위함이다 (눅 4:18).

심판과 공의를 선포하라

이것이 왜 우리가 하나님의 일곱 영의 기름부으심 안에서 살아가야 하는지에 대한 답을 준다. 우리는 다시 한 번 예수님의 삶을 모범으로 삼아 살아가야 한다. 예수님은 아버지 하나님과 거룩한 연합 가운데 사역하셨다. 그리고 아버지의 마음과 생각을 따라 그분의 뜻을 경외하시며 기쁨으로 순종하셨다. 예수님도 바로 이 하나님의 일곱 영의 기름부으심을 받아 성령의 충만한 실제적인 임재 가운데 사역하셨는데, 어느 누구도 이 무한한 기름부으심을 측량할 수 없을 정도였다.

스가랴 4장 14절에는 '여호와를 섬기도록 주께서 기름부어 성별하신 두 사람'의 모습이 기록되어 있다. 이 세대를 사는 우리는 그 어떤 때보다도 성령께서 원하시는 목적과 계획을 분별하고 그에 따라 살아야 한다. 나의 가장 큰 소망은 생명이 다하는 순간까지 주님을 섬길 수 있는 사람으로 성별되어 살아가는 것이다.

그 때에 내가 천사에게 물었다. "등잔대 오른쪽과 왼쪽에 있는 올리브 나무 두 그루는 무엇입니까? 두 올리브 나뭇가지는 무엇입니까? 두 금대롱을 통해 올리브 기름이 등잔으로 흘러듭니다." 천사가 말했다. "그것들이 무엇인지 모르느냐?" 내가 대답했다. "모릅니다. 내 주여!" 그러자 천사가 말했다. "그것들은 온 세상을 다스리시는 여호와를 섬기도록, 주께서 기름부어 거룩히 구별하신 두 사람을 나타낸다."

(슥 4:11-14, 쉬운 성경)

우리는 주님의 공의와 정의를 선포할 하늘의 자녀로 부르심을 받았다. 하늘에서 정하신 바를 따라 악한 자에게 주님의 공의를 선포하는 일, 나아가 모든 불의한 자들을 향하여 아버지의 진노를 선포하는 것, 그것이 바로 우리의 할 일이다. 나아가 결박된 자들의 결박을 풀어주고, 눈 먼 자들의 눈을 열어 여호와를 보게 하는 생명의 사역이 우리의 또 다른 행할 일들이다.

주의 팔에 능력이 있사오며 주의 손은 강하고 주의 오른손은 높이 들리우셨나이다 의와 공의가 주의 보좌의 기초라 인자함과 진실함이 주 앞에 있나이다 즐겁게 소리칠 줄 아는 백성은 복이 있나니 여호와여 그들이 주의 얼굴 빛 안에서 다니리로다 그들은 종일 주의 이름 때문에 기뻐하며 주의 공의로 말미암아 높아지오니 주는 그들의 힘의 영광이심이라 우리의 뿔이 주의 은총으로 높아지오리니 우리의 방패는 여호와께 속하였고 우리의 왕은 이스라엘의 거룩한 이에게 속하였기 때문이니이다

(시 89:13-18)

마치는 글

하나님께 당신의 모든 생명과 삶을 내어드리기 원하는가? 당신이 만약 이런 소원을 가진 사람이라면, 하나님은 이제 곧 구체적인 방식으로 깊고

신령한 하나님 나라의 비밀을 성령님을 통해 계시해 주실 것이다. 하나님께서 그분의 충만하신 일곱 영인 지혜와 총명, 모략과 권능, 지식과 여호와를 경외하는 영을 더욱 갈망하는 당신에게 부어주실 것이다. 이 책에서 다룬 하나님의 일곱 영이 바로 그 비밀의 계시를 도모하시는 통로가 되는 것이다.

하나님은 그분의 한량없는 성령의 기름부음 안에 살기를 사모하는 자녀들을 애타게 기다리고 계신다. 당신이 바로 그 사람은 아닌가? 하나님을 향하여 부르짖어 기도하라. "주님, 제가 생각지도 못한 놀라운 하늘의 일로 나를 불러주소서!" 모든 불가능과 기적의 일들을 행하실 것을 간구하라. 하나님을 거부하는 온 세상이 놀라고 또 놀랄 권능의 일로 불러주시기를 기도하라. "당신은 어디서 이토록 놀라운 지혜와 권능을 얻었습니까? 우리에게도 당신에게 임한 하나님의 영광을 나누어 주세요!"라는 외침이 이 세상에 가득하게 하라. 순종으로 나아오는 당신에게 하나님은 도시 전체를 변화시키고도 남는 강력한 권능을 부어주실 것이다. 우리를 향한 모든 계획을 아시는 하나님께서 성령을 통하여 필요한 모든 것을 공급하실 것이다.

순전한 나드 도서안내 02-574-6702

No.	도서명	저자	정가
1	존 비비어의 승리〈개정판〉	존 비비어	12,000
2	교회를 뒤흔드는 악령을 대적하라	프랜시스 프랜지팬	5,000
3	교회를 어지럽히는 험담의 악령을 추방하라	프랜시스 프랜지팬	5,000
4	영분별〈개정판〉	프랜시스 프랜지팬	4,000
5	그리스도인의 삶의 비결〈개정판〉	진 에드워드	9,000
6	존 비비어의 친밀감〈개정판〉	존 비비어	16,000
7	내게 신선한 기름을 부으셨나이다	허 철	9,000
8	내어드림〈개정판〉	프랑소와 페늘롱	7,000
9	존 비비어의 축복의 통로〈개정판〉	존 비비어	8,000
10	부서트리고 무너트리는 기름부으심	바바라 J. 요더	8,000
11	사도적 사역	릭 조이너	12,000
12	사사기	잔느 귀용	7,000
13	상한 마음을 치유하는 기도	마크 & 패티 버클러	15,000
14	상한 영의 치유1	존 & 폴라 샌드포드	17,000
15	상한 영의 치유2	존 & 폴라 샌드포드	13,000
16	성령님을 아는 놀라운 지식	허 철	10,000
17	속사람의 변화 1	존 & 폴라 샌드포드	11,000
18	속사람의 변화 2	존 & 폴라 샌드포드	13,000
19	신부의 중보기도	게리 윈스	11,000
20	아가서	잔느 귀용	11,000
21	악의 속박으로부터의 자유	릭 조이너	9,000
22	여정의 시작	릭 조이너	13,000
23	영광스러운 교회에 보내는 메시지 1	릭 조이너	10,000
24	영적 전투의 세 영역〈개정판〉	프랜시스 프랜지팬	11,000
25	예레미야	잔느 귀용	6,000
26	예수 그리스도와의 친밀함	잔느 귀용	7,000
27	예수님을 닮은 삶의 능력〈개정판〉	프랜시스 프랜지팬	12,000
28	예수님을 향한 열정〈개정판〉	마이크 비클	12,000
29	잔느 귀용의 요한계시록〈개정판〉	잔느 귀용	13,000
30	저주에서 축복으로	데릭 프린스	6,000
31	주님, 내 마음을 열어주소서	캐티 오츠 & 로버트 폴 램	9,000
32	지구상에서 가장 강력한 기도	피터 호로빈	7,500
33	축사사역과 내적치유의 이해 가이드	존 & 마크 샌드포드	20,000
34	출애굽기	잔느 귀용	10,000
35	하나님과 동행하는 사람들〈개정판〉	샌 볼츠	9,000
36	하나님과 사람에게 더욱 사랑스러운 자	듀안 벤더 클럭	10,000
37	하나님과의 연합	잔느 귀용	7,000
38	하나님을 연인으로 사랑하는 즐거움	마이크 비클	13,000
39	하나님의 아름다움을 바라보는 축복	허 철	10,000
40	하나님의 요새〈개정판〉	프랜시스 프랜지팬	9,000
41	하나님의 장군의 일기〈개정판〉	잔 G. 레이크	6,000
42	항상 배가하는 믿음〈개정판〉	스미스 위글스워스	13,000
43	항상 부족함이 없으리로다	롤랜드 & 하이디 베이커	10,000
44	혼동으로부터의 자유	릭 조이너	5,000
45	혼의 묶임을 파쇄하라	빌 & 수 뱅크스	10,000
46	존 비비어의 회개〈개정판〉	존 비비어	11,000
47	부활	벤 R. 피터스	8,000
48	거짓의 상처를 치유하시는 하나님	데릭 프린스	6,000
49	존 비비어의 분별력〈개정판〉	존 비비어	13,000
50	통제 불능의 상황에서도 난 즐겁기만 하다	리사 비비어	12,000
51	어린이와 십대를 위한 축사사역	빌 뱅크스	11,000
52	빛은 어둠 속에 있다	패트리샤 킹	10,000
53	목적으로 나아가는 길	드보라 조이너 존슨	8,000
54	지도자의 넘어짐과 회복	웨이드 굿데일	12,000
55	하나님의 일곱 영	키이스 밀러	13,000
56	너희 지체를 의의 병기로 하나님께 드리라	허 철	8,000
57	세계를 변화시키는 능력	릭 조이너	12,000

순전한 나드 도서안내 www.purenard.co.kr

No.	도서명	저자	정가
58	왕의 자녀의 초자연적인 삶	빌 존슨 & 크리스 밸러턴	13,000
59	믿음으로 산 증인들	허 철	12,000
60	욥기	잔느 귀용	13,000
61	나라를 변화시킨 비전: 윌리엄 테넌트의 영적인 유산	존 한센	8,000
62	세상을 다스리는 권세의 회복	레베카 그린우드	10,000
63	창세기 주석	잔느 귀용	12,000
64	하나님의 강	더치 쉬츠	13,000
65	당신의 운명을 장악하라	알렌 키란	13,000
66	자살	로렌 타운젠드	10,000
67	그리스도인의 영적혁명	패트리샤 킹	11,000
68	초자연적 중보기도	레이첼 힉슨	13,000
69	나는 하나님의 음성을 듣는다	킴 클레멘트	11,000
70	하나님의 초자연적인 능력	바비 코너	11,000
71	사랑하는 하나님	마이크 비클	15,000
72	일곱 교회 이기는 자에게 주시는 축복	허 철	9,000
73	초자연적 경험의 신비	짐 골 & 줄리아 로렌	13,000
74	웃겨야 살아난다	피터 와그너	8,000
75	폭풍의 전사	마헤쉬 & 보니 차브다	13,000
76	천국 보좌로부터 온 전략	샌디 프리드	11,000
77	속죄	데릭 프린스	13,000
78	신의 성품에 참예하는 자	허 철	8,000
79	예언, 꿈, 그리고 전도	덕 애디슨	13,000
80	아가페, 사랑의 길	밥 멈포드	13,000
81	불타오르는 사랑	스티브 해리슨	12,000
82	능력, 성결, 그리고 전도	랜디 클락	13,000
83	종교의 영	토미 펨라이트	11,000
84	예기치 못한 사랑	스티브 J. 힐	10,000
85	모르드개의 통곡	로버트 스턴스	13,500
86	1세기 교회사	릭 조이너	12,000
87	예수님의 얼굴〈개정판〉	데이비드 E. 테일러	13,000
88	토기장이 하나님	마크 핸비	8,000
89	존중의 문화〈개정판〉	대니 실크	13,000
90	제발 좀 성장하라!	데이비드 레이브힐	11,000
91	정치의 영	파이살 말릭	12,000
92	치유 사역 훈련 지침서	랜디 클락	12,000
93	헤븐	데이비드 E. 테일러	13,000
94	더 크라이	키스 허드슨	11,000
95	천국 여행	리타 베넷	14,000
96	파수 기도의 숨은 능력	마헤쉬 & 보니 차브다	13,000
97	지저스 컬처	배닝 립스처	12,000
98	넘치는 기름부음	허 철	10,000
99	거룩한 대면	그래함 쿡	23,000
100	믿음을 넘어선 기적	데이브 헤스	10,000
101	영적 전쟁의 일곱 영	제임스 A. 더함	13,000
102	영적 전쟁의 승리	제임스 A. 더함	13,000
103	기적의 방을 만들라	마헤쉬 & 보니 차브다	12,000
104	개인적 예언자	미키 로빈슨	13,000
105	어둠의 영을 축사하라	짐 골	13,000
106	보좌를 향하여	폴 빌하이머	10,000
107	적그리스도의 영을 정복하라	샌디 프리드	13,000
108	성령님 알기	마헤쉬 & 보니 차브다	12,000
109	십자가의 권능	마헤쉬 & 보니 차브다	13,000
110	성령이 이끄시는 성공	대니 존슨	13,000
111	축복의 능력	케리 커크우드	13,000
112	하나님의 호흡	래리 랜돌프	11,000
113	아름다운 상처	룩 홀터	11,000
114	하나님의 길	덕 애디슨	13,000

순전한 나드 도서안내 www.purenard.co.kr

No.	도서명	저자	정가
115	천국 체험	주디 프랭클린 & 베니 존슨	12,000
116	당신의 사명을 깨우라	M. K. 코미	11,000
117	기독교의 유혹	질 셔넌	25,000
118	우리가 몰랐던 천국의 자녀양육법	대니 실크	12,000
119	임재의 능력	매트 소거	12,000
120	예수의 책	마이클 코울리아노스	13,000
121	신앙의 기초 세우기	래리 크레이더	13,000
122	내 인생을 바꿔 줄 최고의 여행	제이 스튜어트	12,000
123	시간 & 영원	조슈아 밀즈	10,000
124	하이디 베이커의 사랑	하이디 & 롤랜드 베이커	13,000
125	하나님의 임재	빌 존스	15,000
126	하나님의 갈망	제임스 A. 더함	14,000
127	형통의 문을 여는 31가지 선포기도	케빈 & 캐티 바스코니	5,000
128	춤추는 하나님의 손	제임스 말로니	37,000
129	참소자를 잠잠케 하라	샌디 프리드	13,000
130	영광이란 무엇인가?	폴 맨워링	14,000
131	내일의 기름부음	R. T. 켄달	13,000
132	영적 전투를 위한 전신갑주	크리스 밸러턴	12,000
133	성령을 소멸치 않는 삶	R. T. 켄달	13,000
134	초자연적인 삶	아담 F. 톰슨	10,000
135	한계를 돌파하라	샌디 프리드	13,000
136	블러드문	마크 빌츠	11,000
137	구약에서 일어난 모든 일들	윌리엄 H. 마티	13,000
138	신약에서 일어난 모든 일들	윌리엄 H. 마티	11,000
139	드보라 군대	제인 해몬	14,000
140	거룩한 불	R. T. 켄달	13,000
141	당신의 자녀를 향한 하나님의 65가지 약속	마이크 슈리브	8,000
142	무슬림 소녀, 예수님을 만나다	사마 하바브 & 보디 타이니	13,000
143	스미스 위글스워스의 병 고침(개정판)	스미스 위글스워스	12,000
144	뇌의 스위치를 켜라	캐롤라인 리프	13,000
145	약속된 시간	제임스 A. 더함	13,000
146	실패를 딛고 일어서는 믿음	샌디 프리드	12,000
147	스미스 위글스워스의 성령의 은사(개정판)	스미스 위글스워스	13,000
148	끝날 때까지 끝난 것이 아니다	R. T. 켄달	15,000
149	완전한 기억	마이클 A. 댄포스	10,000
150	금촛대 중보자들 1	제임스 말로니	15,000
151	금촛대 중보자들 2	제임스 말로니	13,000
152	금촛대 중보자들 3	제임스 말로니	13,000
153	질투	R. T. 켄달	14,000
154	사탄의 전략	페리 스톤	14,000
155	죽음에서 생명으로	라인하르트 본케	12,000
156	올바른 생각의 힘	케리 커크우드	12,000
157	부흥의 거장들	빌 존스 & 제니퍼 미스코브	25,000
158	악의 삼겹줄을 파쇄하라(개정판)	샌디 프리드	12,000
159	지옥의 실체와 하나님의 열쇠	메리 캐서린 백스터	12,000
160	문지기들이여 일어나라	제임스 A. 더함	15,000
161	안식년의 비밀	조나단 칸	15,000
162	교회를 깨우는 한밤의 외침	R. T. 켄달	15,000
163	하나님의 시간표	마크 빌츠	12,000
164	예루살렘의 평화를 위해 기도하라	탐 헤스	13,000
165	유대적 관점으로 본 룻기	다이앤 A. 맥닐	13,000
166	폭풍을 향해 노래하라	디모데 D. 존슨	13,000
167	영광의 세대	브루스 D. 알렌	15,000
168	영적 분위기를 바꾸라	다우나 드 실바	12,000
169	하나님을 홀로 두지 말라	행크 쿠네만	14,000
170	하나님이 디자인하신 완전한 나	캐롤라인 리프	20,000
171	대적의 문을 취하라(개정증보판)	신디 제이콥스	15,000

순전한 나드 도서안내 www.purenard.co.kr

No.	도서명	저자	정가
172	R. T. 켄달의 임재	R. T. 켄달	13,000
173	영성가의 기도	찰리 샴프	10,000
174	과거로부터의 자유(개정판)	존 로렌 & 폴라 샌드포드	14,000
175	하나님의 불	제임스 A. 더함	15,000
176	일상에 임한 하나님의 영광	브루스 D. 알렌	14,000
177	일곱 산에 관한 예언(개정판)	조니 엔로우	15,000
178	마지막 시대 마지막 주자	타드 스미스	13,000
179	주의 선하신 치유 능력	크리스 고어	13,000
180	건강한 생활 핸드북	로라 해리스 스미스	15,000
181	더 높은 부르심	제임스 말로니	12,000
182	레위기, 민수기, 신명기(개정판)	잔느 귀용	14,000
183	당신도 예언할 수 있다(개정판)	스티브 탐슨	14,000
184	생각하고 배우고 성공하라	캐롤라인 리프	15,000
185	기적을 풀어내는 예언적 파노라마	제임스 말로니	13,000
186	케빈 제다이의 초자연적 재정	케빈 제다이	14,000
187	적그리스도와 마지막 때 분별하기	마크 빌츠	13,000
188	마음을 견고히 하라	빌 존슨	9,000
189	천국으로부터 받아 누리기	케빈 제다이	13,000
190	모든 것이 당신에게 유리하게 되어 있다	케빈 제다이	15,000
191	징조 II	조나단 칸	18,000
192	데릭 프린스의 교만과 겸손	데릭 프린스	10,000
193	유다의 사자	랍비 커트 A. 슈나이더	15,000
194	십자가의 왕도(개정판)	프랑소와 페늘롱	9,000
195	하나님의 임재 안으로 들어가기	데릭 프린스	11,000
196	원뉴맨성경 신약	윌리엄 J. 모포드	50,000
197	One Thing(원띵)	샘 스톰스	15,000